THÈMES GRADUÉS

SUR LA

GRAMMAIRE GRECQUE

Avec Dictionnaire,

PAR A.-F. MAUNOURY,

PROFESSEUR AU PETIT SÉMINAIRE DE SÉEZ.

———

TROISIÈME ÉDITION

REVUE ET CORRIGÉE PAR L'AUTEUR.

PARIS

ALZOBRY, E. MAGDELEINE ET Cᵉ, LIBRAIRES-ÉDITEURS

RUE DES ÉCOLES, 78

(Près du Musée Cluny et de la Sorbonne)

ET Vᵉ POUSSIELGUE-RUSAND, LIBR.-ÉDITEUR

rue Saint-Sulpice, 23.

28829

THÈMES GRADUÉS

SUR LA

GRAMMAIRE GRECQUE

Avec Dictionnaire

PAR A.-F. MAUNOURY

PROFESSEUR AU PETIT SÉMINAIRE DE SÉEZ

TROISIÈME ÉDITION

REVUE CORRIGÉE ET AUGMENTÉE PAR L'AUTEUR

PREMIÈRE PARTIE

DÉCLINAISON ET CONJUGAISON GRECQUES

PARIS

DEZOBRY, E. MAGDELEINE ET Cie, LIBR.-ÉDITEURS,

RUE DES ÉCOLES, 78

Près du musée de Cluny et de la Sorbonne

Et Ve POUSSIELGUE-RUSAND, LIBRAIRE-ÉDITEUR

Rue Saint-Sulpice, 23.

1859

OUVRAGES DU MÊME AUTEUR

ET AUX MÊMES LIBRAIRIES

GRAMMAIRE DE LA LANGUE GRECQUE, 1 vol. in-8. *Cinquième édition.*
Prix cart. . . . . 3 »

> L'auteur, qui a une longue expérience de l'enseignement, ne pose aucune règle arbitraire ou hasardeuse : au contraire, s'appuyant toujours sur les textes des écrivains de l'antiquité ou sur l'autorité des plus habiles philologues de notre époque, tels que *Matthiæ, Rost* et *Kühner*, il a su rédiger une grammaire aussi exacte mais plus élémentaire que celles qui ont été composées par ces savants hellénistes.

On vend séparément :

La *première partie* (déclinaison, conjugaison, syntaxe abrégée). Prix cart. 1 50

La *seconde partie*, comprenant la Syntaxe. 1 50

PETITE ANTHOLOGIE ou Recueil de fables, descriptions, pensées, épigrammes, contenant toutes les Racines de la langue grecque, avec Commentaire étymologique et Table alphabétique de tous les mots grecs contenus dans l'ouvrage. In-12. *Huitième édition.* Prix. . . . . 2 fr.

CHRESTOMATHIE ou Recueil de morceaux gradués, à l'usage des commençants, avec dictionnaire. 1 vol. in-12, cart. Prix 90 c.

Paris.—Imprimé chez Bonaventure et Ducessois, quai des Grands-Augustins, 55.
— 1859 —

PRÉFACE

On a depuis longtemps compris que celui qui veut apprendre le grec doit non-seulement étudier la Grammaire et lire les bons ouvrages grecs, mais encore s'exercer à écrire lui-même en cette langue. Si l'on retranche un de ces trois moyens, on affaiblit les deux autres. Supprimez le thème, l'élève repasse sans cesse la conjugaison et ne la sait jamais; il retient difficilement les mots, qui s'enfuient de sa mémoire aussitôt qu'il les a vus; il saisit mal les règles de la syntaxe; et, dans les auteurs qu'il lit, plus il a d'esprit, plus il aperçoit d'équivoques là où le sens est rigoureusement déterminé par les principes. Mais ajoutez le thème : la Grammaire s'apprend vite; les mots se fixent dans la mémoire; et les pages grecques, d'abord si ténébreuses, s'éclaircissent peu à peu. La Grammaire donne les principes; les auteurs montrent l'usage, et le thème, en fixant l'attention sur ces deux choses, empêche de les oublier.

Que les jeunes gens ne disent donc plus qu'ils n'ont pas besoin d'écrire en grec, parce qu'il leur suffit d'entendre cette langue. Sans le thème, ils ne la sauront peut-être jamais; avec le thème, il est certain qu'ils l'apprendront plus vite.

D'ailleurs, est-ce qu'on étudie seulement le grec pour savoir une langue de plus? On l'étudie surtout pour se former le goût. Eh bien! il n'était pas rare, il y a quinze ans, d'entendre des personnes qui avaient passablement travaillé sur le grec, avouer ingénument qu'elles n'entendaient rien à l'élégance si vantée du style de Xénophon.

Si elles avaient pris une traduction de la *Cyropédie*, et qu'elles eussent essayé d'en reproduire en grec quelques morceaux, bientôt, en comparant leur style avec celui de l'auteur, elles auraient senti la pureté, la délicatesse, la perfection de ce charmant écrivain.

Mais il est inutile d'insister sur une méthode en faveur de laquelle les plus habiles maîtres se sont constamment prononcés, dont l'expérience a prouvé les avantages, et qui est maintenant suivie partout. Pour moi, je ne verrais qu'un moyen de remplacer le thème grec dans les classes : ce serait d'y parler grec.

Il est nécessaire aux commençants d'avoir des *Exercices gradués* qui attachent leur attention tour à tour sur chaque principe, et qui leur enlèvent les difficultés qu'ils ne savent pas encore résoudre. C'est pourquoi nous suivons pas à pas la Grammaire dans les deux premières parties de ce Cours, dont l'une renferme de nombreux Exercices sur la Déclinaison et la Conjugaison, l'autre une série de Thèmes sur la Syntaxe abrégée. Ils appliqueront ainsi à loisir toutes les règles fondamentales; et aussitôt qu'ils les sauront bien, ils pourront traduire en grec toute espèce de sujets. La troisième partie, remplie des morceaux les plus variés, ne sera point alors au-dessus de leurs forces; ou, s'ils y rencontrent des difficultés, les règles de la grande Syntaxe, que nous leur indiquons soigneusement par des chiffres, leur en offriront toujours la solution.

Afin de répondre au vœu de plusieurs maîtres expérimentés, nous avons ajouté à cette édition des Exercices préliminaires si faciles que les élèves pourront commencer à les faire dès qu'ils auront vu la première déclinaison.

Nous avons désiré faire de ce Cours de thèmes un recueil de bonnes pensées et d'anecdotes intéressantes, capables de nourrir le cœur et de récréer l'esprit. Sans exclure les païens, nous avons admis un grand nombre de morceaux tirés des saints Pères; et nous sommes persuadé que ces fragments ne seront pas les moins estimés des maîtres, ni les moins goûtés des élèves.

THÈMES GRADUÉS.

EXERCICES PRÉLIMINAIRES.

THÈME I.

PREMIÈRE DÉCLINAISON.

1. L'amitié est (la) vie du cœur, et la vérité est (la) vie de l'âme.

2. Jeune homme, fuis le péché comme une vipère.

3. Les Muses aiment les luttes des écoliers, mais elles craignent les combats des soldats.

4. Les voleurs, les menteurs et les avares haïssent les voix des prophètes, comme la voix du tonnerre.

1. Les mots mis entre parenthèse ne se rendent pas en grec. Amitié, ἡ φιλία, ας. Est, ἐστί. Vie, ἡ ζωὴ, ῆς. Cœur, ἡ καρδία, ας. Et, καί. Vérité, ἡ ἀλήθεια, ας. Ame, ἡ ψυχὴ, ῆς.

2. Jeune homme, ὁ νεανίας, ου. Fuis, φεῦγε. Péché, ἡ ἁμαρτία, ας. Comme, ὡς. Vipère, ἡ ἔχιδνα, ης.

3. Muse, ἡ Μοῦσα, ης. Aiment, φιλοῦσι. Lutte, ἡ ἅμιλλα, ης.—Écolier, ὁ μαθήτης, ου. Mais, ἀλλὰ. Craignent, φρίττουσι. Combat, ἡ μάχη, ης. Soldat, ὁ στρατιώτης, ου.

4. Voleur, ὁ κλέπτης, ου. Menteur, ὁ ψεύστης, ου. Avare, ὁ πλεονέκτης, ου. Haïssent, μισοῦσι. Voix, ἡ φώνη, ης. Prophète, ὁ προφήτης, ου. Tonnerre, ἡ βροντὴ, ῆς.

THÈME II.

1. Les laboureurs aiment la compagnie des laboureurs, les matelots celle des matelots, les soldats celle

des soldats. Mais les menteurs haïssent la compagnie des menteurs et les bavards celle des bavards.

2. Les Muses aiment les chants des poëtes et elles haïssent le cri de la corneille.

3. Dans les forêts, dans les vallées, les Nymphes dansent sous les lauriers et sous les oliviers.

1. Laboureur, ὁ ἀρότης, ου. Aiment, φιλοῦσι. Compagnie, ἡ ὁμιλία, ας. Matelot, ὁ ναύτης, ου. Celle, τὴν. Soldat, ὁ στρατιώτης, ου. Menteur, ὁ ψεύστης, ου. Haïssent, μισοῦσι. Bavard, ὁ ἀδολέσχης, ου.

2. Muse, ἡ Μοῦσα, ης. Aiment, φιλοῦσι. Chant, ἡ ᾠδή, ῆς. Poëte, ὁ ποιητής, οῦ. Haïssent, μισοῦσι. Cri, ἡ κραυγή, ῆς. Corneille, ἡ κορώνη, ης.

3. Forêt, ἡ ὕλη, ης. Vallée, ἡ νάπη, ης. Nymphe, ἡ Νύμφη, ης. Dansent, χορεύουσι. Sous, ὑπὸ avec le datif. Laurier, ἡ δάφνη, ης. Olivier, ἡ ἐλαία, ας.

THÈME III.

DEUXIÈME DÉCLINAISON.

1. Dieu est (le) maître du monde; car il est (le) créateur du ciel et de la terre.

2. Dieu a fait le soleil et la lune, les hommes et les animaux.

3. Dieu donne aux hommes le vin de la vigne et les fruits des arbres.

4. Dieu donne l'herbe aux brebis et le foin aux chevaux.

1. Dieu, ὁ Θεὸς, οῦ. Est, ἐστι. Maître, ὁ κύριος, ου. Monde, ὁ κόσμος, ου. Car, γὰρ, après un mot. Créateur, ὁ κτίστης, ου. Ciel, ὁ οὐρανὸς, οῦ. Terre, ἡ γῆ, γῆς.

2. A fait, ἐποίησε. Soleil, ὁ ἥλιος, ου. Lune, ἡ σελήνη, ης. Homme, ὁ ἄνθρωπος, ου. Animal, τὸ ζῶον, ου.

3. Donne, δίδωσι. Vin, ὁ οἶνος, ου. Vigne, ἡ ἄμπελος, ου. Fruit, ὁ καρπὸς, οῦ. Arbre, τὸ δένδρον, ου.

4. Brebis, τὸ πρόβατον, οῦ. Herbe, ἡ πόα, ας. Cheval, ὁ ἵππος, ου. Foin, ὁ χόρτος, ου.

THÈME IV.

1. Dieu donne la force au taureau, et les ailes aux volatiles.

2. Dieu donne la toison à l'agneau, et la mamelle de la génisse au jeune veau.

3. Dieu donne la sagesse au jeune homme, et la pureté à la vierge.

1. Force, ἡ ῥώμη, ης. Taureau, ὁ ταῦρος, ου. Aile, τὸ πτερὸν, οῦ. Volatiles, τὰ πετηνὰ, ῶν.

2. Toison, ὁ μαλλὸς, οῦ. Agneau, ὁ ἀμνὸς, οῦ. Mamelle, ὁ μαστὸς, οῦ. Génisse, ἡ δαμάλη, ης. Jeune veau, ὁ μόσχος, ου.

3. Sagesse, ἡ σοφία, ας. Jeune homme, ὁ νεανίας, ου. Pureté, ἡ ἁγνεία, ας. Vierge, ἡ παρθένος, ου.

THÈME V.

TROISIÈME DÉCLINAISON.

1. Les tyrans persécutaient les disciples du Christ Les rois les livraient aux lions, aux tigres, aux flammes. Les princes les faisaient périr par les verges, par les épées, par la faim.

2. Mais les chrétiens ne redoutaient ni les tyrans, ni les rois. Ils ne craignaient ni les bûchers, ni les lions, ni les dents des tigres.

3. Ils méprisaient les verges, les épées et la faim.

1. Tyran, ὁ Τύραννος, ου. Persécutaient, ἐδίωκον. Disciple, ὁ μαθήτης, ου. Le Christ, ὁ Χριστὸς, οῦ. Roi, ὁ βασιλεὺς, έως. Livraient, ἐδίδοσαν. Les (pour eux), αὐτοὺς. Lion, ὁ λέων, οντος. Tigre, ἡ τίγρις, ιδος. Flamme, ἡ φλὸξ, φλογός. Prince, ὁ ἄναξ, ἄνακτος. Faisaient périr, ἔκτεινον. Verge, ἡ ῥάβδος, ου. Épée, τὸ ξίφος, εος. Faim, ὁ λιμός, οῦ.

2. Chrétien, ὁ Χριστικνὸς, οῦ. Redoutaient, ἐφοβοῦντο. Ni, οὔτε. Craignaient, ἔφριττον. Bûcher, ἡ πυρά, ᾶς. Dent, ὁ ὀδοὺς, όντος.

3. Méprisaient, κατ-εφρόνουν.

THÈME VI.

1. Les tortures déchiraient leur corps, les épées coupaient leurs membres, mais leurs âmes se sauvaient au ciel dans le sein de Dieu.

2. Les rois et leur puissance ont passé. Mais les lois du Christ vivent et fleurissent dans les siècles des siècles.

1. Torture, ἡ βασανὸς, οῦ. Déchiraient, ἔξαινον. Corps, τὸ σῶμα, ατος. Leur, αὐτῶν. Épée, ἡ μάχαιρα, ας. Membre, τὸ μέλος, εος. Coupaient, ἔτεμνον. Ame, ἡ ψυχὴ, ῆς. Se sauvaient, ἐσώζοντο. Au, εἰς. Ciel, οὐρανὸς, οῦ. Dans, πρὸς. Sein, ὁ κόλπος, ου.

2. Puissance, ἡ δύναμις, εως. Ont passé, παρ-ῆλθον. Mais, δὲ après un mot, comme *autem* en latin. Loi, ὁ νόμος, ου. Le Christ, ὁ Χριστὸς, οῦ. Fleurissent, ἀνθοῦσι. Vivent, ζῶσι. Dans, εἰς avec accusatif. Siècle, ὁ αἰών, ῶνος.

THÈME VII.

ADJECTIFS.

1. Un bon arbre produit de bons fruits, et de bons cœurs produisent des paroles précieuses.

2. Des fruits doux ne sont pas toujours de bons fruits, et des paroles agréables ne sont pas toujours des paroles sages.

3. J'ai vu souvent des riches qui étaient malheureux, mais (je n'en ai) pas encore (vu d')heureux.

4. Car des soucis continuels suivent les hommes riches.

1. Bon, καλὸς, ή, όν. Arbre, τὸ δένδρον, ου. Produit, φύει. Fruit, ὁ καρπὸς, οῦ. Cœur, ἡ καρδία, ας. Produisent, φύουσι. Parole, τὸ ῥῆμα, ατος. Précieux, τίμιος, α, ον.

2. Doux, γλυκὺς, εῖα, ύ. Ne sont pas toujours, οὐκ εἰσὶν ἀεί. Agréable. ἡδὺς, εῖα, ύ. Sage, σοφὸς, ή, όν.

3. J'ai vu souvent, εἶδον πολλάκις. Riche, πλούσιος, α, ον. Qui étaient, *tournez* étant, ὤν, οὖσα, όν. Heureux, εὐδαίμων, ον. Pas encore, οὐκ ἔτι.

4. Souci, ἡ μέριμνα, ης. Continuel, συνεχὴς, ές. Suivent, ἕπονται, avec le datif.

THÈME VIII.

1. Les hommes insensés méprisent les hommes sages, et les sages sauvent les insensés.

2. Regardez les hommes saints comme (des hommes) sages ; et regardez les libertins et les injustes comme (des) fous, (des) insensés, (des) malheureux.

3. Les sombres nuages envoient une tempête violente aux moissons, et les sombres sourcils du maître annoncent des paroles amères aux écoliers paresseux.

1. Insensé, ἄφρων, ον. Sage, σώφρων, ον. Méprisent, ὀλιγωροῦσι. Sauvent, σώζουσι.

2. Regardez comme, νόμιζε. Saint, ἅγιος, α, ον. Sage, σοφός, ή, όν. Libertin, ἀσελγής, ές. Injuste, ἄδικος, η, ον. Fou, μῶρος, α, ον. Insensé, ἀνόητος, ον. Malheureux, ἄθλιος, α, ον.

3. Sombre, μέλας, αινα, αν. Nuage, ἡ νεφέλη, ης. Envoient, πέμπουσι. Tempête, ὁ χειμών, ῶνος. Violent, βίαιος, α, ον. Moisson, τὸ λήϊον, ου. Sourcil, ἡ ὀφρύς, ύος. Maître, ὁ διδάσκαλος, ου. Annoncent, ἀγγέλλουσι. Parole, τὸ ῥῆμα, ατος. Amer, πικρός, ά, όν. Écolier, ὁ μαθητής, ου. Paresseux, νωθής, ές.

THÈME IX.

PRONOMS.

1. Ce n'est pas nous qui avons aimé Dieu les premiers, mais (c'est) Dieu (qui) nous a aimés le premier.

2. Ce n'est pas nous-mêmes qui nous sauvons par nous-mêmes, mais (c'est) Dieu (qui) nous a donné son fils (pour être) notre Sauveur.

3. Ce n'est pas vous qui vous sauvez vous-mêmes, ô pécheurs ; mais les justes que vous méprisez, dont vous vous moquez, que vous blâmez, sont ceux à cause desquels Dieu a eu pitié de vous.

1. Ce n'est pas nous qui avons aimé. *Tournez :* Nous n'avons pas

aimé, *et exprimez le pronom* nous. Avons aimé, ἐφιλήσαμεν. Le premier, πρῶτος, η, ον. Mais, ἀλλά. Il a aimé, ἐφίλησεν.

2. *Tournez* : Nous-mêmes ne nous sauvons pas. Nous sauvons, σώζομεν. Par, διά *avec génitif.* A donné, ἔδωκεν. Fils, ὁ υἱός, οῦ. Son, *tournez : de* lui-même, αὐτός, οῦ. Sauveur, ὁ σωτήρ, ῆρος.

3. *Tournez* : Vous n'êtes pas sains et saufs. Vous êtes, ἐστέ. Sain et sauf, σῶος, α, ον. Pécheur, ἁμαρτωλός, όν. Juste, δίκαιος, α, ον. vous méprisez, καταφρονεῖτε, *accusatif.* Vous vous moquez, καταγελᾶτε, *génitif.* Vous blâmez, μέμφεσθε, *datif.* Celui, οὗτος. A cause de, διά, *accusatif.* A eu pitié, ἐλέησεν, *accusatif.*

THÈME X.

1. Les veuves elles-mêmes et les vierges qui consument leur vie (en) jeûnant, (en) priant, (en) servant Dieu, sont celles à cause desquelles le monde subsiste. Car depuis longtemps Dieu l'aurait détruit à cause des pécheurs.

2. Qui sont en effet les hommes que Dieu aime le plus? Les hommes pieux. De qui s'occupe-t-il le plus? Des hommes pieux. A qui accorde-t-il le plus des dons précieux? Aux hommes pieux.

1. Veuve, ἡ χήρα, ας. Vierge, ἡ παρθένος, ου. Consument, διατριβοῦσι. Vie, ὁ βίος, ου. Jeûnant, νηστεύων, ουσα, ον. Priant, εὐχόμενος, η, ον. Servant, λατρεύων, ουσα, ον, *datif.* Monde, ὁ κόσμος, ου. Subsiste, παραμένει. Car, γάρ, *après un mot, comme* enim. Depuis longtemps, πάλαι. Aurait détruit, ἂν διέλυσεν. Le (*pour* lui), αὐτός, οῦ.

2. Le plus, μάλιστα. Il aime, φιλεῖ. Pieux, εὐσεβής, ές. S'occuper de, φροντίζω, *génitif.* Il accorde, χορηγεῖ. Don, τὸ δῶρον, ου. Précieux, τίμιος, α, ον.

THÈME XI.

VERBES.

1. Si tu règnes maintenant sur tes passions, mon fils, un jour tu régneras dans les cieux.

2. Si nous régnons sur nos passions, nous serons plus grands qu'en régnant sur de nombreuses nations.

3. Règne sur ta langue et tu seras un grand homme.

4. Si tu régnais sur la colère, tous les hommes t'admireraient, t'aimeraient.

1. Si, ἐάν avec subjonctif. Régner, βασιλεύω, génitif. Maintenant, νῦν. Fils, τὸ τέκνον, ου. Un jour, ποτέ. Ciel, ὁ οὐρανός, οῦ.

2. Plus grand, μείζων, ον. Que, ἤ. Nombreux, πολὺς, πολλή, πολύ. Nation, τὸ ἔθνος, εος.

3. Langue, ἡ γλῶσσα, ης. Grand, μέγας, μεγάλη, μέγα.

4. Si, εἰ avec optatif. Colère, ἡ ὀργή, ῆς. Tout, πᾶς, πᾶσα, πᾶν. Admirer, θαυμάζω. Aimer, φιλέω. On exprime le conditionnel en mettant le verbe à l'optatif avec ἄν.

THÈME XII.

1. Maintenant tu nous frappes, tu nous flagelles, tu nous écorches, tu nous brûles, tu nous tues. Mais un jour nous régnerons sur toi du haut des cieux, disaient les chrétiens à Galère.

2. Mon fils, tu n'es pas un homme méprisable, puisqu'un jour tu dois régner dans les cieux.

3. Les Romains qui ont régné sur tant de nations n'ont jamais régné sur les Francs.

1. Maintenant, νῦν. Frapper, πλήσσω. Flageller, μαστίζω. Écorcher, δέρω. Brûler, καίω. Tuer, ἀποκτείνω. Un jour, ποτέ. Du haut, ἐκ. Dire, λέγω. Galère, ὁ Γαλήριος, ου.

2. Méprisable, εὐτελής, ές. Puisque tu dois régner, tournez : devant régner.

3. Romain, Ῥωμαῖος, α, ον. Tant de, τοσοῦτος, τοσαύτη, τοσοῦτο. Jamais, οὐ ποτέ. Francs, Φράγκες, ων.

THÈME XIII.

1. Ne vous fiez pas à la couleur de la pomme. La pomme a tué notre mère qui s'était confiée à elle.

2. Si vous ne dominez pas vos enfants, vous serez leur esclave.

3. Voulez-vous être libre toujours, servez Dieu.

4. Voulez-vous faire toujours ce que vous voulez, aimez à faire toujours ce que Dieu veut.

1. Se fier, πιστεύω. Ne, μὴ avec *l'impératif.* Couleur, ἡ χροὰ, ᾶς. Pomme, τὸ μῆλον, ου. Tuer, φονεύω. Mère, ἡ μήτηρ, τρὸς. Qui s'était confiée, *tournez* s'étant confiée et mettez le participe parfait.

2. Si, ἐὰν avec *subjonctif.* Ne pas, μὴ. Dominer, κυριεύω, *avec génitif.* Enfant, τὸ τέκνον, ου. Être esclave, δουλεύω, *avec datif.*

3. Vouloir, θέλω. Être, ὑπάρχω. Libre, ἐλευθερὸς, ἀ, όν. Toujours, ἀεί, Servir, δουλεύω.

4. Vouloir, βούλομαι. Faire, πράσσω. Ce que, ὅπερ ἂν, *avec subjonctif.*

THÈME XIV.

1. Je crois en Jésus-Christ, je ne crains pas la mort.

2. Quel est l'homme qui croyant en Jésus-Christ craint la mort?

3. Nous croyons en Jésus-Christ : espérant donc le ciel, nous n'amassons point des trésors sur la terre.

1. Croire, πιστεύω. Craindre, δείδω. Mort, ὁ θάνατος, ου.

3. Espérer, ἐλπίζω. Amasser des trésors, θησαυρίζω.

THÈME XV.

PASSIF ET MOYEN.

1. Comment les apôtres se faisaient-ils croire des nations?

2. Les apôtres guérissaient les malades, les muets, les aveugles, les boiteux, et même ils ressuscitaient les morts.

3. Et les malades guéris, les muets qui parlaient, les aveugles qui voyaient, les boiteux qui bondissaient, et même les morts qui se réveillaient, croyaient en Jésus-Christ et publiaient avec les apôtres (que) Jésus-Christ (était) Dieu.

1. Comment, πῶς. Apôtre, ὁ ἀπόστολος, ου. Se faire croire, πιστεύομαι.

2. Guérir, θεραπεύω. Malade, ἀσθενὴς, ές. Muet, κωφὸς, ἡ, ὁν. Aveugle, τυφλὸς, ἡ, ὁν. Boiteux, χωλὸς, ἡ, ὁν. Et même, καὶ δὴ καί. Ressusciter, ἐγείρω. Mort, *mortuus*, νεκρὸς, ὁν.

5. Parler, φθέγγομαι. Voir, βλέπω. Bondir, ἐξάλλομαι. Se réveiller, ἐγείρομαι. Publier, κηρύσσω. Avec, μετὰ, *génitif*.

THÈME XVI.

1. Les vierges déchirées avec des ongles de fer, battues de verges, brûlées par les flammes, dévorées par les bêtes féroces, criaient à haute voix : Jésus-Christ est Dieu !

2. Ton âme est-elle souillée, lave-la dans l'eau de la pénitence. As-tu lavé ton âme, ne la souille pas de nouveau.

3. L'homme qui ment n'est pas cru lors même qu'il dit vrai.

1. Vierge, ἡ παρθένος, ου. Déchirer, ξαίνω. Avec *s'exprime par le datif du nom*. Ongle, ὁ ὄνυξ, υχος. De fer, σιδήρεος, εα, εον. Battre, δέρω. Verge, ἡ ῥαπίς, ίδος. Brûler, καίω. Flamme, ἡ φλόξ, φλογός. Dévorer, βιβρώσκω, f. βρώσω, pf. βέβρωχα. Bête féroce, ὁ θὴρ, θηρός. Crier, κράζω. Haute voix, μεγάλη φώνη.

2. Ame, ἡ ψυχὴ, ῆς. Souillé, ῥυπαρὸς, ὰ, όν. *Tournez* : As-tu l'âme souillée ? Avoir, ἔχω. Laver, λούω. *Mettez ce verbe à l'impératif aoriste moyen.* Eau, τὸ ὕδωρ, ὕδατος. Pénitence, ἡ μετάνοια, ας. Ne, μὴ *avec l'impératif*. Souiller, μιαίνω. De nouveau, πάλιν.

5. Mentir, ψεύδομαι. Dire vrai, ἀληθεύω.

THÈME XVII.

AUGMENT.

1. Les compagnons d'Antoine habitaient dans le désert avec les bêtes sauvages, ils jeûnaient chaque jour, ils chantaient des psaumes pendant la nuit, ils priaient sans cesse.

2. Ils limitaient le sommeil aux nécessités de la nature, ils augmentaient leur vertu par un soin continuel et ils inscrivaient leur nom dans le livre de vie par des bonnes œuvres.

1. Compagnon, ὁ ἑταῖρος, ου. Antoine, ὁ Ἀντώνιος, ου. Habiter avec,

συν-οικέω, *datif.* Bête sauvage, τὸ θηρίον, ου. Dans, ἐν, *datif.* Désert, ἡ ἔρημος, ου. Jeûner, νηστεύω. Chaque jour, καθ' ἡμέραν. Pendant la nuit, νύκτωρ. Chanter des psaumes, ψάλλω. Prier, εὔχομαι. Sans cesse, ἀεί.

2. Limiter, ὁρίζω. Sommeil, ὁ ὕπνος, ου. Nécessité, ἡ ἀνάγκη, ης. *Mettez ce nom au datif.* Nature, ἡ φύσις, εως. Augmenter, αὐξάνω. Vertu, ἡ ἀρετὴ, ῆς. Soin, ἡ μελέτη, ης. Par *se rend par le datif.* Continuel, διηνεχὴς, ές. Inscrire, ἐγ-γράφω. Nom, τὸ ὄνομα, ατος. Libre, ἡ βίβλος, ου. Vie, ἡ ζωὴ, ῆς. OEuvre, τὸ ἔργον, ου. Bon, καλὸς, ἡ, όν.

THÈME XVIII.

1. Les compagnons d'Antoine rejetaient les choses superflues, s'exhortaient les uns les autres au progrès dans la vertu ; ils vivaient ensemble dans la paix.

2. Ils réprimaient leurs passions ; ils exerçaient la patience ; ils demandaient la constance ; ils passaient et achevaient leur vie en combattant contre le démon et contre la chair.

3. Une nombreuse multitude d'hommes affluait vers eux, de la Libye, de l'Asie, de l'Europe : et la joie et l'allégresse des moines inspirait à beaucoup d'entre eux le désir d'(embrasser) le même genre de vie.

1. Rejeter, ἀπο-βάλλω. Superflu, περισσὸς, ἡ, όν. Exhorter, προ-τρέπω. Les uns les autres, ἀλλήλων, οις, ους. A, πρὸς, *accusatif.* Progrès, ἡ προκοπή, ῆς. Vivre ensemble, συ-ζάω. Paix, ἡ εἰρήνη, ης.

2. Réprimer, συ-στέλλω. Passion, ἡ ἐπιθυμία, ας. Exercer, ἀσκέω. Patience, ἡ ὑπομονὴ, ῆς. Demander, αἰτέω. Constance, ἡ καρτερία, ας. Passer, δια-τελέω. Achever, ἀνύτω. Vie, ὁ βίος, ου. Combattre, μάχομαι. Contre, πρὸς. Démon, ὁ διάβολος, ου. Chair, ἡ σάρξ, σαρκός.

3. Nombreux, πολὺς, πολλὴ, πολύ. Multitude, πλῆθος, εος. Affluer, συρρέω. Vers, πρὸς. De, ἐκ. Libye, ἡ Λιβύη, ης. Asie, ἡ Ἀσία, ας. Europe, ἡ Εὐρώπη, ης. Joie, ἡ εὐθυμία, ας. Allégresse, ἡ φαιδρότης, ητος. Moine, ὁ μόναχος, ου. Inspirer, ἐμ-βάλλω. Désir, ὁ ἔρως, ωτος. Le même, ὁ αὐτὸς, ἡ, ό. Genre de vie, ἡ πολιτεία, ας.

THÈMES GRADUÉS

LA DÉCLINAISON ET LA CONJUGAISON

GRECQUES

NOMS.

PREMIÈRE DÉCLINAISON.

THÈME I.

1. La voix de la lyre dissipe l'inquiétude.—2. J'appelle l'ivresse une courte folie.—3. Abstiens-toi des plaisirs honteux.—4. Fuis la mollesse comme un commencement de corruption.—5. Un court plaisir enfante souvent une longue peine.

6. Ne cède ni aux menaces ni aux caresses des méchants.—7. Aime l'instruction, la vérité, la tempérance, l'économie, la piété.—8. L'instruction est un ornement dans la prospérité, et un refuge dans l'adversité.

9. Dans la paresse, tu trouveras la pauvreté et le déshonneur; et dans la diligence, tu trouveras l'honneur, la gloire et une abondance de plaisirs nobles.

THÈME II.

1. Ne te fie pas au menteur; car des [1] menteurs s'engendrent les voleurs.—2. Le devoir d'un domestique est de servir son maître; et le devoir d'un maître est de prendre soin de ses domestiques avec bienveillance.

3. La justice convient aux juges, la force aux athlètes, le silence aux disciples.— 4. Les laboureurs nourris-

sent tous les citoyens, et les soldats les gardent.—5. O poëte, chante le maître de l'univers.

¹ De, ἐκ (ou ἐξ devant une voyelle), avec le génitif ; en latin, *ex*.

DEUXIÈME DÉCLINAISON.

THÈME III.

1. Le sommeil est frère de la mort.—2. La faim est une maladie quotidienne.—3. J'ai vu la paresse se glisser ¹ dans le gymnase : (c') est un monstre sale, hideux et pernicieux ².

4. La piété est un ornement convenable aux jeunes gens, comme une couronne de laurier autour des tempes.— 5. La porte des cieux est étroite.— 6. La route de la vertu est d'abord escarpée, ensuite elle est douce.

¹ Se glissant.—² Les mots compris entre parenthèses ne se traduisent pas en grec.

THÈME IV.

1. La fertilité de l'Égypte est un présent du Nil; car ce fleuve arrosant tout le pays (l')engraisse ¹. — 2. Jeunes gens, obéissez aux lois de Dieu.—3. Les anges gardent les âmes des hommes.—4. Une grande gloire suit une œuvre difficile.

5. J'ai déjà orné de violettes la statue de la Vierge Marie; et maintenant encore, ayant cueilli des lis et des roses dans le jardin, je (les) présenterai à la Vierge Marie.

6. O (roi) perse, en vain tu as creusé l'Athos, en vain tu as brûlé ² les temples de la Grèce, en vain tu as renversé ³ les maisons et les murs d'Athènes : car les citoyens se sauvent dans la mer.

7. Les Athéniens tuèrent Androgée. Or Androgée était fils de Minos. Minos ayant vaincu les Athéniens

dans un combat naval, ce Minos appelé le Juste (les) força à lui payer un tribut impie, (savoir) sept enfants, qui devaient servir de pâture [4] au Minotaure.

[1] Lorsque deux verbes gouvernent un même nom au même cas, au lieu de donner au second verbe le pronom αὐτός pour régime, il est plus élégant d'exprimer simplement ce nom une fois, comme en latin : *Ægyptum Nilus irrigans fecundat*, au lieu de *fecundat illam*.—[2] Tu as brûlé, ἐν-έπρησας.—[3] Tu as renversé, κατ-έσκαψας.—[4] Qui devaient servir de, *tournez* : devant être pâture, ἐσομένους (ou γενησομένους) τροφήν.

TROISIÈME DÉCLINAISON.

THÈME V.

1. La langue des Grecs est harmonieuse.—2. Les lièvres sont pris par [1] les renards, tantôt à la course [2], tantôt par ruse.—3. Les gouttes d'eau creusent les rochers et les paroles des sages corrigent les cœurs des insensés.

4. Le silence apporte un ornement aux femmes, ornement aussi [3] convenable que rare.—5. Les élèves diligents [4] lisent avec plaisir les livres de Xénophon.— 6. Les éléphants ont peur des dragons.—7. Toujours des soucis rongent les esprits des hommes.—8. Les jeunes gens modestes cèdent le chemin aux vieillards.

9. Les flatteurs ressemblent aux corbeaux, car ils crèvent les yeux de ceux qu'ils ont pris [5].

[1] Par, ὑπό, avec le génitif.—[2] Tantôt... tantôt, τότε μὲν... τότε δέ. —A la course, par ruse : le nom de manière se met au datif (*Gramm.* § 130).—[3] Aussi que..., ὡς..., οὕτω.—[4] En grec, on place l'adjectif entre l'article et le nom : *Les diligents élèves*. On dit aussi très-fréquemment : *Les diligents des élèves.*—[5] Les yeux des pris, *oculos captorum* ; mettez le participe aoriste passif ἐκ-θηρευθείς ou ἀγρευθείς, qui est pris à la chasse.

Datif pluriel.

1. Un bienfait engendre un bienfait, et une querelle engendre une querelle.—2. Comme les jeunes gens se laissent flatter[1] par des espérances légères, de même (aussi) les vieillards.—3. Les chevaux se laissent pousser[2] par les fouets, et les cœurs des jeunes gens par les louanges.

4. Les cigales sont amies avec les cigales, les fourmis avec les fourmis, les abeilles avec les abeilles, les brebis avec les brebis, les hirondelles avec les hirondelles, les dauphins avec les dauphins, les bœufs avec les bœufs, et les bergers avec les bergers.

5. Mais pourquoi donc les lions ne sont(-ils) pas amis avec les lions, ni les rois avec les rois? ni les chacals avec les chacals, ni les pauvres avec les pauvres? ni les loups avec les loups, ni les philosophes avec les philosophes? ni les tigres avec les tigres, ni les orateurs avec les orateurs? ni les rossignols avec les rossignols, ni les poëtes avec les poëtes?

6. N'est-ce point la jalousie qui en est la cause?

---

[1] Sont flattés. Le régime du verbe passif se met au datif, quand c'est un nom de chose inanimée, *Gramm.* 125.—[2] Sont poussés.

Noms contractes.

1. Les Amazones portaient des tuniques qui descendaient jusqu'aux pieds.—2. Ne jugez pas promptement les caractères de ceux que vous rencontrez[1]; car le temps est pour les hommes l'épreuve du caractère.

3. Les serpents ont leur venin dans les dents, et les envieux dans la langue.—4. La mort n'est pas la fin,

mais le commencement de l'affliction pour les injustes.

5. Honore tes parents : malheur à celui qui ne vénère pas[2] ses parents !—6. L'airain poli est le miroir du visage, le vin est le miroir de l'esprit.

7. Anacharsis a dit que la vigne porte[3] trois grappes, la première de plaisir, la seconde d'ivresse, la troisième de déplaisir.—8. Démétrius Poliorcète prenait les villes en renversant les murailles, et Timothée en persuadant les habitants.

9. Un hameçon couvert d'un appât prendra des poissons, et un livre qui offre[4] un travail agréable rendra les écoliers diligents.

1 Ceux qui se sont rencontrés (avec vous), οἱ συντυχόντες.—2 Tournez par le participe : le non vénérant, ὁ μὴ σεβόμενος.—3 A dit la vigne porter.—4 Tournez : un livre offrant.

THÈME VIII.

1. Le commandement passe d'une nation à une autre[1], à cause des injustices des peuples et des violences des rois.—2. La mort est, pour l'impie, un remède pire que[2] les maux de la vieillesse.—3. Les hommes sages[3] n'échangent point la vertu contre des richesses.—4. La fortune ressemble à un mauvais juge, car souvent elle couronne celui qui n'a rien fait[4].

5. La race des barbiers est passablement bavarde. Un barbier babillard ayant demandé à Archelaüs[5] : Prince, comment faut-il vous raser ?—En silence[6], répondit-il.

6. Noé fit l'arche de trois cents coudées selon la longueur.—7. Démade disait que[7] la pudeur était la citadelle de la beauté.

1 De, ἀπό, avec le génitif ; à, εἰς, avec l'accusatif. — 2 Après le comparatif, on met le nom au génitif, ou l'on exprime le que par ἤ avec même cas après que devant (Gramm., §117).—3 Les sages hommes, ou mieux les sages des hommes. — 4 Celui qui n'a rien fait, ὁ μηδὲν πράξας.—5 Un barbier ayant demandé, ce nom et ce participe se mettent au génitif absolu.—6 En te taisant.—7 Disait la pudeur être.

Noms syncopés.

THÈME IX.

1. Chéris ton père et ta mère.—2. Ne sois pas l'esclave de ton ventre.—3. Jeunes gens, obéissez à vos pères et à vos mères.—4. D'un [1] bon père naît un bon fils, et de mères généreuses naissent des filles généreuses.

5. Tu fuis les serpents, parce qu'ils lancent du venin [2]; et moi je fuis les libertins comme les corrupteurs des vertus.

[1] De, ἐκ ou ἐξ, avec le génitif, comme au Thème II. — [2] Comme lançant du venin. Rendez *comme* par ὡς, et mettez ἰοβόλος (lançant du venin) au même cas que *serpents,* nom auquel cet adjectif se rapporte.

Exercices sur toutes les déclinaisons.

THÈME X.

1. La parole est le remède de l'âme malade.—2. Un lit d'or ne soulage point le malade, et une fortune brillante (ne sert de rien à) l'insensé [1].—3. La gloire et la richesse, sans l'intelligence, sont des biens mal assurés.

4. Cléanthe disait que les ignorants ne diffèrent [2] des bêtes que par la forme. Mais moi, je prétends que [3] l'homme ignorant et sans lettres vaut mieux que tout sophiste orgueilleux.

5. Dieu a distribué une arme à chacun des animaux : aux lions la force et les dents, aux taureaux des cornes, à l'abeille un aiguillon, à l'homme la parole et la sagesse.

[1] *Tournez :* Ni un lit d'or ne soulage le malade, ni une fortune brillante (ne sert à) l'insensé. — [2] Disait les ignorants différer seulement par la forme, *ou* par la forme seule. — [3] Je dis l'homme ignorant être meilleur.

THÈME XI.

1. L'homme désire la nuit après le soleil, l'automne après l'été, la ville après les champs, la faim après la satiété, la soif après l'ivresse, et le travail après le repos. —2. Chez Pluton tous les méchants sont punis, maîtres et esclaves, satrapes et pêcheurs, riches et pauvres, rois, orateurs, sophistes.

3. Qui comptera le sable de la mer, les gouttes de la pluie et les jours de l'éternité? —4. Il n'est pas permis aux chrétiens de renverser par [1] la contrainte et la force l'erreur des impies, mais d'opérer le salut des hommes par la persuasion, la parole, la douceur.

[1] Le nom de manière se met au datif (*Gramm.*, § 130).

ADJECTIFS.

THÈME XII.

1. Près de l'Italie s'étend [1] la Sicile, île vaste, riche et peuplée.—2. La vie est courte, et tout art est long à apprendre [2].—3. La joie d'un plaisir mauvais est courte.

4. Un gain honteux est un pesant joyau.—5. L'avenir est obscur. — 6. Diogène disait qu'un riche ignorant était un mouton à toison d'or.—7. Le sommeil n'est rien autre chose qu'une mort temporaire et un trépas quotidien [3].

8. L'ornement propre de la terre, (ce) sont les moissons ondoyantes dans les vallons, les prairies verdoyantes et émaillées de fleurs diverses, les collines parées de beaux arbres, et les sommets des montagnes ombragées par les forêts.

[1] Être étendu, couché, *jaceo*, κεῖμαι.—[2] L'infinitif français qui suit un adjectif se rend en grec par l'infinitif actif ou passif, § 116.— [3] Rien autre chose que, οὐδὲν ἄλλο ἤ, οὐδὲν ἕτερον ἤ.

THÈME XIII.

1. Les habitants des champs ne comprennent pas leur bonheur, parce que leur plaisir est continuel[1].—2. Aristote disait que[2] les racines de l'éducation sont amères, mais que les fruits en sont doux ; ce qui est conforme à cette parole du bienheureux Paul : « Toute discipline semble d'abord n'être pas une source de joie, mais de chagrin. Mais plus tard elle produit un fruit paisible à ceux qui s'y sont exercés[3]. »

3. Tous les pauvres ne sont pas malheureureux, et tous les riches ne sont pas heureux.—4. N'introduis pas tout homme dans ta maison ; car les embûches du fourbe sont nombreuses.

5. Si les maîtres aiment les enfants quand ils sont bavards, ingrats, revêches, comment ne les chériraient-ils pas[4] s'ils étaient silencieux, doux et reconnaissants[5] ?

---

[1] *Tournez :* A cause du plaisir continuel.—[2] Disait les racines être amères. — [3] S'exercer à quelque chose, γυμνάζεσθαι διά τινος. Celui qui s'est exercé, ὁ γεγυμνασμένος.—[4] Comment ne (les) chériraient-ils pas ? Πῶς οὐκ ἂν ἀγαπῷεν ; — [5] S'ils étaient silencieux ; *tournez :* Eux silencieux.

Comparatif et superlatif.

THÈME XIV.

1. Rien n'est plus injuste que la colère[1] ; car elle outrage Dieu, les hommes et surtout celui qu'elle possède[2].—2. Une guerre glorieuse est préférable à une paix honteuse.—3. Les blessures des amis sont meilleures[3] que les baisers des ennemis.

4. Il n'est point de possession plus précieuse que la sagesse.—5. Il n'est point de richesse plus honorable ni plus assurée que la vertu.

6. Celui qui a[4] Dieu avec lui est plus fort que tous les hommes et que tous les démons.—7. Un homme ivre est un cadavre animé: à la simple vue, c'est la plus dégoûtante des choses[5]; il exhale une odeur fétide.

[1] Le régime du comparatif se met au génitif, ou bien on rend le *que* par ἤ en mettant après même cas que devant.—[2] Celui qu'elle possède; *tournez* : le possédé par elle. Le possédé (par elle), ὁ ἐχόμενος. Par désignant le régime du verbe passif se rend par ὑπό avec le génitif. — [3] Sont plus fidèles.—[4] *Tournez* : Le ayant, ὁ ἔχων.—[5] *Tournez* : Il est plus dégoûtant que toutes choses.

THÈME XV.

1. Il faut se taire, ou bien dire des choses meilleures que le silence.—2. Nous avons deux oreilles et une seule bouche, afin d'écouter beaucoup et de parler peu[1].

3. De tous les êtres[2], le monde est le plus beau, car il est l'œuvre de Dieu; le lieu est le plus grand, parce qu'il contient tout; le temps est le plus habile, car il trouve tout.—4. De[3] très-petit, le crocodile devient très-grand; car son œuf n'est pas plus gros que celui d'une oie, et lui-même devient long de dix-sept coudées.

5. Dis-moi, ô excellent enfant, qu'est-ce qui[4] est meilleur qu'une vie sainte?—Une mort sainte.

[1] *Tournez* : D'écouter plus de choses et d'en dire moins. — [2] Le régime du superlatif se met au génitif.—[3] *De*, ἐκ, ou ἐξ devant une voyelle, avec le génitif.—[4] Qu'est-ce qui, quelle chose, τί;

PRONOMS.

THÈME XVI.

1. Démétrius dit à Néron : Tu me menaces[1] de la mort; mais la nature t'en menace toi-même.

2. De deux frères jumeaux l'un mourut. Un sot ayant rencontré celui qui était vivant[2], lui demanda :

Est-ce toi qui es mort [3] ou bien ton frère? — 3. Un écolier se trouvant dans la disette vendait ses livres, et écrivant à son père, il (lui) disait : Réjouissez-vous avec nous, mon père; car nos livres nous nourrissent déjà.

4. Dieu nous aime comme ses enfants; et vraiment nous sommes ses enfants; mais il hait nos vices.

[1] Avec *menacer*, le nom de la personne qu'on menace se met au datif, et le nom de la chose à l'accusatif, comme en latin *minari mortem alicui.* — [2] Celui qui était vivant; *tournez* : Le vivant, ὁ ζάων. — [3] Est-ce toi qui es mort; *tournez* : Toi es-tu mort?

THÈME XVII.

1. Quelqu'un ayant demandé à Anacharsis le Scythe quelle est la chose la plus ennemie des hommes[1] : Eux-mêmes, dit-il, sont les plus ennemis d'eux-mêmes. — 2. Si tu es juge, décide toujours de la même manière sur les mêmes choses[2], ne faisant rien par faveur. — 3. Tâche de plaire à tous, et non à toi seul.

4. Si tu n'es pas maître de toi-même, jamais tu ne seras libre; car l'homme libre est, non celui qui n'a aucun maître, mais quiconque n'a asservi son cœur qu'à la sagesse.

5. L'envieux se hait lui-même; et même certes l'envie n'a que ceci de bon : (c'est qu')elle est un tr grand mal pour ceux qui la possèdent.

[1] *Tournez :* Anacharsis étant interrogé par quelqu'un : Qui est-ce qui est le plus ennemi aux hommes? Eux-mêmes à eux-mêmes, dit-il. — [2] Le même, ὁ αὐτός; les mêmes choses, τὰ αὐτὰ ou ταὐτά, § 112. Décider de la même manière, τὰ αὐτὰ γιγνώσκειν.

VERBES.

THÈME XVIII.

Λύω.

1. Deux routes conduisent au musée de la Grèce :

l'une[1] douce, menant par des prairies émaillées de fleurs, et par des plaines embellies d'oliviers, de lauriers et de myrtes; l'autre escarpée, âpre, (s'avançant) à travers des épines, des ravins nombreux et des précipices. Cependant la première non-seulement est belle et agréable pour[2] le voyageur qui y marche, mais de plus elle est courte; et la seconde non-seulement est pénible et pleine de sueurs pour le voyageur qui s'efforce d'y ramper, mais encore elle est longue. Par laquelle des deux voulez-vous, mon ami, que je vous conduise[3]?

2. Que les citoyens gardent les lois, et les lois garderont les citoyens.—3. Celui qui ignore les saintes Écritures, (tout) en voyant ne voit pas.—4. Étant jeune, apprends beaucoup de bonnes choses.

5. Une vierge portant une cruche s'avançait vers le puits. Le serviteur d'Abraham lui dit : Donnez-moi à boire, ô jeune fille. Celle-ci, se hâtant, puisa de l'eau au puits, et donna à boire à l'étranger lui-même et à ses chameaux. Alors le vieillard lui demanda qui[4] elle était[5] et quels étaient ses parents. Je m'appelle Rébecca, dit-elle, et mon père se nomme Bathuel.

[1] L'un, ὁ μὲν ; l'autre, ὁ δὲ.—[2] *Pour* se rend ici par le datif.—[3] Après βούλει, veux-tu, on met bien la première personne du subjonctif aoriste en sous-entendant ἵνα. *Ex.* : βούλει φράσω, veux-tu que je parle?—[4] Τίς.—[5] *Mettez* le verbe εἰμί à l'optatif. De même, en latin, *quis* entre deux verbes veut le second au présent ou à l'imparfait du subjonctif : *Rogavit quænam esset.*

THÈME XIX.

1. La beauté ne sert de rien à celui qui n'a pas d'intelligence[1].—2. Antiloque, fils de Nestor, dit en pleurant : O Achile, tu vas apprendre une bien triste nouvelle : Hector a tué Patrocle.

3. Mon fils, tu l'as emporté sur tous ceux de ton âge, ce que nous n'espérions ni toi ni moi. Rends donc grâce à Dieu qui t'a donné la victoire. Car (c'est) de lui (que)

viennent la sagesse et la force.—4. Tu as choisi un beau genre de vie; mais (ce) n'est pas assez (de) l'avoir choisi: il faut que celui qui a choisi[2] la piété y persévère.

5. Que le camarade ait soin de son camarade, et ils se sauveront l'un l'autre.

[1] Aucune utilité (n'est) de la beauté, lorsque quelqu'un n'a pas d'esprit.—[2] Le ayant choisi.

THÈME XX.

1. Un symbole était jadis une pièce de monnaie rompue, dont les hôtes réunissaient les deux parties comme une marque de l'hospitalité—2. Les Égyptiens ensevelissaient leurs morts en les embaumant, et les Romains en les brûlant.

3. Les hommes poursuivent la mort, même en la fuyant.—4. Ne vous réjouissez pas sur le cadavre de celui qui vous a outragé; mais souvenez-vous[1] qu'étant hommes, nous mourons tous. — 5. Thémistocle et Aristide, étant enfants, étaient déjà divisés.

6. Mon ami, si vous avez[2] bien élevé vos enfants, vous n'êtes point un homme pauvre et infime[3]; car des enfants bien élevés sont un grand ornement et une grande richesse.

7. L'homme vertueux ne plantera[4] pas seulement pour lui, mais encore pour ses descendants.—8. Laboureur, sois lent à bâtir et prompt à planter[5].

[1] Souvenez-vous que (nous) tous hommes mourons; que, ὅτι, avec l'indicatif. — [2] Ayant bien élevé. — [3] Tu n'es pas un homme d'entre les pauvres, §113. —[4] Rendez ce futur par l'aoriste (Synt. 137). L'aoriste marque une chose qui a coutume de se faire. Rendez pour par le datif. —[5] Bâtis lentement, plante promptement.

THÈME XXI.

1. Socrate ne supplia point ses juges, mais se confiant dans son innocence, il se livra au dernier danger; homme

vraiment sage et grand [1] s'il avait honoré comme Dieu le Dieu qu'il est dit avoir connu.

2. On dit que la ville [2] de Rome courut un grand danger de la part [3] de Porsenna, un plus grand de la part de Brennus, et le plus grand de tous de la part de Catilina.

3. Le désir du bonheur est inné dans tous les hommes.

[1] Si, εἰ avec l'aoriste de l'indicatif ou de l'optatif: avoir connu, γνῶναι, ou ἐπι-γνῶναι. — [2] On dit que la ville courut, *tournez* : la ville est dite avoir couru. — [3] De la part de, ἐν.

THÈME XXII.

Passif et moyen.

1. Patrocle fut dompté sous les mains d'Hector ; Hector fut abattu par Achille ; Achille fut percé par la flèche de de Pâris : car celui qui tue [1] sera tué. — 2. Nous apprenons qu'Alexandre fut élevé par Aristote ; (c'était) un disciple digne d'un si grand maître.

3. Combattons généreusement pour la patrie. — 4. Tout homme qui ment est bientôt découvert [2]. — 5. Puissiez-vous délibérer [3] en déposant toute colère ! — 6. Si tu veux réussir, travaille.

7. Si quelqu'un ne veut pas travailler, qu'il ne mange pas. — 8. Vous étant reposés pendant un temps court, vous travaillerez mieux. — 9. Si tu avais vu [4] ce que j'ai vu, tu n'aurais pas cessé [5] de verser des larmes.

10. Si Jésus-Christ est votre législateur, votre guide, votre Dieu, obéissez lui, suivez-le, n'adorez que lui [6].

[1] Le tuant. — [2] *Tournez :* Aucun homme qui ment n'est longtemps caché. — [3] Puissiez-vous délibérer ! εἴθε avec l'optatif — [4] Si, εἰ avec l'aoriste de l'indicatif. Rendez *voir* par θεάομαι, f. θεάσομαι. — [5] Le conditionnel passé se rend par l'aoriste de l'indicatif, avec ἄν. (*Gramm.* § 136.) Tu n'aurais pas cessé de verser, *tournez :* Tu n'aurais pas cessé versant. — [6] Adorez lui seul.

Verbes contractes.

THÈME XXIII.

Φιλέω.

1. Celui qui aime la discipline aime[1] la sagesse; mais celui qui hait[2] les réprimandes est un insensé.—2. Réfléchis, et alors agis.—3. Beaucoup d'hommes qui paraissent[3] s'aimer eux-mêmes ne s'aiment pas réellement.

4. Les Romains appelaient autrefois la Sicile le grenier de Rome.—5. Celui qui ne commet aucune injustice n'a besoin d'aucune loi.—6. Évitez plus le blâme que le danger.

7. Un seul homme qui fait la volonté de Dieu vaut mieux qu'une infinité de pécheurs.

[1] Le aimant.—[2] Le haïssant.—[3] Paraissant.

THÈME XXIV.

Τιμάω.

1. L'habitude engendre la satiété : quand nous demeurons sur la terre, nous cherchons la mer; et quand nous naviguons, nous cherchons de nouveau autour de nous la campagne. — 2. L'insensé rit lors même qu'il n'y a rien de risible. — 3. On dit qu'Anaxagore ne fut jamais vu riant, ni même souriant.—4. Soyez agréable à tous les hommes; mais servez-vous des meilleurs.

5. Tâchez de vivre comme devant vivre peu de temps[1].

6. Périclès, haranguant à Athènes, lançait des éclairs tonnait, bouleversait la Grèce.—7. Ce que tu dois faire, ne (le) dis pas d'avance à tout le monde; car tu seras moqué si tu échoues.

[1] Le nom de temps qui marque la durée se met à l'accusatif. (*Gramm.* § 128.)

THÈME XXV.

Δηλόω.

1. Ulysse ayant enivré le Cyclope le rendit aveugle.—

2. Chez les Indiens, celui qui a mutilé l'œil ou la main d'un artisan est puni de mort.—3. Platon dit à un de ses esclaves : Je t'aurais fouetté[1] si je n'étais pas en colère.—4. Nous sommes tous pires que nous ne voudrions[2]; car personne ne vit de la manière qu'il préfère.

5. La bénédiction d'un père affermit les maisons de ses fils, et la malédiction d'une mère les déracine.

[1] Tu aurais été fouetté. Rendez ici le conditionnel passé par le plus-que-parfait passif, avec ἄν. — [2] Le conditionnel présent se rend par l'optatif présent ou aoriste avec ἄν : Θέλοιμεν ἄν, βουλοίμεθ' ἄν. (Gram. §156.)—De la manière, (κατὰ) τὸν τρόπον.

Verbes dont le radical finit par une muette.

THÈME XXVI.

β, π, φ.

1. Diogène ayant allumé une lampe en plein jour, comme on lui demandait ce qu'il faisait[1] : Je cherche un homme, répondit-il.

2. La crainte des hommes resserrera les cœurs des jeunes gens; mais la crainte du Seigneur (les) réjouira et (les) rendra libres.

3. As-tu des enfants, instruis-les; courbe leur cou dès[2] leur jeune âge.

4. Dieu fit bien de cacher[3] l'avenir aux hommes.

5. Avec Épaminondas, Dieu ensevelit la puissance des Thébains.

6. Même l'éternité tout entière n'effacerait[4] pas l'amitié des hommes vertueux.

7. Juda, tu laveras ta robe dans le vin, et tes fils laveront leurs manteaux dans le sang des raisins.

8. Vulcain ayant été précipité de l'Olympe par Jupiter, et étant tombé sur la terre, devint boiteux; dieu sans doute malheureux à cause de la nature, parce qu'il était

laid de visage[5]; plus malheureux à cause de son père, parce qu'il était boiteux; mais certes le plus malheureux de tous à cause de son propre choix, parce qu'il épousa Vénus.

[1] Ayant été interrogé quelle chose il fait. —[2] Mettez *instruis*, *courbe* à l'impératif aoriste. *Dès*, ἐκ ou ἐξ, avec génitif. —[3] Faisant bien, cacha. —[4] Pour rendre le conditionnel présent, mettez l'optatif aoriste avec ἄν. (*Gramm.* § 136.)—[5] De visage; *tournez*: (selon) le visage, (κατὰ) τὴν ὄψιν.

THÈME XXVII.

γ, χ, χ.

1. Le travail continuel est pénible; mais le travail changé est agréable.—2. Puisque tu honores tes parents[1], espère que tu réussiras.—3. Une parole douce a souvent charmé[2] l'insensé lui-même[3].—4. Les ennemis, vaincus dans la plaine, furent poursuivis vers les montagnes.— 5. Beaucoup de choses inespérées sont déjà accomplies[4].

6. Jamais la lumière ne deviendra ténèbres, et jamais la vérité des miracles opérés au milieu des chrétiens ne sera réfutée; car c'est la vérité, et rien n'est plus fort que la vérité.

7. Ce Sardanapale qui avait les joues fardées, qui avait la chevelure tressée[5] et qui était enfermé dans son palais, ne poursuivait rien autre chose que la félicité[6] et le plaisir; mais après une courte volupté, il trouva une fin honteuse et laissa une mémoire plus honteuse encore.

[1] Honorant, espère. —[2] Rendez le parfait *a charmé* par l'aoriste, parce qu'il s'agit d'une chose qui a coutume de se faire. (*Gramm.* § 126).—[3] Lui-même. (Voy. *Gramm.* § 112.)—[4] Rendez *sont accomplies* par le parf. pass. de πράσσω. —[5] Fardé (selon) les joues, tressé (selon) la chevelure.—[6] Rien autre chose que, οὐδὲν ἄλλο ἤ.

THÈME XXVIII.

δ, τ, θ, ζ.

1. Dieu ayant créé toutes les choses, (les) mit en harmonie les unes avec les autres, et, après avoir achevé le monde, il (le) bénit.—2. Dans les lois de Dracon, une seule peine était fixée pour toutes les fautes, (c'était) la mort.

3. Tout royaume divisé en lui-même est désolé, et toute maison divisée tombe sur elle-même.

4. Les démons ont forcé ceux qui les servent et qui les honorent de devenir les meurtriers de leurs propres enfants[1]; mais le Christ a délivré d'une telle tyrannie ceux qui le haïssaient.

5. Lucullus, ce général des Romains qui vainquit Mithridate, apporta le premier le cerisier en Italie.

6. La Parque a filé moins de jours aux rois qu'aux bergers.

[1] Leurs propres enfants, οἱ οἰκεῖοι παῖδες.

Verbes dont le radical finit par une liquide.

THÈME XXIX.

1. Cadmus tua un dragon et en sema les dents. Or ces dents étant semées[1], des hommes armés s'élevèrent de terre.—2. Il n'est pas possible d'envelopper[2] du feu dans un manteau, ni un péché honteux dans le temps.

3. Qui (est-ce qui) s'est confié au Seigneur et a été confondu? Ou qui (est-ce qui) est demeuré dans sa crainte et a été abandonné?

4. Celui qui honore son père sera comblé de joie par ses enfants; et toutes les fois qu'il priera Dieu, il sera écouté.—5. L'or a perdu bien des hommes, il a incliné le cœur de bien des rois.

6. Les impies, semblables à la ciguë et à l'aconit, et

aux autres plantes meurtrières, après avoir fleuri[3] pendant quelque temps, se dessécheront bientôt.

[1] Le participe qui ne se rapporte ni au sujet, ni au régime du verbe, se met au génitif absolu. (*Gramm.* § 127.) — [2] Rendez *envelopper* par περιστέλλω à l'infinitif aoriste. — [3] *Tournez :* ayant fleuri.

THÈME XXX.

Aoriste 2 et Parfait 2.

1. Une langue indiscrète a conduit bien des hommes à leur perte. — 2. Thésée, ayant abandonné Ariadne dans l'île de Naxos, s'éloigna sur son navire.

3. Un sot, ayant appris que les corbeaux vivaient plus de deux cents ans, acheta un corbeau et le nourrit pour (en faire) l'expérience.

4. Nés une fois, nous ne mourrons pas deux.

5. L'homme pervers est puni et pendant sa vie et après sa mort.

6. Zénon, (ce philosophe) qui a enseigné que tout est réglé par le destin, flagellait un jour un esclave qui l'avait volé. Celui-ci lui dit : Il était réglé par le destin que je volerais[1]. — Et que tu serais battu[2], répondit Zénon.

7. Un sot, voulant nager, manqua de se noyer[3]. Il jura en conséquence de ne plus toucher[4] à l'eau avant de savoir nager[5].

8. Nous autres chrétiens nous cherchons ceci : non pas comment nous ne souffrirons[6] aucun mal de la part de nos ennemis, mais comment nous ne leur ferons aucun mal.

[1] Voler m'était destiné. — [2] Et être battu. — [3] Manqua de se noyer, *tournez :* se noya presque. — [4] Rendez *toucher* par l'infinitif aoriste de ἅπτομαι. — [5] *Tournez :* si auparavant il n'avait appris à nager; si, ἐάν avec le subjonctif; rendez la négation par μή. (*Gramm.*, § 131.) — [6] Rendez *souffrirons* par le subjonctif aoriste de πάσχω.

Verbes en MI.

THÈME XXXI.

1. Il est plus facile de rendre un homme méchant de bon (qu'il était), que de le rendre bon de méchant (qu'il était).

2. Comme Diogène déjeunait sur la place publique, ceux qui se tenaient autour de lui disaient sans cesse : Chien! chien! Mais il leur répondit : (C'est) vous (qui) êtes des chiens, puisque vous vous tenez autour de moi pendant que je déjeune[1].

3. On dit que les Phéniciens donnèrent aux Grecs les lettres (de l'alphabet)[2].

4. La vérité, quand même des milliers d'hommes tâcheraient de l'éteindre[3], non-seulement n'est pàs abolie, mais elle se relève encore plus brillante et plus haute, se moquant de ceux qui l'attaquent.

5. La colère perd même les sages.

[1] Autour de moi déjeunant. — [2] Les Phéniciens sont dits avoir donné. — [3] Quand même elle aurait des milliers éteignant elle.

THÈME XXXII.

1. Quand[1] l'homme vertueux meurt, la vertu ne périt pas.—2. Autant le fer a de puissance dans la guerre[2], autant la parole a de force dans le gouvernement.

3. Celui qui ravit le bien d'autrui ne se persuaderait[3] pas aisément qu'il se trouve des hommes qui abandonnent leur propre fortune[4]. De même un homme qui a été une fois saisi par la colère ne croirait pas aisément qu'il y ait un homme assez maître de sa passion pour sauver celui qui lui a fait une injustice[5].

4. Les évêques de l'Asie avaient envoyé à Julien

2.

l'Apostat un discours sur la religion païenne. Mais l'empereur, se moquant (d'eux), leur envoya cette lettre : « J'ai lu, j'ai compris, j'ai condamné[6]. » On dit que l'un d'entre eux lui récrivit : « Tu as lu, mais tu n'as pas compris ; car si tu avais compris, tu n'aurais pas condamné[7]. » Il en est qui[8] attribuent cette lettre à Basile, chef de l'Église de Cappadoce.

[1] Quand même, κἄν avec le subjonctif. — [2] Autant... autant, ὅσον... τοσοῦτον. — [3] Se persuaderait ; rendez ce conditionnel par l'optatif aoriste de πείθομαι avec ἄν. — [4] Qu'il se trouve des hommes, ὅτι εἰσὶν ἄνθρωποι ; abandonner, προίεμαι ; leur propre fortune, les choses qui sont à eux, τὰ ἑαυτῶν. — [5] Assez... pour, οὕτω .. ὡς ou ὥστε, avec l'infinitif. — [6] Mettez ces trois verbes à l'aoriste 2. — [7] Si tu avais compris, εἰ avec l'aoriste indicatif. Tu n'aurais pas condamné ; rendez ce conditionnel passé par l'aoriste indicatif avec ἄν. (Gramm. § 156.) — [8] Il en est qui, εἰσὶν οἵ.

Exercices sur tous les Verbes réguliers.

THÈME XXXIII.

1. Junon envoya deux dragons pour faire périr[1] Hercule encore enfant. Mais l'enfant, sans s'effrayer[2], étouffa les dragons en leur serrant[3] le cou avec chacune de ses mains. — 2. Aime le prochain ; obéis à la loi ; honore Dieu ; respecte tes parents; si tu as reçu[4], rends ; ne converse pas avec les hommes méchants.

3. Socrate disait que la plupart des hommes vivaient pour manger[5], mais que lui mangeait pour vivre. Et nous, prêtres de Jésus-Christ, nous mangeons afin d'évangéliser[6], et nous n'évangélisons pas afin de manger.

4. Les poëtes ont dit touchant les dieux des discours tels que personne n'oserait[7] (en) dire touchant ses ennemis.

5. Euclides ayant entendu son frère dire : Que je périsse[8], si je ne me venge pas de toi ! — Et moi, répon-

David cherche votre vie? Vos yeux ont vu, dans ce jour, que le Seigneur vous a livré aujourd'hui entre mes mains dans l'autre, et moi cependant je n'ai pas voulu vous tuer[1]. Car j'ai dit : je ne lèverai pas ma main contre mon roi; parce qu'il est l'oint du Seigneur. Voyez, mon père; reconnaissez la frange de votre manteau (qui est) dans ma main. Car ayant enlevé[2] cette frange, je ne vous ai point tué.

[1] Je n'ai pas voulu vous tuer ; mettez ces deux verbes à l'aoriste, le premier à l'indicatif et le second à l'infinitif.—[2] Ἀφ-αιρέω, au parfait participe.

Exercices sur tous les Verbes.

THÈME XXXVI.

1. Tu pourrais acquérir[1] une bonne renommée, surtout par ce moyen : si l'on ne te voyait point faire[2] les choses que tu reprocherais toi-même aux autres.

2. Si quelqu'un s'imagine que la vie de[3] la ville est plus agréable que la vie des champs, qu'il réfléchisse[4] en lui-même combien il est agréable de voir des grappes de raisin suspendues aux vignes, de voir les moissons agitées par le souffle des zéphyrs, d'entendre les bœufs mugir et les brebis bêler[5]; et quel (beau) spectacle de voir les génisses bondissantes et traînant des mamelles (pleines) de lait. Pour moi, il me semble que les choses que l'on montre sur les théâtres ne sont rien en comparaison[6] du plaisir que causent ces objets.

3. Luttez[7] jusqu'à la mort pour la vérité, et le Seigneur Dieu combattra pour vous.

[1] Tu acquerrais, optatif présent avec ἄν.—[2] Si tu ne paraissais point faisant.— [3] De, tournez : dans.— [4] Ἐν-θυμέομαι, à l'impératif aoriste. — [5] Mugissant, bêlant.—[6] En comparaison, πρὸς, avec l'accusatif. Que causent ces objets, tournez : (venant) de ces choses, ἀπ' ἐκείνων. — [7] Mettez l'impératif aoriste moyen d'ἀγωνίζομαι.

THÈME XXXVII.

1. Notre père, remettez-nous nos dettes comme nous

remettons nous-mêmes à ceux qui nous doivent.—2. Si[1] vous ne remettez pas aux hommes leurs fautes, votre père ne vous remettra pas non plus vos fautes.

3. Le publicain, gémissant amèrement et se frappant[2] la poitrine, ne dit que ces mots : Ayez pitié[3] de moi, qui suis un pécheur; et il s'en retourna justifié. — 4. Quand[4] vous auriez commis un nombre infini de péchés, si vous présentez cette prière avec beaucoup de confiance, vous recevrez le pardon de vos fautes.

1 Si, ἐὰν, avec le subjonctif. — 2 Gémissant, frappant; mettez ces deux mots au participe aoriste.—3 Ayez pitié, ἱλάσκομαι, à l'impératif aoriste.— 4 Quand, κἂν avec le subjonctif parfait de πλημμελέω, commettre une faute ; μυρία πλημμελεῖν, commettre une infinité de fautes. (Gramm. § 123.)

THÈME XXXVIII.

Les Apôtres ne faisaient que[1] parler, et toutes les puissances rangées contre eux prenaient la fuite. La voix des saints a souvent arrêté les éléments, et a changé (la direction de)leurs forces. Josué, fils de Navé, dit simplement : Que le soleil s'arrête, et le soleil s'arrêta. De même Moïse enchaîna la mer, et lâcha ses flots. De même les trois jeunes Hébreux éteignirent la puissance du feu par leurs hymnes et par leurs voix.

1 Ne faisaient que parler, parlaient seulement, μόνον.

THÈME XXXIX.

1. Dieu a préparé une autre vie meilleure et plus brillante, dans laquelle il doit couronner les athlètes de la piété, et les proclamer vainqueurs aux yeux de tout l'univers[1].

2. Lorsque Job possédait ses richesses, il ouvrait sa maison aux pauvres, et il distribuait tout ce qu'il avait. Mais il n'était pas aussi grand[2] lorsqu'il ouvrait sa maison

aux pauvres, que lorsqu'ayant appris (qu') elle (était) tombée il ne se désola pas.

[1] Toute la terre regardant. — [2] Aussi brillant... que, οὕτω λαμπρός.

THÈME XL.

1. L'espérance, comme une puissante chaîne suspendue au ciel, soutient nos âmes, tire peu à peu vers cette hauteur ceux qui s'y tiennent fortement attachés, et nous élève au-dessus de l'agitation et des maux de la vie présente. Mais si l'on se relâche[1], si l'on abandonne cette ancre sacrée, aussitôt l'on tombe et l'on se noie.[2] dans l'abîme du péché.

2. Ce qui est funeste, mon cher Théodore, (ce n'est) pas (de) tomber quand on lutte[3], mais (c'est de) demeurer dans sa chute. Ce qui est déplorable, ce n'est pas d'être blessé dans une bataille[4], mais c'est de se désespérer après (avoir reçu) un coup, et de négliger sa blessure (S. CHRYS.).

[1] Si l'on, si quelqu'un, ἄν τις, avec le subjonctif aoriste de μαλακί-ζομαι. — [2] On tombe, on se noie, mettez l'aoriste, parce que la chose a coutume d'arriver. — [3] Tournez : être tombé, luttant, *luctantem cecidisse.* — [4] Tournez : avoir été blessé combattant, *vulneratum esse pugnantem.*

THÈME XLI.

ÉPILOGUE.

Mon ami, je vous ai dit beaucoup de bonnes choses. Je vais ajouter une parole plus utile que toutes les autres; elle est de saint Jean : « Mes petits enfants, je vous écris ces choses afin que[1] vous ne péchiez pas; mais si[2] quelqu'un d'entre vous pèche, nous avons un avocat auprès de notre père : Jésus-Christ le juste. »

[1] Afin que, ἵνα avec le subjonctif aoriste. — [2] Si, ἐάν avec le subjonctif aoriste.

EXERCICES

sur le premier livre

DE LA PETITE ANTHOLOGIE

Chaque numéro de ces Exercices peut être mis en grec avec les seuls mots du numéro de l'Anthologie qui y correspond. C'est un excellent moyen de graver dans son esprit les mots de l'Anthologie, en même temps qu'on achève par là de se familiariser avec les formes de la conjugaison et de la déclinaison.

L'élève à l'auteur.

1. Écrivain, vous avez composé pour moi un livre en prose. Vous m'avez fait plaisir en l'assemblant de différents morceaux. Vous y avez aussi enfilé, comme de belles [1] perles, quelques vers des anciens poëtes. Votre prose ne m'a pas procuré moins d'utilité que les vers. Cependant vous avez cadencé un trop petit nombre [2] de paroles de votre propre fonds. Car celles qui s'y sont glissées, personne ne croira qu'elles doivent être bannies.

2. J'ai déjà feuilleté avec diligence ce petit livre; et je crois [3] posséder une clef précieuse. Car, avec elle, j'ai ouvert les bibliothèques de la Grèce, et j'ai déjà lu avec plaisir quelques-uns des papiers qu'elles renferment.

[1] Beau, καλός, ή, όν. — [2] *Pour exprimer* un trop petit nombre, *mettez* παῦρος au comparatif. — [3] Je crois, οἴμαι.

A Jésus-Christ.

3. Les hommes avaient besoin de votre secours, ô Jésus-Christ. Vous leur avez donné une lumière incorruptible; vous avez éloigné d'eux ce qui n'était pas honnête, et vous avez accordé à tous une grâce excellente [1].

[1] Excellent, ἐσθλός, ή, όν.

A Marie.

4. Je ne veux pas chanter les hommes braves dans les batailles. Les cordes de mon luth ne feront retentir que le nom [1] de Marie.

5. C'est une chose agréable[2] que les agneaux tondant[3] le gazon des prairies, les génisses paissant le cresson dans les marais, et les bouviers chantant dans les vallées ombreuses. Mais le nom de Marie est plus doux encore.

6. Adieu donc, agneaux, génisses, bouviers; car je ne chante que Marie sur ma lyre sacrée.

[1] Nom, ὄνομα, ατος (τό). — [2] C'est une chose agréable, ἡδύ τι. — [3] Tondre, κείρω, νέμομαι.

Un clou.

7. Tu joues, mon enfant, en enfonçant avec un marteau ce clou dans la poutre. Mais si tu manques[1] le but, tu écraseras ton doigt.

8. Alors tu ressentiras de la douleur, et tu courras[2] vers ta mère en poussant des cris. Mais la maman ne te prendra pas sur son sein; elle ne caressera pas tes blonds cheveux; elle ne pliera pas ses bras autour de ton cou; elle ne baisera pas tes joues; elle n'aura pas pitié de tes cris, lorsque tu crieras[3] d'un gosier perçant.

9, 10. Et ta sœur, souriant, se moquera de tes plaintes avec une bouche amère et une langue acerbe, et elle dira que ce marmot souffre une peine digne de son irréflexion.

11. Veux-tu ne jamais[4] écraser tes doigts? Prends le manche du marteau avec tes deux mains, ô mon cher, et tu ne frapperas point ta gauche avec ta droite.

[1] Si tu manques, εἰ avec le futur. — [2] Tu courras, δραμεῖ. (Voy. Gramm. gr., 49, note.) — [3] Je crierai, ἰαχήσω, μέλλω ἰαχήσειν (Synt. 315). — [4] Jamais, μήποτε.

Lucien de sculpteur qu'il était devient philosophe.

La veille.

12. Me voilà (je suis déjà) devenu [1] adolescent. Mes maîtres m'ont renvoyé (relâché) aujourd'hui [2] de l'école, et demain je serai livré à mon oncle. Mon oncle est un sculpteur habile. J'apprendrai son art; et je gratterai, chez lui [3], la cire, la pierre, le bois, le cuivre. Je façonnerai des bœufs, je façonnerai des chevaux, je façonnerai même des hommes. Oh! quel plaisir [4] j'aurai! car, par Jupiter, la nature m'a donné quelque talent pour l'art des sculpteurs.

[1] Je suis déjà devenu. Déjà, ἤδη.—[2] Aujourd'hui, σήμερον.—[3] Chez lui, παρ' αὐτῷ (*Gramm. gr.* 129.)—[4] Oh, quel plaisir! ὅση ἡδονή!

Le lendemain.

13. Il m'est arrivé aujourd'hui, en commençant, quelque chose de bien fâcheux [1]. Un ciseau m'avait été donné par le vieillard, qui m'ordonnait de gratter une certaine tablette, et qui me disait que le commencement était la moitié du tout. Je grattais donc doucement, à ce qu'il me semblait; mais cependant j'ai cassé la tablette. Le vieillard s'est irrité; il a pris une lanière et le barbare m'a frappé le dos, certes [2] pas doucement. Je vais m'enfuir.

14. Lucien s'enfuit donc, et revint à la maison de son père. Il sanglotait continuellement. Il montra les coups à sa mère. Celle-ci, voyant les tumeurs, fit beaucoup de reproches à son frère; car le brutal avait écorché son petit enfant.

Lucien dit un long adieu [3] au plâtre, au marbre, aux tablettes, et fut confié à un philosophe pour apprendre la sagesse, au lieu de l'art [4] des sculpteurs.

[1] Fâcheux, χαλεπός, ή, όν.—[2] Certes, γέ.—[3] Je dis un long adieu, μακρὰν ou πολλὰ λέγω χαίρειν.—[4] Au lieu de, ἀντί, génitif.

Les deux chiens.

15. On raconte qu'un chien citadin dit un jour à un chien campagnard : Demain la fille de mon maître se mariera. Moi, je dînerai[1] avec la mariée; et toi, viens manger avec nous.

Le campagnard se leva avec l'aurore, et s'étant lavé le corps dans l'eau d'une fontaine, il se roula sur l'herbe, afin[2] d'essuyer soigneusement ses poils, et il courut à la ville étant (encore) à jeun.

Son camarade étant venu à sa rencontre devant[3] les murailles, il le salua selon la coutume des chiens bien élevés[4].

16. Le campagnard, étant entré dans la cour, était saisi d'étonnement[5], en voyant une multitude[6] de serviteurs qui s'agitaient, et en entendant[7] le fracas des chars qui entraient[8], et le bruit des chevaux qui s'élançaient[9].

Tous étaient ornés[10] de rubans rouges. Mais les petits chiens n'en portaient point.

17. Les os bons à manger, qui gisaient çà et là, les chiens les méprisaient, espérant des choses meilleures.

Car il y avait dans le foyer beaucoup de poules égorgées, des oies, des pigeons, des grives, et une quantité de perdrix et de cailles grasses.

Toutes ces viandes, potelées de graisse, étaient enfilées dans des broches, rôtissaient sur les charbons, ou étaient cuites dans des bassins.

18. Les deux chiens considérèrent tout, flairèrent tout. Mais quand le cuisinier les vit près de lécher (ces viandes), ayant frappé avec son bâton l'échine du chien domestique, il saisit la cuisse de l'étranger, qui serrait la queue et qui glapissait, et il le fit pirouetter dans la rue.

19. Certains petits chiens lui demandèrent ensuite : Comment as-tu mangé (dîné)? Mais le campagnard leur cacha l'outrage (qu'il avait reçu), en leur disant,

non sottement : J'ai dîné de manière à ne pas savoir par où je devais sortir.

Ne mens jamais. Mais, s'il est possible, dévore tes injures en ton particulier.

[1] Dîner, ἀριστίζομαι, δαίνυμαι. — [2] Afin de, ὥστε, avec l'infinitif. — [3] Devant, πρό, gén. — [4] Bien élevé, εὐπαίδευτος. — [5] Être saisi d'étonnement, θαμβέω. — [6] Multitude, τὸ πλῆθος. — [7] Entendre, ἀκούω. — [8] Entrer, εἰσ-έρχομαι. — [9] S'élancer, εἰσ-ἐλαύνομαι. — [10] Orner, κοσμέω.

La Biche.

20. Dans la chaleur du jour, une biche [1] altérée buvait les eaux paisibles d'un étang.

21. Alors, ayant contemplé son ombre dans la source polie, elle s'affligeait, en remarquant [2] ses pieds trop maigres ; mais elle se glorifiait de ses cornes, comme plus majestueuses.

22. Mais soudain elle vit une troupe d'hommes qui portaient des javelots, et beaucoup de chiens qui aboyaient. Rapide, ayant traversé à pas légers une vaste plaine, elle entra dans une épaisse forêt.

23. Mais elle s'embarrassa les cornes dans les bois, et elle fut frappée de traits.

24. Comme les chiens cruels la déchiraient, l'infortunée versait des larmes, en disant : Hélas ! je blâmais mes pieds, qui me sauvaient, et je me réjouissais de mes cornes, qui m'ont perdue, infortunée !

[1] Biche, ἡ ἔλαφος. — [2] Remarquer, κατ-οράω, f. κατ-όψομαι, aor. 2 κατ-εῖδον (n° 18).

Miracles de Jésus-Christ.

25. O Verbe de Dieu, vous êtes donc devenu homme, afin qu'étant mortel vous guérissiez les maladies des mortels !

Puisque [2] vous êtes descendu [3] parmi [4] nous, maintenant les aveugles verront le soleil, ils considéreront [5] la lune et ils admireront les astres.

Auparavant, le boiteux clochait avec peine. Mainte-nant nous le voyons marcher droit et bondir comme un faon.

La chair [6] du lépreux brille pure aujourd'hui, et sa peau est devenue comme les joues d'un enfant.

26. Vous aussi qui êtes sourds, entendez-vous main-tenant la mélodie des oiseaux ? entendez-vous le ton-nerre qui gronde ? entendez-vous la voix des hommes ?

Déjà les morts eux-mêmes se sont réveillés dans leurs tombeaux. Car le Christ a fermé la porte de l'enfer ; et il a ouvert à tous les portes des cieux.

27. Cependant[7] les peuples réunis en masse murmu-rent contre le Christ. Mais ils méditent de vains projets. Car, ô Christ, vous gouvernerez avec un sceptre de fer les nations des orgueilleux, et vous briserez les têtes des superbes, comme les vases du potier. Et comme sont les raisins dans le pressoir, ainsi deviendront les arrogants sous les pieds du Christ. Foulez, foulez les superbes, ô Christ, et sauvez l'assemblée [8] des humbles.

[1] Afin que, ἵνα, avec le subj. — [2] Puisque, ἐπειδή, indicatif. — [3] Des-cendre, κατα-βαίνω, aor. 2 κατ-έβην. — [4] Parmi, παρά, acc. — [5] Con-sidérer, βλέπω, f. βλέψομαι. — [6] Chair, ἡσ ἀρξ, σαρκός. — [7] Cependant, μέντοι, après un mot. — [8] Assemblée, ἐκκλησία.

Le printemps.

28. Il est tombé assez de pluie. Le printemps a paru. Les frimas glacés sont fondus. La chaleur a dissous la neige. Les rayons du soleil ont dissipé le brouillard. Les canards plongent dans les étangs et les grues voyagent à travers les nuages.

29. Maintenant le calme règne sur les flots de la mer. Les sources coulent transparentes, et les fleuves roulent leurs flots abondants [1]. L'humidité amollit la glèbe. Les moissons croissent. Les grenadiers verdoient. Les oliviers produisent des bourgeons, et le blanc calice du narcisse se développe. Dans les prairies et le long [2] des

haies [3] des jardins [4], l'humble violette exhale une suave odeur; et sur tous les arbres, les boutons perçant l'écorce regardent la nature.

30. Voyez maintenant les agneaux bondir dans les vertes prairies, et les troupeaux tondre l'herbe des champs. Les vaisseaux, ailés de leurs voiles, s'élancent [5] des ports, et les dauphins soufflent de la manière la plus agréable, en accompagnant les navigateurs.

Le laboureur laisse son foyer, et, conduisant le bœuf sous le joug, il fend un sillon avec la charrue luisante.

Maintenant je vois le berger ajuster ses chalumeaux, l'oiseleur disposer ses gluaux, et le pêcheur, tenant un filet, regarder à travers les eaux profondes.

31. Maintenant les essaims d'abeilles bourdonnent, volent dans les prairies et butinent le miel des fleurs. Maintenant le cheval s'indigne de l'écurie, hennit, rompt ses liens, bondit à travers la plaine et se baigne dans le fleuve.

O hommes, louez le Dieu puissant qui donne tous les biens.

[1] Coulent abondants. — [2] Le long, παρά, dat. — [3] Haie, ἡ αἱμασία. — [4] Jardin, ὁ κῆπος, ου. — [5] S'élancer, ὁρμάομαι.

Les oiseaux.

32. Les oiseaux construisent leurs nids avec de la paille et de la boue. Les creux des rochers ou les feuilles des arbres touffus cachent ces nids. Les branches élevées des buissons balancent les maisons de quelques-uns d'entre eux.

33. La femelle, reposant dans le nid, échauffe les œufs pendant plusieurs jours, jusqu'à ce [1] qu'elle ait fait éclore les petits.

Vois-tu le mâle perché sur ce rameau ? comme [2] il chante avec une voix agréable ! comme il charme sa compagne par ses chansons variées !

Regarde, maintenant il cherche de la nourriture. Tout à l'heure[3], cueillant[4] un grain de blé, ou prenant à la chasse[5] un cousin ou une mouche, il va les porter à son épouse.

[1] Jusqu'à ce que, ἕως ἄν, subj. — [2] Comme, ὡς. — [3] Tout à l'heure, αὐτίκα. — [4] Cueillir, λαμβάνω. — [5] Prendre à la chasse, θηρεύω.

Paraboles.

34. Quel homme a cueilli des figues sur des épines? ou qui a récolté des raisins sur des ronces? Le fruit manifeste chaque arbre.

35. Vous corrigez votre fils avec humeur, ô père; mais sachez donc qu'une racine amère n'engendre point des fruits suaves.

Celui qui vogue par un vent favorable doit se souvenir de la tempête.

36. L'envieux ressemble[1] à un serpent qui ronge une lime et qui use lui-même ses dents.

Une science que l'on étudie par force ne demeure point dans l'esprit; mais celle qui s'insinue dans l'âme avec charme a coutume de s'y établir d'une manière plus durable.

37. Mon enfant[2], tu portes une besace qui contient nos fardeaux par devant, et les tiens par derrière.

Zeuxis[3] avait représenté avec habileté Minerve dans un tableau: tous les hommes l'admiraient; mais un singe au nez camard, ayant aussi vu la déesse, dit que cette figure était vilaine, parce qu'elle n'avait rien qui ressemblât à un singe.

38. Tu as vaincu ta passion une fois; mais tu ne veux pas la détruire entièrement. Tu nourris un serpent apprivoisé. A-t-il donc perdu son venin? Non, il piquera un jour celui qui l'a vaincu.

[1] Je ressemble à quelqu'un, ἔοικά τινι. — [2] Mon enfant, ὦ παῖ. — [2] Zeuxis, ὁ Ζεῦξις, ιδος.

Le loup.

39. Un enfant pleurait ; sa nourrice le menaçant lui dit : Si tu ne cesses [1] pas tes cris, je vais te jeter au loup.

Un loup passait alors par là. La faim a coutume de presser le loup. Ayant entendu cela, il crut que la vieille disait la vérité, et il demeura en embuscade, espérant tenir un souper tout préparé.

40. Mais quand le soir fut venu, la nourrice ayant porté l'enfant dans ses bras, et l'ayant reposé dans une couche bien chaude, l'enveloppa de langes, et le recouvrit de douces peaux de brebis.

Le loup retourna au logis, après avoir attendu [2] jusqu'au soir une lente espérance.

41. (La louve) son épouse jeûnait aussi dans sa tanière, et elle attendait son époux, se tenant [3] à la porte avec ses enfants affamés.

Quand il revint, elle lui demanda donc aussitôt : Pourquoi es-tu revenu sans apporter aucune nourriture ?

Le loup ayant raconté ce qui était arrivé [4], la louve [5] s'écria : O insensé ! tu croyais une mère qui grondait.

[1] Si tu ne cesses, εἰ μή, avec le futur. — [2] Ayant attendu. — [3] Se tenant à, mettez le participe d'ἐφέστηκα, avec le datif. — [4] Ce qui est arrivé, τὸ γεγενημένον. — [5] Louve, ἡ λύκαινα.

Le geai.

42. « Il y a dans l'Olympe un concours pour la beauté offert [1] aux oiseaux. » Iris annonça un jour cette nouvelle aux animaux ailés. Aussitôt tous les oiseaux secouent leurs ailes, peignent la crinière de leurs cous, arrangent bien leurs aigrettes et s'avancent au concours.

Quant au geai [2], il s'adapta élégamment à lui-même des plumes variées des autres oiseaux, et, paré ainsi du bien d'autrui, il s'avança vers Jupiter.

43. Le fils de Saturne, l'admirant avec étonnement, jugeait que le paon lui-même le cédait au geai.

Mais la chouette aperçut ses propres plumes sur les épaules du geai : et le voleur fut ainsi convaincu.

44. Car aussitôt la corneille et la pie bavarde, et la tourterelle et le cygne le plumèrent. Et chacun ayant tiré sa plume[3], il ne demeura au geai que des plumes de geai.

[1] Offert à, κεῖται, dat. — [2] Quant à, δὲ après le premier mot de la phrase, comme en latin *autem* ou *vero*. — [3] Génitif absolu.

Exhortations.

45. Les jeunes gens doivent écouter les vieillards ; car les vieillards enseignent la vérité aux enfants. Ils ne frappent point avec des férules, mais ils persuadent avec des paroles sages.

Les pêcheurs amorcent les poissons et les tirent ainsi. Le plaisir flatte le libertin et l'entraîne ainsi à la mort. Car la volupté a coutume [1] d'engendrer le péché, et le péché d'enfanter la mort.

46. L'épée ne blesse pas l'âme, mais le corps. Qu'est-ce donc qui tue l'âme ? une langue pleine de venin et des lèvres [2] souriantes [3].

Tu as touché la poix et tu t'es souillé : tu converses avec des impudiques, et tu deviendras débauché.

47. Je suis tombé dans la fange profonde de l'injustice ; mais j'ai crié vers le Seigneur, et le Seigneur m'ayant aussitôt pris par la main m'a relevé.

Car si le pécheur se repent, il l'arrose de son sang, il lave ses souillures avec la rosée de sa grâce, et celui qui était noir comme le charbon devient plus blanc que la neige.

Mon ami, vous avez besoin d'un médecin pour vos infirmités : ne cachez pas votre mal, si vous voulez [4] éviter la corruption

48. Le Seigneur vomira de sa bouche l'homme qui vit dans le relâchement, le tiède, celui qui n'est ni froid ni chaud.

Comme nos pères qui habitaient sous des tentes de peaux, fixons nos regards sur l'invisible, et ne prenons point d'intérêt aux choses périssables.

49. Je veux amasser pour moi des richesses. Mais, certes, je n'enfouirai pas mon trésor dans des fosses. J'entasserai ma richesse dans les cieux. Comment[5] les vers la rongeront-ils ? comment les voleurs[6] y fouilleront-ils ?

Nous chrétiens, nous aimons nos ennemis et nous bénissons ceux qui nous haïssent.

50. Dépensez votre argent pour les pauvres, et votre or se multipliera[7]; car le puits où l'on puise devient plus abondant.

Prête[8] au pauvre, donne à celui qui n'a pas, et tu secourras Jésus-Christ lui-même.

---

[1] Avoir coutume, πέφυκα. — [2] Lèvre, χεῖλος, εος (n° 8). — [3] Sourire, μειδιάω (n° 11). — [4] Si vous voulez, εἰ μέλλεις (*Synt.* 515). — [5] Comment? πῶς. — [6] Y, là, ἐνταῦθα. — [7] Se multiplier, περισσεύω. — [8] Prêter, κίχρημι, f. χρήσω.

DEUXIÈME PARTIE.

THÈMES GRADUÉS

SUR

LA SYNTAXE GRECQUE

DE L'ARTICLE.

THÈME I.

Usage de l'Article.

L'Ours et le Renard.

1. Un Ours se vantait un jour à haute voix[1] devant un Renard, d'être ami[2] de l'homme (car on dit que *l'*Ours ne mange pas un mort). *Le* Renard lui dit en souriant : Plût à Dieu que tu mangeasses *les* morts et que tu épargnasses *les* vivants !

2. Seigneur, vous *connaître* est une justice accomplie, et *comprendre* votre puissance est une racine d'immortalité.

3. On demandait à Chilon quelle est la chose la plus difficile. Se connaître soi-même, répondit-il.

[1] Le nom de manière se met au datif. (*Gramm. gr.* 130.) — [2] Qu'il est ami.

THÈME II.

1. Rien n'est si facile que de *devenir* mauvais.
2. Oser est le commencement de la *victoire*[1].
3. Lorsque vous aurez pris votre ennemi, songez que

l'*épargner* est beaucoup plus grand et plus profitable que le *faire périr*.

4. *Rappeler* ses bienfaits et les raconter, c'est presque la même chose que les *reprocher*.

5. La réprimande d'un père est un remède agréable; car elle contient plus d'*utile* que de *mordant*.

[1] La victoire, *tournez* : le vaincre, τὸ νικᾶν. — [2] La même chose que, τὸ αὐτὸ avec le datif.

THÈME III.

1. Nous aimons mieux secourir les faibles aux dépens de nos intérêts que de commettre l'injustice avec les puissants, pour notre utilité [1].

2. Celui qui creuse une fosse pour son *prochain* tombera dedans, et celui qui roule une pierre la roule sur lui-même.

3. Je regarde comme deux choses égales, bien penser et obéir à celui qui dit [2] de bonnes choses.

4. Comme il est agréable de regarder la mer quand on est sur la terre [3], de même il est agréable de se souvenir de ses travaux quand on est sauvé du péril [4].

[1] Exprimez *intérêt*, *utilité*, par le participe neutre de συμφέρω, et de λυσιτελέω, être utile. — [2] Au disant. — [3] Regarder de la terre : ἀπὸ γῆς ὁρᾶν. — [4] *Tournez* : Il est agréable *au sauvé* du péril.

Place et suppression de l'Article.

THÈME IV.

1. On dirige [1] avec le frein *les* chevaux farouches, et avec le raisonnement *les* esprits irascibles.

2. Les enfants confondent les lettres, et *les* hommes ignorants brouillent les affaires.

3. Le Seigneur dira à ceux qui seront à sa gauche : ...ez-vous de moi, vous qui êtes maudits ; allez *au*

feu éternel, *préparé* pour le diable et pour ses anges ; car j'ai eu faim et vous ne m'avez pas donné à manger[2].

4. La poésie est une peinture parlante, et la peinture est une poésie silencieuse.

---

[1] *Tournez :* les chevaux sont dirigés. (*Synt.* 79.) — [2] Quand deux verbes sont de suite, le second se met à l'infinitif.

THÈME V.

1. La beauté est un bonheur éphémère, un bien qui ne dure pas, une fleur qui se flétrit.

2. Jésus se transfigura en présence des disciples, son visage brilla comme le soleil, et une voix descendit de la nue, disant : Celui-ci est mon fils [1] bien-aimé ; écoutez-le.

3. La vertu est *la* source, *la* mère et *la* racine de la sagesse, comme toute méchanceté tire son origine de la folie. Mais celui qui est vertueux et qui a la crainte de Dieu est le plus intelligent de tous les hommes.

[1] Voy. *Synt.* § 26.

Influence de l'Article sur le sens des mots.

THÈME VI.

1. Théocrite disait que *la plupart* des riches étaient les intendants, et non les propriétaires de leurs biens.

2. La pénitence se juge non d'après la longueur du temps, mais d'après la disposition de l'âme. Aussi *beaucoup* de ceux qui étaient les derniers dans la piété ont (souvent) dépassé [1] les premiers.

3. Darius *lui-même* commandait, à Issus, le centre de l'armée, comme c'est l'usage aux rois des Perses d'occuper cette place.

4. Craindre la foule et craindre la solitude, craindre

l'absence d'une garde et craindre les gardes *eux-mêmes*; ne pas vouloir avoir autour de soi des hommes sans armes, et ne pas considérer avec plaisir des hommes armés, n'est-ce pas[1] une chose pénible? Eh bien! Simonide, voilà ce que souffrent les tyrans.

[1] Dépasser, ὑπερακοντίζω. Mettez ce verbe à l'aoriste. — [2] Comment n'est-ce pas, πῶς οὐκ ἔστι;

THÈME VII.

Tout passe.

1. Considérez le monde entier [1] que vous habitez, et songez que tout ce que vous voyez est mortel, que tout est soumis à la destruction. Levez les yeux vers le ciel, lui-même un jour sera détruit; regardez le soleil, il ne subsistera pas non plus. Tous les astres, les animaux terrestres et aquatiques, tout ce qui est beau sur la terre, la terre *elle-même*, tout est corruptible, et dans peu de temps, tout ne sera plus.

2. Le législateur des Athéniens ne croyait pas que *le même homme* pût être mauvais dans une condition privée, et bon dans l'administration des affaires publiques.

3. Jadis un potier, pressant de la terre molle, en faisait des vases pour servir[2] à des œuvres pures et à des œuvres contraires; et de *la même* boue il façonnait des dieux futiles.

[1] Dans lequel vous habitez. — [2] Des vases esclaves d'œuvres pures et d'œuvres contraires.

THÈME VIII.

Ellipses.

1. Agis, *fils* d'Archidamus, disait que les Lacédémoniens ne demandaient pas: Combien les ennemis sont-ils? mais, où sont-ils?

2. Les *disciples* de Jésus-Christ ont crucifié leur chair avec leurs passions et leurs concupiscences.

3. Rendez à César ce qui *appartient* à César, et à Dieu ce qui appartient à Dieu.

4. Quand j'eus considéré Julien, aussitôt je m'écriai : Quel monstre *l'empire* romain, nourrit dans son sein ! (S. Grég. Naz.)

DE L'ADJECTIF.

Accord de l'adjectif.

THÈME IX.

Saint Basilien à Candidien.

Un paysan, *notre voisin*[1], s'est jeté tout à coup sur notre maison, avec quelques hommes qui lui sont semblables en audace ; il a roué de coups les femmes qui la gardaient, et après avoir brisé les portes, il a tout enlevé. Afin donc que nous ne soyons pas le dernier terme de la faiblesse, je vous prie de montrer encore aujourd'hui le même zèle que vous avez fait paraître dans toutes nos affaires. Au reste, le châtiment serait suffisant à nos yeux, si cet homme était enfermé dans la prison pendant quelque temps[2].

[1] De ceux qui habitent avec nous. — [2] Pour marquer la durée, mettez le nom de temps à l'accusatif.

THÈME X.

1. C'est une chose *honteuse*[1], et même des plus honteuses, ô Athéniens, d'abandonner ouvertement, non-seulement les villes et les pays dont nous étions autrefois les maîtres, mais encore les alliés et les occasions que la fortune nous avait préparés.

2. Le psalmiste a mêlé aux dogmes la douceur de la mélodie, semblable aux *médecins habiles*[2], qui ont cou-

tume de frotter[3] de miel le bord de la coupe, lorsqu'ils donnent à boire des potions amères aux malades dégoûtés (S. Bas.)

3. Comme les *parfums exquis*[4] remplissent de leur bonne odeur l'air qui les environne, de même, la présence d'un homme vertueux est utile à ceux qui l'approchent[5]. (S. Grég. Nyss.)

[1] Une chose des honteuses. — [2] Aux habiles des médecins. — [3] Qui frottent souvent. — [4] Les exquis des parfums. — [5] Ceux qui sont proche.

THÈME XI.

1. Parmi les oiseaux, les uns sont babillards et causeurs, les autres silencieux. Le coq est *fier*[1], le paon *coquet*, la perdrix *rusée*.

2. Les chevaux sont *très-légers*[2] et *très-rapides*, mais ils courent pour les hommes. Le chien est *belliqueux* et *courageux*, mais il garde l'homme. La chair du poisson est très-délicate; mais elle est pour l'homme un aliment et une viande agréable.

3. Il convient de régler dès le principe les mœurs des enfants; car la jeunesse est souple et aisée à façonner, et les sciences se gravent[3] aisément dans leurs âmes encore tendres.

[1] Est chose fière. — [2] Chose très-légère. — [3] Au lieu de *se graver*, on peut mettre *se fondre* comme une cire liquide, ἐν-τήχομαι.

Régime des adjectifs.

THÈME XII.

1. Salomon dit : Seigneur, donnez-moi la sagesse, envoyez-la de vos cieux saints : et elle me conduira dans toutes mes actions avec prudence, et je serai *digne* du trône de mon père.

2. Tout l'or qui est sur la terre et sous la terre n'est pas d'un prix égal à la vertu. (PLATON.)

3. David savait que l'homme *digne* de larmes et de gémissements n'est pas celui qui souffre une injure, mais celui qui la fait, puisqu'il se blesse lui-même [1]. (S. CHRYS.)

[1] Rendez *puisque* par le participe : Se blessant lui-même.

THÈME XIII.

1. Voici une loi qui était observée chez les habitants de l'Attique : Ne pas immoler le bœuf qui a travaillé sous le joug avec la charrue ou avec le chariot, parce que ce bœuf est lui-même laboureur, et *participant* aux fatigues des hommes.

2. Le chef de la république punira le menteur parce qu'il introduit [1] des mœurs *capables* de bouleverser l'État et de le détruire. (PLATON.)

3. O volupté, quoique immortelle, tu es chassée de la société des dieux, et méprisée des hommes honnêtes. Tu es *incapable* d'ouïr [2] ce qu'il y a de plus agréable à entendre, ton propre éloge ; tu es *incapable* de voir le plus doux des spectacles, car tu n'as jamais vu une bonne action faite par toi-même [3]. (XÉNOPHON.)

[1] Comme introduisant. — [2] Voy. *Synt.* § 45. — [3] Une bonne action de toi-même.

THÈME XIV.

1. Les Lacédémoniens arrivèrent à Athènes un jour après la bataille de Marathon [1].

2. La sagesse paraît être une *autre* chose que [2] la tempérance.

Avantages de la paix.

3. Si nous faisons la paix, nous habiterons notre ville avec une grande sécurité, étant délivrés des guerres et des dangers ; et chaque jour labourant nos terres

3.

et naviguant sur la mer sans alarmes, nous verrons notre ville percevoir un revenu *double* de celui qu'elle recueille maintenant, et devenir *pleine* de marchands et d'étrangers dont elle est maintenant *vide*.

[1] *Tourn*. Postérieurs d'un jour à la bataille. Mettez *un jour* au datif.—[2] Autre que, ἄλλος τινος, ou ἄλλος ἤ τις : ἕτερός τινος ou ἕτερος, ἤ τις. (*Synt*. 42.)

THÈME XV.

1. Conseillez, non ce qui est le plus agréable, mais le plus *utile* à vos concitoyens.

2. Salomon disait : Je suis moi-même un homme mortel, *égal* à tous les autres. J'ai été sculpté dans le sein de ma mère ; puis je suis tombé sur la terre, faisant entendre une voix et poussant un premier cri *semblable* à (celui de) tous les autres, et j'ai été élevé dans des langes ; car aucun roi n'a eu un autre commencement d'éducation.

THÈME XVI.

1. Regardez les recéleurs comme dignes de *la même* peine *que* les coupables eux-mêmes.

2. Élie était un homme exposé *aux mêmes* souffrances que nous. Cependant il pria, et le ciel donna de la pluie, et la terre fit germer ses fruits.

3. L'éducation est semblable à une couronne d'or : elle orne et elle sert [1].

4. Lorsque la raison est offusquée par le vin, elle éprouve le même sort que les chars qui ont perdu leurs conducteurs.

[1] Elle a l'honneur et l'utile.

THÈME XVII.

Portrait d'Alexandre.

Alexandre était, quant au corps, très-beau et très-laborieux ; quant à l'âme, très-courageux [1], très-passionné pour la gloire, très-avide de périls, et très-zélé pour le culte des dieux[2]; très-tempérant en ce qui concerne les plaisirs du corps[3]; quant à ceux de l'âme, il n'y avait que la louange dont il se montrât insatiable. Il était fort ingénieux *à trouver* ce qu'il fallait faire dans les circonstances douteuses, et très-heureux *à deviner*, d'après les apparences, ce qui était probable. Il était très-habile *à ranger* une armée en bataille, à l'armer, à l'équiper, à exalter le courage des soldats, à les remplir de belles espérances, et il savait, au milieu même des périls, dissiper la crainte des autres par sa propre confiance[4].

[1] *Tourn.*. Très-beau selon le corps, très-courageux selon l'âme.— [2] Pour la divinité. — [3] Très-tempérant des plaisirs du corps. — [4] Confiance, τὸ ἀδεές.

THÈME XVIII.

1. Aucun des rivaux de Milon ne pouvait lui arracher une grenade qu'il tenait à la main : mais s'il avait le corps *robuste*, il n'avait pas l'âme *virile*[1].

2. Alexandre, empereur des Romains, était très-éloigné des meurtres et de la cruauté, et il était *enclin* à l'humanité et à la bienfaisance.

3. Le Saint-Esprit a vu que le genre humain était difficile à conduire à la vertu, et que nous négligions la voie droite à cause de notre penchant pour le plaisir. Alors, qu'a-t-il fait? Il a inventé pour nous les mélodies harmonieuses des psaumes, afin que ceux qui sont enfants par l'âge et ceux-mêmes qui sont jeunes par les mœurs, tout en croyant ne faire que chanter[2], forment en réalité leurs âmes à la vertu.

[1] *Tourn.* Robuste selon le corps; viril selon l'âme.— [2] *Tourn.* Chantent par le sembler (τῷ δοκεῖν), et dans la vérité se forment selon leurs âmes.

Comparatif et Superlatif.

THÈME XIX.

1. Dieu n'a point sur la terre de demeure plus convenable *qu*'une âme pure.

2. Conservez la noblesse du caractère : elle est plus sûre *que* les serments.

3. La raison est plus puissante *que* la force des mains.

4. Il est plus dur de servir ses passions *que* les tyrans.

5. Il vaut beaucoup mieux mourir *que* de flétrir son âme par l'incontinence du corps.

6. Diogène ayant vu, chez les Mégariens, les brebis couvertes de peaux, et leurs enfants nus, dit : Il est plus avantageux d'être le bélier *que* le fils d'un Mégarien.

THÈME XX.

1. Agésilas haïssait les délateurs plus *que* les voleurs, regardant la perte des amis comme un dommage plus grand *que* la perte des richesses[1].

2. Il n'est pas facile de trouver celle des vertus qui l'emporte sur les autres : comme dans une prairie semée de fleurs qui répandent une odeur suave, il est difficile de trouver celle des fleurs qui est la plus belle et qui exhale le plus doux parfum.

[1] Regardant comme un dommage plus grand d'être privé d'amis que de biens.

THÈME XXI.

1. Le roi d'Arménie était soumis aux Mèdes et leur allié. Mais quand il apprit[1] que les Lydiens marchaient sur eux, il ne leur envoya point son contingent de troupes, et ne leur paya point le tribut ordinaire. C'est pourquoi Cyrus envoya au roi d'Arménie un messager

qu'il chargea de lui parler ainsi : O roi d'Arménie, Cyrus vous ordonne de faire en sorte de lui apporter[2] le tribut, et de lui amener vos troupes *le plus tôt possible.* Cyrus lui-même s'avança, après avoir disposé son armée *le mieux possible,* soit pour la marche, soit pour le combat, s'il en était besoin.

2. Si nos fautes sont recherchées avec une *telle* exactitude *que*[3] nous soyons punis de nos paroles et de nos pensées, combien plus[4] nos bonnes œuvres, grandes ou petites, nous seront-elles comptées au jour du jugement? (S. Chrys.)

[1] Il s'aperçut des **Lydiens** s'avançant. On dit αἰσθάνομαί τινα προσερχόμενον ou τινος προσερχομένου. — [2] Faire en sorte de, ποιεῖν ὅπως, avec le futur de l'indicatif. — [3] *Tel…. que,* τοσοῦτος ὡς ou ὥστε *avec* l'infinitif. Voy. *Synt.* 58. — [4] Πόσῳ μᾶλλον; ou sans interrogation, πολλῷ μᾶλλον, elles nous seront bien plus comptées.

DU PRONOM.

THÈME XXII.

1. Ceux qui ne veulent pas s'imposer à *eux-mêmes* la loi de faire ce qui est bien, Dieu *leur* donne d'autres hommes qui la leur imposent. (Xén.)

2. Comme les poëtes chérissent leurs poëmes et les pères leurs enfants, de même ceux qui ont fait leur fortune s'attachent à cette fortune, parce que c'est leur œuvre[1]. Aussi sont-ils des hommes d'une société peu agréable, et qui n'aiment à vanter que les richesses.

[1] Comme leur œuvre.

THÈME XXXIII.

1. Par où l'homme pèche[1], par là il est puni.

2. Croyez que les choses qu'il est honteux de faire ne sont pas non plus honnêtes à dire.

3. L'homme que l'on a contristé en paroles s'est vengé souvent en actions[2].

4. On demandait à Agésilas qu'est-ce que les enfants doivent apprendre? *Ce dont* ils se serviront quand ils seront hommes, répondit-il.

[1] *Tourn.* Quelqu'un est puni par les choses qu'il pèche. Voy. *Synt.* 112, Rem.—[2] *Tourn.* Souvent les hommes ont payé en œuvres la punition *à celui qu'*ils ont chagriné en discours.

THÈME XXIV.

Utilité de l'Histoire et de la Peinture.

1. Les historiens et les peintres reproduisent souvent les traits d'héroïsme : les premiers, en les ornant par le discours; les seconds, en les retraçant sur leurs tableaux; et par ce moyen, les uns et les autres ont excité un grand nombre d'hommes à la vertu. Car *ce que* l'histoire présente à l'oreille par le discours[1], la peinture silencieuse le montre aux yeux par l'imitation.

2. Démade comparait les Athéniens à des instruments à vent, dont le reste n'est bon à rien si on leur ôte la langue (languette).

[1] Ce que le discours présente (à l'esprit) par l'oreille.

THÈME XXV.

1. Quelqu'un dit un jour à Phocion dans l'assemblée: Phocion vous avez l'air d'un homme qui médite.—Vous devinez juste, répondit-il; j'examine en effet si je puis retrancher quelque chose de *ce que* je veux dire aux Athéniens.

2. Jamais les circonstances ni le gain ne déterminent l'homme vertueux à rien abandonner *de ce qu'il* a jugé équitable et utile à sa patrie.

3. Les trois enfants disaient à Nabuchodonosor : Il y

a dans le ciel un Dieu qui est assez puissant pour nous délivrer. Et s'il ne le fait pas, néanmoins, sachez, prince, que nous ne servons point vos dieux, et que nous n'adorons point la statue d'or *que* vous avez élevée.

DU VERBE.

THÈME XXVI.

Beau sentiment d'Agésilas.

1. Il est beau de voir un Grec aimer les Grecs [1]. Ainsi Agésilas ayant appris [2] que dans la bataille de Corinthe il était mort huit Lacédémoniens seulement, et près de dix mille ennemis, on vit manifestement [3] qu'il ne s'en réjouissait pas; mais il dit : O Grèce infortunée! ceux qui viennent de mourir étaient capables, lorsqu'ils vivaient, de vaincre en bataille rangée tous les Barbares.

2. Il est difficile qu'un homme modéré soit riche, ou qu'un homme riche soit modéré.

Brièveté de la vie.

3. Telle est notre vie, éphémères que nous sommes [4]; tel est le jeu qui se joue sur la terre : sortir du néant pour naître, et après être né, retomber dans la poussière [5]. Nous ne sommes qu'un songe sans consistance, un fantôme qu'on ne peut saisir, le vol d'un oiseau qui passe, un vaisseau qui ne laisse point de traces sur la mer, une poussière, une vapeur, une rosée du matin, une fleur qui naît en un moment et périt l'instant d'après [6].

---

[1] *Tourn.* Étant Grec, aimer les Grecs est une belle chose. — [2] La nouvelle étant venue à lui que. — [3] *Tourn.* Il fut manifeste ne se réjouissant pas. Voy. *Synt.*, § 39. — [4] Telle est la vie de nous vivant une vie éphémère. — [5] *Tourn.* : N'étant pas, naître, et nés être dissous. — [6] Et se dissout en un moment.

THÈME XXVII.

Job donna un plus grand coup au démon lorsqu'étant dépouillé (de tout) il rendit grâces à Dieu, que lorsque possédant (ses richesses) il avait compassion des pauvres. Car souffrir généreusement et avec action de grâces quand on est dépouillé de tout, est une chose beaucoup plus grande que de faire l'aumône quand on vit [1] dans les richesses. (S. Chrysost.)

[1] Vivant.

THÈME XXVIII.

1. Les puits que l'on vide deviennent plus abondants, et ceux qu'on néglige se corrompent; de même les richesses qui sont immobiles sont inutiles, mais celles qui sont remuées et qui passent de l'un à l'autre sont utiles au public et produisent des fruits. (S. Bas.)

2. Les emprunts rendent esclaves les hommes libres.

3. Les richesses trouvent des amis aux hommes.

4. Puissent m'arriver, non pas les choses que je veux, mais celles qui me sont utiles!

Régime direct.

THÈME XXIX.

Le Coq.

1. L'oiseau domestique te *réveille* pour le travail, en criant de sa voix perçante, et en *annonçant* de loin le soleil qui s'avance. Il est aussi matinal que les voyageurs, et il *envoie* les laboureurs à la moisson. (S. Bas.)

2. Venez, mes enfants, *écoutez-moi;* je vous enseignerai la crainte du Seigneur.

3. Seigneur, abaissez vos cieux, et descendez; *touchez* les montagnes et elles s'en iront en fumée.

THÈME XXX.

1. Comme les voleurs percent les murs et veillent continuellement, non pas autour des lieux où il y a du foin, de la paille ou du chaume, mais où il y a de l'or et de l'argent : de même le démon attaque principalement ceux qui *s'adonnent* aux exercices spirituels. Où est la vertu, là sont beaucoup d'embûches. (S. Chrys.)

2. Quand l'âme a une fois *goûté* les plaisirs au delà de son besoin, elle éprouve du dégoût pour les premiers et elle en *souhaite* de nouveaux. C'était l'allégorie de Tantale : la soif continuelle d'un homme passionné pour le plaisir.

THÈME XXXI.

1. Quand la trompette donne le signal, le cheval dit : allons! De loin il *flaire* la guerre, en hennissant et en bondissant.

2. La rose était jadis sans épines, mais plus tard l'épine fut unie à la beauté de sa fleur, afin que nous trouvions la peine placée auprès du plaisir qu'elle nous procure[1], nous *souvenant* du péché à cause duquel la terre a été condamnée à nous produire des ronces et des épines.

De la Reconnaissance.

3. Si j'ai déplu à quelqu'un d'entre vous, vous vous en *souvenez*, et vous ne le taisez pas. Mais si j'ai secouru l'un d'entre vous contre les rigueurs de l'hiver, si je l'ai délivré des ennemis, si je lui ai procuré des soulagements lorsqu'il était ou malade ou dans le besoin, personne ne s'en *souvient*. Si j'ai loué quiconque faisait une belle action, si j'ai honoré selon mon pouvoir quiconque s'est montré homme de cœur, vous ne vous en *souvenez* plus. Et pourtant il est noble, il est juste, il est religieux, il est doux de se *souvenir* du bien plutôt que du mal. (Xénoph.)

4. Il en est qui, exposés un moment à l'attaque de l'ennemi, à une légère ardeur des tentations, se sont desséchés, sont morts. Je pleure ces infortunés qui ne *sentent* pas leur perte.

¹ Auprès du plaisir de la jouissance.

THÈME XXXII.

Monarchie et République.

Ceux qui entrent chaque année dans les charges de l'État sont d'abord de simples particuliers avant de connaître les affaires du gouvernement et d'en prendre l'expérience. Mais ceux qui président toujours aux mêmes affaires, quand même ils auraient des talents inférieurs ¹, l'emportent du moins beaucoup sur les autres par l'expérience. Ensuite, les premiers *négligent* beaucoup d'affaires, en se les renvoyant l'un à l'autre ; mais les seconds ne *négligent* rien sachant que tout doit se faire par eux. (Isocr.)

¹ Quand même ils seraient inférieurs selon la nature.

THÈME XXXIII.

1. Il ne faut pas *désirer* une grande fortune, surtout contrairement à la justice, mais se contenter du sort présent, ce qui est la plus difficile des choses pour la plupart des hommes.

2. Tu seras animé à *désirer* (de faire) de belles actions, (surtout) si tu te persuades que c'est dans ces actions que nous trouvons les plaisirs les plus vrais.

THÈME XXXIV.

Aussitôt que Gobryas vit Cyrus, il parla ainsi : Le roi des Assyriens avait invité mon fils à la chasse ; et mon fils chassait avec lui comme avec un ami. Un lion se présenta; le roi le *manqua*; mais mon fils *atteignit* l'animal et le tua. Alors le cruel ne contint plus sa jalousie, mais saisissant la lance d'un de ceux qui l'accompagnaient, il frappa dans la poitrine mon fils unique, mon fils bien-aimé, et il lui ôta la vie.

THÈME XXXV.

1. Léonidas et ses trois cents compagnons acceptèrent, aux Thermopyles, la mort qui leur était prophétisée, et après avoir combattu vaillamment et glorieusement pour la Grèce; ils *obtinrent* une fin célèbre, et laissèrent à leur nom une gloire immortelle et une illustre renommée pour tous les siècles.

Conseils à un roi.

2. *Commandez* à vous-même non moins qu'aux autres, et croyez qu'il est très-royal de n'être asservi à aucun plaisir, et de *dominer* encore plus sur vos passions que sur les citoyens de votre empire.

3. En examinant les craintes et les dangers des rois, je pense qu'il est plus avantageux de vivre dans une condition quelconque, que de *régner* sur l'Asie entière, exposé à de tels malheurs [1].

[1] Avec de tels malheurs.

THÈME XXXVI.

1. Le rossignol ne dort point tant qu'il couve; il ne *cesse pas* ses chants durant les nuits entières.

2. Parmi les Égyptiens, les plus jeunes *cèdent* le chemin aux plus âgés, se détournent quand ils les rencontrent, et se lèvent de leurs siéges quand ils entrent.

3. Jésus-Christ, étant sur le point de mourir, dit à ses disciples: le Consolateur, l'Esprit-Saint, que mon père enverra en mon nom, vous *enseignera* toute vérité.

THÈME XXXVII.

1. Les artisans cachent habituellement ce qu'il y a de principal, chacun dans son art; mais le laboureur vous répondra (sur) tout ce que vous lui demanderez, et il ne vous *cachera* aucun des succès qu'il obtient.

2. Donnez à tous ceux qui vous *demandent*.

3. Quel est celui d'entre vous qui donnera une pierre à son fils, s'il lui *demande* du pain? Combien plus votre Père qui est dans les Cieux donnera-t-il de bonnes choses à ceux qui lui en *demanderont?*

Régime indirect.

THÈME XXXVIII.

Mort de Cyrus.

1. Tomyris, ayant rempli une outre de sang humain, chercha le corps de Cyrus parmi les Perses qui étaient morts; et lorsqu'elle l'eut trouvé, elle jeta sa tête dans l'outre; puis insultant son cadavre elle dit : « Bien que je sois vivante et que je t'aie vaincu dans une bataille, tu m'as perdue, en faisant, par ruse, mon fils prisonnier [1]. Mais, comme je t'en ai menacé, je te *rassasierai* de sang. » On a fait sur la mort de Cyrus bien des récits divers : celui-ci m'a paru [2] le plus vraisemblable. (HÉRODOTE).

2. Rien n'a coutume de porter à l'orgueil comme une conscience *pleine* [3] de belles actions et une âme qui mène une vie sans reproche. Afin donc que les saints n'éprouvent point ce malheur, Dieu a permis qu'il y eût des tentations et des tribulations qui pussent les rabattre et leur persuader d'être modestes en toutes choses.

---

[1] Le jeune prince, désolé d'être tombé entre les mains de Cyrus, s'était lui-même donné la mort. — [2] M'a été dit. — [3] Être plein, γέμω.

THÈME XXXIX.

1. Le Seigneur a coutume de ne point *délivrer* des périls et de ne point *exempter* des tentations les hommes vertueux, mais de montrer son secours dans les dangers, et de faire des tentations un sujet de réjouissance pour les saints. (S. Chrys.)

2. La mère des Machabées vit la mort de ses sept fils sans gémir, sans verser [1] une larme qui trahît son courage; mais rendant grâce à Dieu de ce qu'elle les avait vus *délivrés* des liens de la chair par le feu, le fer et les plus douloureuses tortures, elle fut jugée glorieuse devant Dieu et digne d'être chantée parmi les hommes. (S. Basile.)

[1] *Tournez* : Et elle ne gémit pas, et elle ne versa même pas.

THÈME XL.

1. Comme certains athlètes, qui se relâchent à cause de leur supériorité [1], se laissent dépasser par leurs rivaux [2], de même je pense que les Athéniens, qui l'*emportaient* de beaucoup sur les autres, se sont négligés eux-mêmes, et sont ainsi devenus plus faibles (que les autres peuples de la Grèce). (Xénoph.)

Oligarchie, Monarchie.

2. Dans les oligarchies et les démocraties, on *manque* [3] les affaires (publiques); car les citoyens passent la plus grande partie du temps à leurs intérêts personnels, et quand ils se réunissent dans les assemblées, on les trouvera plus souvent divisés que délibérant d'un commun accord. Dans les monarchies, au contraire, ceux qui gouvernent étant jour et nuit occupés des affaires publiques, ne *manquent* point les occasions, mais font chaque chose en temps opportun.

[1] A cause de le avoir beaucoup excellé. — [2] Se laissent dépasser, *tourn.* deviennent inférieurs, ὑστερίζουσι. — [3] *Tourn.* On est en arrière des affaires, ὑστερέω.

*Résultat de la première expédition des Athéniens
dans la Sicile.*

THÈME XLI.

Les généraux des Athéniens, ayant fait un traité, partirent de Sicile avec la flotte. Mais quand ils furent arrivés, les Athéniens (restés) dans la ville condamnèrent à l'exil Pythodore et Sophocle, et ils *exigèrent* d'Eurymédon, qui était le troisième général, une somme d'argent ; car ils croyaient que[1] ces généraux, pouvant conquérir la Sicile, s'étaient retirés, gagnés[2] par des présents. Ainsi, dans la prospérité dont ils jouissaient, les Athéniens prétendaient que rien ne devait leur résister, mais qu'ils pouvaient accomplir les entreprises soit possibles, soit très-difficiles, aussi bien avec des forces inférieures qu'avec des grands préparatifs.

[1] Car ils croyaient que pouvant, *tourn.* attendu que, étant possible à eux de conquérir la Sicile, ils s'étaient retirés. Attendu que, ὡς. Étant possible, ἐξόν, nominatif absolu (*Synt.* 152). — [2] Persuadés.

THÈME XLII.

Sophocle le tragique ayant été *accusé*, vers la fin de sa vie, par Iophon son fils, d'avoir perdu la raison[1], lut aux juges son *OEdipe à Colone*, et prouva par ce drame qu'il avait l'esprit sain[2], au point que ses juges furent ravis d'admiration pour lui, et *condamnèrent* son fils comme insensé[3].

[1] Accusé de folie, παράνοια, ας. — [2] Qu'il était sain selon l'esprit (*Synt.* 49, Rem.). — [3] Votèrent la folie contre son fils (*Synt.* 114).

THÈME XLIII.

1. Si celui qui transgresse les lois des hommes de la terre subit un châtiment inévitable, combien plus celui

qui viole les commandements du maître du ciel ne sera-
t-il pas *livré* à des supplices rigoureux !

2. Ni les armes des héros ne *conviennent* à Thersite,
ni les biens de la fortune à l'insensé.

3. *Il convient* aux rois de faire cesser les maux de
l'État, de conserver l'État dans la prospérité, et de rendre l'État grand de petit (qu'il était).

THÈME XLIV.

1. Quand Cyrus le Jeune fut mort, les généraux des
Grecs *arrêtèrent* la résolution suivante [1] : Si l'on nous
laisse retourner en notre patrie, nous traverserons le
pays en y faisant le moins de mal que nous pourrons ;
mais si quelqu'un nous ferme le passage, nous combat-
trons contre lui avec le plus de vigueur que nous pourrons.

2. Il faut *user* de la plaisanterie comme du sel, avec
modération.

[1] *Tourn.* Les choses suivantes *parurent bonnes* (δοκέω) aux généraux.

THÈME XLV.

1. Il n'est pas possible de bien *vivre* (pendant) la
journée présente, sans se proposer de *vivre* comme si
elle était la dernière.

2. On demandait à Épaminondas quel était le plus
grand plaisir qu'il eût éprouvé. Il répondit : C'est d'a-
voir remporté la victoire [1] de Leuctres du vivant de mon
père et de ma mère.

[1] *Tourn.* D'avoir vaincu la victoire.

THÈME XLVI.

Belle action de Démosthène.

1. L'orateur Eschine ayant été *condamné* par les
Athéniens [1], Démosthène lui envoya dix mille drachmes,

l'exhortant à supporter courageusement son malheur.
« Et comment puis-je ne pas m'affliger, répondit-il,
quand je suis banni d'une patrie où ceux qui ont reçu
des injures secourent ceux mêmes qui les leur ont faites ?»

2. Celui qui s'empresse de se rendre [1] à la vertu comme
à sa patrie doit passer devant les voluptés comme devant
les sirènes.

[1] *Tourn*. Après le les Athéniens avoir condamné lui.—[2] De voir la
vertu.

THÈME XLVII.

L'enseignement profane, déroulant beaucoup de vai-
nes paroles, et *versant sur* ses auditeurs un grand bavardage, les renvoie les mains vides, sans qu'ils aient
recueilli [1] aucune bonne chose, ni grande, ni petite. Mais
la grâce du Saint-Esprit n'instruit pas de cette manière.
C'est tout le contraire; au moyen de peu de paroles, elle
dépose la philosophie dans les âmes de ceux qui l'écou-
tent. Et souvent il suffit de recevoir d'elle un seul mot
pour avoir une provision qui dure toute la vie [2].

[1] N'ayant recueilli.—[2] Il suffit souvent qu'ayant reçu un seul mot,
on ait (on tire) de là une provision de toute la vie.

THÈME XLVIII.

1. Julien l'Apostat s'enrôla spontanément dans le
clergé, de manière qu'il lisait au peuple les livres divins.

2. Gallus fut mis à mort par Constance. Peut-être ne
doit-on louer ni l'un ni l'autre ; à moins que l'accusation
que nous porterons contre l'un des deux ne soit l'excuse
de l'autre [1].

[1] *Tourn*. A moins que nous ne renvoyions l'un absous (ἀφίημι) de
l'accusation, par les choses (δι' ὧν) dont nous accuserons l'autre. Voy.
Synt. 105, 114.

THÈME XLIX.

1. Si vous apprenez à obéir, vous saurez commander.

2. Les vrais sages s'occupent de mourir; et de tous les hommes, ce sont ceux que la mort effraye le moins.

3. Choisissez de mourir, plutôt que de vivre honteusement.

4. Ceux qui commettent beaucoup de péchés sans être punis[1] doivent craindre; car leurs châtiments s'augmentent par la patience de Dieu (à les supporter).

[1] Et ne sont pas punis.

THÈME L.

Mort de saint Jacques.

Ananus le Jeune ayant assemblé un conseil de juges, et ayant fait comparaître devant ce tribunal Jacques, frère de Jésus dit le Christ, l'accusa d'avoir violé la loi et le livra pour être lapidé; mais ceux de la ville qui étaient regardés comme les plus zélés pour les lois furent indignés de cette action. Ils envoyèrent secrètement des députés à l'Empereur, pour *l'exhorter* à mander à Ananus de ne plus rien entreprendre de semblable, car il avait déjà fait une méchante action. (FL. JOSÈPHE.)

THÈME LI.

1. Nous ne *cesserons* de prier[1] le Seigneur, avant d'avoir reçu notre demande.

2. On *voit* souvent de grandes troupes de vautours accompagner[2] les armées, parce que d'après ces préparatifs d'armes, ils conjecturent ce qui doit arriver.

3. Ne regardez point avec indifférence votre nature se dissoudre[3] tout entière; mais puisque vous avez reçu un corps mortel et une âme immortelle, tâchez de laisser un souvenir immortel de votre âme.

[1] *Tourn.* Nous ne cesserons priant. Voy. *Synt.* 245. — [2] Accompagnant —[3] Se dissolvant.

4

Régime du verbe passif.

THÈME LII.

Ceux des animaux qui sont les plus aisés à prendre sont aussi les plus féconds. Ainsi les lièvres font beaucoup de petits, et les chèvres sauvages, ainsi que les brebis sauvages, en engendrent deux, de peur que leur race ne vienne à s'éteindre, étant dévorée *par* les animaux carnassiers. Mais les animaux qui détruisent les autres produisent peu : c'est pourquoi la lionne devient à peine mère d'un seul lionceau. (S. Basile.)

THÈME LIII.

Utilité des congés.

1. Comme les plantes sont nourries *par* une eau dispensée avec mesure, et étouffées *par* une eau trop abondante, ainsi l'âme se fortifie *par* un travail bien ménagé, tandis qu'elle est submergée *par* un travail excessif. Il faut donc donner du relâche aux enfants dans leurs travaux assidus, parce que toute la vie humaine est partagée entre l'action et le repos, et que le repos est l'assaisonnement du travail. (Plutarque.)

2. Le bois est consumé *par* le feu qu'il alimente, et les richesses sont dépensées *par* les flatteurs qu'elles nourrissent.

THÈME LIV.

Régime du verbe passif à l'accusatif.

Avis aux riches.

Souviens-toi qui tu es, de quels biens tu es l'intendant, de qui tu les as reçus, et pourquoi tu as été préféré aux autres hommes. Tu es le serviteur d'un Dieu bon, l'économe de ceux qui le servent avec toi. Ne crois pas que tout soit préparé pour ton ventre. Emploie [1] les richesses qui sont entre tes mains, comme des biens qui ne sont pas à toi. Elles te causent de la joie pendant un peu de temps; puis elles s'écouleront et s'évanouiront, et *Dieu t'en demandera* un *compte* rigoureux [2].

[1] Emploie, *tourn.* délibère sur les richesses. — [2] *Tournez* par le passif, *rationem exigeris a Deo.*

THÈME LV.

1. *On nous demandera compte* de la vie que nous aurons menée ici-bas.

2. Quoique Joseph soit jeune, étranger, prisonnier, esclave, son *maître lui confie* toute sa maison.

3. Les bœufs d'Hercule lui *ayant été enlevés* par Nélée et ses fils, excepté par Nestor, le héros prit Messène et tua ceux qui l'avaient outragé; mais il confia la ville à Nestor, pensant qu'il était un homme sage, puisque malgré sa grande jeunesse, il n'avait point participé à la faute de ses frères [1].

[1] Parce qu'étant jeune il n'avait point péché avec ses frères.

Des temps.

THÈME LVI.

1. Saint Thimothée jeûnait avec persévérance, et il ne faisait pas comme la plupart des chrétiens qui après *s'être livrés* au jeûne seulement pendant dix ou vingt mois, suppriment tout d'un coup toutes leurs pénitences. (S. Chrys.)

2. Avant de mourir, Moïse lut aux Hébreux un poëme en vers hexamètres, qu'il *a laissé* dans le livre sacré, et qui contient la prédiction des choses futures. Tous les événements sont arrivés et arrivent, chez ce peuple, conformément à cette prophétie.

3. La force accompagnée de la prudence *sert souvent,* mais sans la prudence elle *nuit souvent* davantage à qui la possède.

4. Les hommes confient leur vie à une petite planche de bois, et passant à travers les flots agités, ils se *sauvent* avec une nacelle.

DU PARTICIPE.

THÈME LVII.

1. Un silence paisible régnant sur l'univers, et la nuit étant au milieu de sa course, le Verbe tout-puissant, se levant de son trône royal, s'élança des cieux sur la terre.

Diogène roulant son tonneau.

2. A l'époque où l'on disait que Philippe, roi de Macédoine, allait faire une invasion dans le Péloponèse, tous les Corinthiens étaient dans le trouble et travaillaient, l'un [1] à restaurer ses armes, l'autre à porter des pierres, l'autre à réparer un endroit de la muraille, un autre à raffermir les créneaux, chacun à faire quelque chose d'utile. A la vue de tout ce mouvement, Diogène qui n'avait rien à faire (car personne ne l'employait à rien), *retroussant* son manteau, se mit lui-même à rouler [2] avec activité, du haut en bas du Cranium, le tonneau dans lequel il habitait. Un de ses amis lui *demandant:* Pourquoi fais-tu cela, Diogène?—Je roule aussi mon tonneau, dit-il, afin de n'avoir pas l'air d'un homme oisif au milieu de tant de gens qui travaillent.

---

[1] Restaurant, portant, réparant, raffermissant, faisant. — [2] Roulait.

THÈME LVIII.

Bataille de Coronée.

1. Les Argiens ayant pris la fuite vers l'Hélicon, les Lacédémoniens et les Thébains, *choquant* leurs boucliers, se poussaient, combattaient, tuaient, mouraient. On n'entendait aucune clameur; cependant ce n'était pas le silence; mais c'étaient des paroles telles que la colère et le combat peuvent en fournir.

Prise de Rome par les Gaulois.

2. Les Gaulois, ayant vaincu dans une bataille les Romains et ceux qui étaient rangés avec eux, suivirent l'armée en fuite; et trois jours après le combat, ils s'emparèrent de Rome même, excepté du Capitole. Mais une diversion *étant survenue* (car les Vénètes avaient fait irruption sur leur territoire), les Gaulois, après avoir fait un traité, rendirent aux Romains leur ville et s'en retournèrent dans leur pays. (POLYBE.)

Questions de Temps.

THÈME LIX.

1. Dieu acheva ses œuvres le sixième jour, et le septième jour il se reposa de toutes les œuvres qu'il avait faites.

2. Alexandre mourut dans la cent quatorzième olympiade, Hégésias étant archonte à Athènes. Il vécut trente-deux ans et huit mois, comme le rapporte Aristobule, et il régna douze ans et huit mois.

THÈME LX.

Généalogie des sept premiers Patriarches.

Adam engendra Seth à l'âge de deux cent trente ans,

et il en vécut neuf cent trente. Seth, âgé de deux cent cinq ans, engendra Énos, et, après avoir vécu neuf cent douze ans, il mourut. Énos remit l'administration des affaires à Caïnan son fils, qu'il avait eu à l'âge de cent quatre-vingt-dix ans. Il vécut neuf cent cinq ans. Caïnan, qui en vécut neuf cent dix, eut pour fils Malaël, lorsqu'il était dans sa cent soixante-dixième année; et Malaël mourut lui-même à l'âge de huit cent quatre-vingt-quinze ans, laissant après lui son fils Jared, qu'il avait eu à l'âge de cent soixante-cinq ans.

Questions de Lieu.

THÈME LXI.

1. La fréquentation des méchants est funeste. Car de même que, *dans* les régions empestées, l'air dépose secrètement la contagion *chez* ceux qui y vivent, ainsi la fréquentation des hommes pervers insinue de grandes maladies *dans* les âmes, quand même le poison ne se ferait pas sentir aussitôt.

2. César traversant une chétive bourgade située *dans* les Alpes : J'aimerais mieux, dit-il, être ici le premier que le second *dans* Rome.

3. On demandait à Thémistocle quel était le plus méchant des animaux : *Sur* les montagnes, dit-il, ce sont les ours et les lions; *dans* les villes ce sont les publicains et les délateurs.

THÈME LXII.

1. Voici quelles étaient les récompenses proposées aux Grecs : *à* Olympie, une couronne d'olivier sauvage; une couronne de pin *à* l'Isthme, et d'ache *à* Némée; *à* Delphes, c'étaient des fruits cueillis dans l'enceinte consacrée au dieu; et *chez* les Athéniens, l'huile de l'olivier consacré à Minerve.

2. Diogène comparait ses migrations *de* Corinthe *à* Athènes, et *de* Thèbes *à* Corinthe, aux séjours que le roi de Perse faisait *à* Suse pendant le printemps, *à* Babylone pendant l'hiver, et *en* Médie pendant l'été.

THÈME LXIII.

De la Résurrection.

1. Maintenant semblables à un enfant qui est enfermé *dans* le sein de sa mère, nous vivons resserrés *dans* ce monde étroit, sans pouvoir contempler la brillante lumière et la liberté du siècle futur. Mais quand le temps des douleurs de l'enfantement sera venu, quand la vie présente enfantera au jour du jugement tous les hommes qu'elle a reçus, les avortons passeront *des* ténèbres *dans* les ténèbres, et *des* afflictions *dans* des afflictions plus pénibles. Mais ceux qui naîtront parfaits et qui auront conservé les caractères de l'image royale seront présentés au roi, et ils recevront le ministère que les anges et les archanges remplissent auprès de Dieu. (S. CHRYS.)

2. Femmes, écoutez la parole de Dieu, et enseignez à vos filles les lamentations; car la mort est montée *par* vos fenêtres et elle est entrée *dans* votre pays. (JÉRÉMIE.)

Distance, Mesure.

THÈME LXIV.

L'Arche de Noé.

1. Dieu ayant résolu de former une race d'hommes (qui fût) pure de crime, changea en mer (la surface de) la terre, et ainsi périrent tous les hommes. Noé seul fut

sauvé, Dieu lui ayant indiqué le moyen de salut que voici : Noé fabriqua une arche à quatre étages, *longue* de trois cents coudées, *large* de cinquante, et *haute* de trente; puis il-y monta avec sa femme, ses fils et leurs épouses, y mit toutes les provisions dont ils devaient avoir besoin, et y fit entrer des animaux de toute espèce, mâle et femelle, pour la conservation de leur race. Noé fut ainsi sauvé du déluge avec sa famille. (Fl. Josèphe.)

2. Les pyramides situées en Libye sont *à* cent vingt stades de Memphis et à quarante-cinq du Nil.

Partie, Prix.

THÈME LXV.

1. Pierre, ayant pris le boiteux *par* la main droite, le leva. Aussitôt les plantes de ses pieds et ses talons s'affermirent. Et, sautant (de joie), il se tint debout et marcha.

2. Joseph était beau de visage et agréable de figure. La femme de Pétéphrès, ayant jeté les yeux sur ce jeune homme, le tira vers elle *par* ses habits et elle le tenait. Mais Joseph, laissant son vêtement entre ses mains, s'enfuit.

Trois degrés de sagesse.

3. Les hommes vraiment amis de la sagesse et amis le Dieu aiment leur union avec la vertu à cause de la vertu elle-même. Voici la deuxième classe des hommes louables : agir *pour* un salaire et une récompense; comme la troisième classe est d'éviter le mal par la crainte du châtiment. (S. Grég. Naz.)

Instrument, Manière, Cause.

THÈME LXVI.

1. Chaque animal sait une manière de combattre,

qu'il n'a apprise de personne que de la nature. Ainsi le bœuf frappe *de* la corne, et le cheval *de* son pied; le chien mord *avec* sa gueule, et le sanglier *avec* ses défenses. Ils savent aussi éviter toutes les choses dont ils doivent principalement se garder, et cela, sans avoir jamais été à l'école d'aucun maître.

Les Cigognes.

2. L'attention des cigognes pour celles d'entre elles qui sont devenues vieilles suffirait aux enfants des chrétiens pour leur inspirer l'amour de leurs parents. Quand la vieillesse fait tomber le plumage de leur père[1], elles l'environnent en cercle et le réchauffent avec leurs ailes, lui fournissent de la nourriture en abondance, et lui procurent, même dans le vol, le secours qu'elles peuvent, le soulevant doucement des deux côtés *avec* leurs ailes. De là vient que quelques-uns appellent ἀντιπελάργωσις la reconnaissance d'un bienfait.

La vigne grimpante.

3. Dieu veut que nous nous attachions à notre prochain par les embrassements de la charité, comme les plantes s'entrelaçent *par* leurs hélices; il veut que nous nous appuyions les uns sur les autres, afin que dirigeant toujours notre élan vers le ciel, comme les vignes grimpantes, nous montions nous-mêmes jusqu'à la cime de ceux qui sont les plus élevés. (S. Bas.)

[1] Elles environnent en cercle *leur père ayant perdu* son plumage.

Négation.

THÈME LXII.

1. Dieu nous a donné le vin, *non* afin de nous en-

4.

ivrer, mais afin d'en user avec sobriété; afin de nous réjouir, et *non* afin de souffrir.

2. Ce qui ne convient *pas*, ne l'écoutez *pas*, ne le voyez *pas*.

3. On demandait à Aristote comment les écoliers pourraient faire des progrès : Si, poursuivant ceux qui les précèdent, ils n'attendent *pas* ceux qui viennent après eux, répondit-il.

4. Y a-t-il une bonne chose qui soit facile? Quel homme a jamais élevé un trophée en dormant? Quel homme vivant dans la mollesse et s'amusant à entendre jouer de la flûte a été orné des couronnes de la valeur? Personne n'a remporté le prix, *sans* courir [1]. Les travaux engendrent la gloire, les fatigues apportent les couronnes. (S. Bas.)

[1] Ne courant pas.

Négation redoublée.

THÈME LXVIII.

1. Il n'est point de richesse plus précieuse qu'un ami.

2. Jamais personne ne vit Socrate faire une action impie ou criminelle, personne ne l'entendit prononcer une parole coupable [1]. (Xénoph.)

3. Pour moi, connaissant la sagesse de Socrate et la noblesse de son caractère, je ne puis pas ne pas me souvenir de lui, et, m'en souvenant, je ne puis pas ne pas le louer. (Xénoph.)

[1] Personne ni ne vit jamais rien de Socrate faisant...., ni n'entendit (rien de Socrate) disant.

DE LA CONJONCTION.

QUE rendu par ὅτι.

THÈME LXIX.

1. Platon avait coutume de dire, en parlant de Diogène, *que* c'était un Socrate en délire.

2. Alexandre, fils de Philippe, après avoir frappé Darius, passa jusqu'aux extrémités de la terre, et il prit les dépouilles d'une multitude de nations, et la terre se tut en sa présence; il régna sur des pays, des nations, des rois; et après cela il tomba sur sa couche, et il connut *qu'*il se mourait.—Que sert à un homme de gagner tout l'univers s'il vient à perdre son âme?

3. Thémistocle vendant un champ ordonna au héraut de crier *qu'*il avait un bon voisin.

THÈME LXX.

1. Diogène disait *que* les autres chiens mordaient leurs ennemis, mais *que* lui mordait ses amis, afin de les sauver.

2. Le maître d'Epictète lui torturait la jambe. Épictète lui dit en souriant et sans s'émouvoir : Vous la casserez. Le maître l'ayant en effet cassée : Ne vous avais-je pas dit, ajouta-t-il, *que* vous la casseriez?

3. Thémistocle disait *qu'*il ne savait pas accorder une lyre ni manier une harpe, mais *qu'*il savait rendre illustre et grande une ville *qu'*il avait trouvée petite et obscure.

THÈME LXXI.

1. J'ai reconnu bien des fois qu'il est impossible à un État démocratique de commander aux autres. (THUC.)

2. Sais-tu , mon fils, *que* Lycurque de Lacédémone n'aurait point rendu Sparte différente[1] des autres villes, s'il n'y avait principalement établi l'obéissance aux lois? Et ne sais-tu pas *que*, dans les villes, ceux des chefs qui contribuent davantage à rendre les citoyens dociles aux lois, sont les meilleurs ? et *que* la ville où les citoyens obéissent le mieux aux lois est très-heureuse pendant la paix et invincible dans la guerre ?

[1] Il n'aurait rendu différente en rien, οὐδὲν ἂν ἐποίησε διάφορον.

QUE rendu par l'infinitif.

THÈME LXXII.

1. Socrate pensait *que* les dieux connaissent tout , et ce que l'on dit et ce que l'on fait , et les desseins que l'on médite en silence , et *qu*'ils sont présents partout. (XÉNOPH.)

2. Un méchant poëte , nommé Admète , disait un jour *qu*'il avait composé son épitaphe en un seul vers , et qu'il avait ordonné, par son testament , de la graver sur son tombeau. Mais il est bon de rapporter ce vers :

Terre, reçois l'étui d'Admète en dieu changé.)

Démonax lui dit en riant : L'épitaphe est si belle, ô Admète, que je voudrais *qu*'elle fût déjà gravée.

QUE ou DE rendu par le participe.

THÈME LXXIII.

1. Montre en tout temps *que* tu respectes tellement la vérité , que tes paroles sont plus sûres que les serments des autres.

2. Ce que vous êtes fâché *de* souffrir de la part des autres, ne le faites pas aux autres.

3. Nous savons tous *que* la puissance des Perses est devenue si grande, non à cause de leur habileté, mais parce qu'ils honorent la royauté plus que toutes les autres nations.

4. Constance tomba dans une méprise [1] indigne de sa piété : lorsqu'il conserva Julien, il ne s'aperçut pas *qu'il* nourrissait pour les chrétiens l'ennemi du Christ.

[1] Littéralement : Il ignora une ignorance. (*Gramm. gr.*, 123, 5, *Synt.* 112),

QUE ou *DE* après un verbe négatif.

THÈME LXXIV.

1. Seul de tous les Prytanes, Socrate s'opposa aux Athéniens pour les empêcher *de* rien faire contre les lois.

2. Quand [1] j'étais riche, je craignais *que* quelque voleur, perçant ma maison, n'enlevât mes biens et ne me maltraitât moi-même. Mais aujourd'hui, privé de tout, je dors heureux et étendu de tout mon long.

3. Xénophon, s'étant endormi quelques instants, vit un songe. Il lui sembla entendre le tonnerre gronder et voir la foudre tomber sur la maison de son père, qui devenait par là tout étincelante de feux. Epouvanté, il se réveilla aussitôt ; il craignait *de ne* pouvoir sortir des terres du roi de Perse, mais d'être environné de tous côtés par des obstacles ; car il croyait que le songe venait de Jupiter, le roi des dieux, et le feu paraissait avoir brillé autour de lui en l'enveloppant d'un cercle.

[1] Quand, ὅτε,

Conjonctions ΕΙ, ᾿ΕΆΝ.

THÈME LXXV.

1. Quelqu'un demanda à Thalès *si* un homme peu

rester ignoré des dieux lorsqu'il commet une injustice ? Pas même lorsqu'il y pense, répondit-il.

2. Fais toutes tes actions comme si elles ne devaient échapper aux yeux de personne ; car *lors même que* tu les cacherais pour le moment, tu seras découvert plus tard.

3. Les esclaves fugitifs tremblent *lors même qu'*on ne les poursuit pas ; et les hommes sans intelligence se déconcertent *lors même qu'*ils n'éprouvent pas encore de revers.

4. Seul le sage est libre et roi, *lors même qu'*une foule de maîtres commanderaient à son corps.

THÈME LXXVI.

1. *Si* un homme est persuadé que les dieux ont les yeux ouverts sur toutes choses, il ne péchera ni en secret ni en public.

2. Quand[1] vous devîntes mère, que vous vîtes votre enfant et que vous rendîtes grâces à Dieu, vous saviez parfaitement qu'étant mortelle vous aviez engendré un mortel : qu'y a-t-il donc d'étonnant *si* ce mortel est mort ? (S. Bas.)

3. Démosthène ayant dit à Phocion : Les Athéniens te tueront dans un moment de folie. — Oui, répondit-il, ils me tueront *s'*ils deviennent fous ; mais ils te tueront toi-même, *s'*ils deviennent sages.

[1] Ὅτε.

THÈME LXXVII.

Lorsque[1] Paul, après avoir reçu un nombre infini de coups, fut jeté dans la prison, il enchaîna son geôlier. Ses pieds étaient dans les entraves, ses mains étaient dans les chaînes ; et cependant la prison fut ébranlée vers le milieu de la nuit, pendant qu'il louait Dieu par ses chants. *Si* Paul avait été délié *lorsqu'*il ébranla cette maison, ce qui arriva ne serait pas aussi étonnant. C'est pourquoi, dit le Seigneur, reste enchaîné, que ces murs s'ébranlent de toutes parts, et que les prisonniers soient déliés, afin que ma puissance éclate davantage (S. Chrysost.)

¹ Ὅτε.

THÈME LXXVIII.

Quand¹ vous voyez un juste dans la détresse, accablé de maux, terminer sa vie présente dans la maladie, la pauvreté, et une foule d'autres peines, dites-vous à vous-même : S'il n'y avait pas une résurrection et un jugement, Dieu n'aurait pas laissé partir de ce monde, sans y avoir joui² d'aucun bonheur, un homme qui a tant souffert pour lui. (S. Chrysost.)

¹ Ὅταν. — ² Sans avoir joui, *tourn.* N'ayant joui d'aucun bonheur.

Conditionnel.
THÈME LXXIX.

1. Ceux qui instruisent les particuliers ne rendent service qu'aux particuliers. Mais si un homme excitait à la vertu les maîtres du peuple, il *servirait* tout à la fois et ceux qui ont la puissance et ceux qui leur sont soumis ; car il *rendrait* l'autorité des uns mieux affermie, et le gouvernement plus doux pour les autres.

2. Si les bavards se fatiguaient comme ils fatiguent les autres, ils ne *tiendraient* pas de si longs discours.

THÈME LXXX.

1. On prétend qu'Alexandre a dit que, s'il n'avait pas été Alexandre, il *aurait* voulu être Diogène.

2. Darius ayant envoyé une lettre à Alexandre, dans laquelle il le priait de recevoir dix mille talents pour la rançon des prisonniers, d'accepter toute l'Asie jusqu'à

l'Euphrate, d'épouser une de ses filles, et d'être son ami et son allié à ces conditions, Alexandre fit part de cette lettre à ses amis. Parménion lui dit : Si j'étais Alexandre, *j'aurais* accepté ces propositions. — Et moi aussi, par Jupiter, si j'étais Parménion, repartit Alexandre.

Conjonctions ἹΝΑ, ὭΣ, ΜΉ.

THÈME LXXXI.

1. Les passereaux ont des ailes, *afin d'*éviter les piéges; et les hommes ont la raison, afin d'éviter le péché.

2. Il faut nous réfugier dans la vertu comme dans un sanctuaire inviolable, *afin de* n'être livré à aucun indigne outrage de la fortune.

3. Abstenez-vous du bien d'autrui, *afin de* posséder avec plus de sûreté vos propres maisons.

THÈME LXXXII.

1. Ne savez-vous pas que ceux qui courent dans le stade courent tous, à la vérité, mais qu'un seul reçoit le prix ? Courez comme eux, *afin de* remporter la victoire. Or, ceux qui se présentent à ces combats gardent en toutes choses une exacte tempérance. Cependant ils n'agissent ainsi que *pour* gagner une couronne corruptible, tandis que nous en attendons une qui est incorruptible.

2. Socrate disait qu'il admirait comment les sculpteurs, qui faisaient des statues de pierre, s'ingéniaient *à*[1] rendre la pierre parfaitement semblable à un homme, tandis qu'ils négligeaient *les moyens de ne pas*[2] ressembler eux-mêmes à la pierre.

[1] Α, ὡς.—[2] ὡς μή.

THÈME LXXXIII.

Portrait de Ménon.

1. On voyait le Thessalien Ménon aspirer ardemment

à devenir riche. Il désirait de commander, *afin de* prendre davantage ; il désirait des honneurs, *afin* de gagner davantage. Il recherchait l'amitié des hommes puissants, *afin* de n'être pas puni de ses injustices. Pour accomplir ce qu'il souhaitait, il croyait que le chemin le plus court était le parjure, le mensonge, la fourberie[1]; quant à la franchise et à la vérité, elles lui semblaient la même chose que la sottise. On savait[2] qu'il n'aimait personne; et quand il paraissait chérir quelqu'un, l'on était sûr[3] qu'il lui tendait des piéges. Il fut mis à mort par le roi de Perse, qui ne lui fit pas trancher la tête[4], genre de mort qui paraît être le plus prompt; mais on dit que tourmenté comme un scélérat, il mourut après avoir vécu dans les supplices durant une année entière.

2. Démocrate voyant un fripon emmené par les Onze: Imbécile, lui dit-il, pourquoi dérobais-tu de petites choses ? Il fallait en voler de grandes, *afin*[5] d'emmener toi-même les autres.

[1] Se parjurer, mentir, tromper.—[2] *Tourn*. Il était visible n'aimant personne.— [3] *Tourn*. Il était évident lui tendant des piéges.— [4] N'étant pas tranché selon la tête. — [5] On peut mettre ici l'optatif après ἵνα; suivant la règle générale. (*Gramm*. 137.) On peut mettre aussi l'indicatif pour marquer un souhait tombant sur une chose passée (*Synt*. § 248.)

Du Pronom conjonctif ὋΣ.

THÈME LXXXIV.

Camarades, ce qui m'anime surtout à marcher courageusement au combat contre les Arméniens, c'est que Cyrus sera le juge de nos exploits, *lui qui* ne juge point avec envie. Mais j'affirme, et j'en atteste les dieux, que Cyrus me semble n'aimer pas moins que lui-même *ceux en qui* il remarque de la valeur ; car je vois qu'il a plus de plaisir à leur donner[1] *tout ce qu*'il possède, qu'à le conserver lui-même.

[1] *Tourn*. Je vois lui donnant avec plus de plaisir qu'ayant lui-même.

1. Tissapherne fit serment à Agésilas que, s'il consentait à une trêve qui durât jusqu'à ce que les députés qu'il enverrait au roi fussent revenus, il ferait ses efforts pour qu'on lui accordât la liberté des villes grecques de l'Asie. Agésilas, de son côté, jura d'observer fidèlement la trêve, bornant à trois mois le temps de la négociation. Tissapherne viola aussitôt le serment qu'il avait fait ; mais Agésilas, qui connut sa perfidie, n'en garda pas moins la trêve.

2. Dans toutes les villes qu'Agésilas soumettait, il affranchissait les citoyens des services que les esclaves rendent[1] à leurs maîtres ; mais il leur imposait l'obéissance que les hommes libres doivent à leurs chefs.

---

[1] Tous les services qu'un esclave rend à son maître, ὅσα δεσπότῃ δοῦλος ὑπηρετεῖ.

῞ΟΤΕ, ῞ΟΤΑΝ, ῞ΕΩΣ, ῞ΟΠΟΥ.

1. Comme quelqu'un reprochait un jour à Diogène d'avoir fabriqué de la fausse monnaie, il répondit : Autrefois il y eut un temps où je fus tel que tu es maintenant ; mais tel que je suis maintenant, tu ne le seras jamais.

2. Lorsque Dieu veut rendre une cité prospère, il y suscite des hommes de bien. Mais lorsque Dieu veut abaisser une cité, il en ôte les hommes vertueux.

Lorsque les peintres dessinent un tableau d'après un autre tableau, ils regardent fréquemment leur modèle, et tâchent d'en transporter les traits sur leur ouvrage.

De même, lorsqu'un homme veut se rendre parfait dans toutes les vertus[1], il doit souvent considérer les vies des saints comme des images vivantes et animées, et s'approprier par l'imitation le bien qu'elles renferment. (S. Bas.)

[1] Parfait dans toutes les vertus, πᾶσι τοῖς μέρεσι τῆς ἀρετῆς τέλειος.

THÈME LXXXVIII.

1. *Tant que*[1] les supplications et les prières ne se font pas encore, le pain et le calice ne sont que pain et calice; mais quand les grandes et admirables prières sont accomplies, alors le pain devient (le) corps et le calice devient (le) sang de Notre-Seigneur Jésus-Christ. (S. Athanase.)

2. On peut voir Paul, même dans la prison, même dans les chaînes, catéchisant, initiant à nos mystères, et faisant encore la même chose devant les tribunaux, dans les naufrages, dans la tempête et au milieu de mille dangers. Et toi, imite aussi les saints, et *tant que* tu le pourras, ne manque pas de faire des bonnes œuvres. (S. Chrys.)

3. On appelait ami de Philippe, Lasthène, *jusqu'au* jour où il livra Olynthe; Timolaüs *jusqu'*au jour où il perdit Thèbes; Eudicus et Simus, tous deux de Larisse, *jusqu'*au moment où ils mirent la Thessalie sous le joug de ce prince. Mais bientôt l'univers fut rempli de traîtres bannis de leurs patries *et* en butte à tous les outrages et à toutes les calamités[2]. (Démosth.)

[1] Ὅσον. — [2] *Tourn.* Chassés, insultés, et quels maux ne souffrant pas. (*Synt.* 513.)

THÈME LXXXIX.

1. *Où* il y a beaucoup de remèdes et beaucoup de médecins, là aussi les maladies sont très-nombreuses;

de même *où* les lois sont très-nombreuses, là se trouvent les grandes injustices.

2. Laissons le gouvernement du monde à l'ouvrier qui l'a fait, et qui sans doute est plus intelligent que nous; il mène son œuvre *où* il veut et comme il veut; il conduit sa créature à ce qui est le meilleur pour elle, et il veut la guérir lors même qu'elle se fâche du traitement qu'elle subit [1].

[1] A ce qui est le meilleur et à la guérison, lors même que ceux qui sont traités se fâchent.

THÈME XC.

1. Faites-vous un trésor inépuisable dans les cieux, d'*où* le voleur n'approche point, et *où* le ver ne ronge point; car *où* est votre trésor, là aussi sera votre cœur.

2. J'entendis la voix de joueurs de harpes qui touchaient leurs harpes. Ils chantent comme un antique nouveau en présence du trône; ce sont eux qui suivent l'Agneau *partout où* il va; car ils sont vierges.

3. Quelqu'un dit à Jésus : Je vous accompagnerai *partout où* vous irez, Seigneur. Jésus lui dit : Les renards ont des tanières, et les oiseaux du ciel ont des demeures; mais le Fils de l'Homme n'a pas où reposer sa tête.

RESUMÉ.

THÈME XCI.

Épaminondas mis en jugement.

Au retour de (son expédition en) Laconie, Épaminondas fut cité en jugement comme digne de mort, pour avoir ajouté, malgré la loi, quatre mois à sa charge de Béotarque. Il avait engagé ses collègues à rejeter sur lui la faute, et à dire qu'ils avaient été entraînés malgré eux. Pour lui, il se présenta devant le tribunal, et déclara qu'il ne prétendait pas faire un discours qui valût mieux que sa conduite. Si on le désapprouvait[1], il consentait à mourir; mais il demandait[2] que l'on gravât sur son tombeau ces paroles : Epaminondas a forcé les Thébains malgré eux à incendier la Laconie, qui n'avait pas été ravagée depuis cinq cents ans; à rebâtir Messène, qui était ruinée depuis deux cent trente ans; à réunir les Arcadiens, à les lier dans une même ligue, et à rendre l'indépendance aux peuples de la Grèce. Les juges, frappés d'admiration et de respect pour ce grand homme le renvoyèrent absous.

[1] Au lieu de traduire : Si on le désapprouvait, il suffit de traduire comme s'il y avait simplement : sinon. — [2] Pour rendre *consentir* et *demander*, mettez seulement ἀξιόομαι, qui a les deux significations.

THÈME XCII.

Saint Ambroise et Théodose.

Thessalonique est une ville grande et peuplée, située dans la Macédoine[1], et qui commande aussi à la Thessalie et à l'Achaïe. Une sédition ayant éclaté dans cette ville, quelques-uns des chefs furent lapidés. L'empereur Théodose, irrité à cette nouvelle, ne put contenir le transport de sa colère; mais tirant un glaive injuste contre tous les habitants, il massacra les innocents avec les coupables. Sept mille personnes, dit-on, furent immolées sans jugement préalable, et pour ainsi dire fauchées comme des épis dans une moisson.

Ambroise, ayant appris cette lamentable calamité, s'avança au-devant de l'empereur, qui se disposait[2] à entrer dans le temple divin, selon sa coutume, et l'arrêtant à la porte[3], il l'empêcha de pénétrer dans le vestibule sacré, en lui adressant ce discours :

[1] Appartenant à la nation des Macédoniens, *quæ gentis Macædonum censetur*, τελοῦσα. — [2] Voulait. — [3] En dehors du vestibule.

THÈME XCIII.

« Prince, vous ignorez apparemment la grandeur du massacre qui vient d'être accompli (par vos ordres). Sans doute la puissance royale vous empêche de comprendre votre péché. Cependant vous devez savoir quelle est votre nature, confesser qu'elle est mortelle et périssable, reconnaître la poussière originelle dont nous sommes tous issus, où nous retournons tous, et ne pas vous laisser éblouir [1] par l'éclat de la pourpre, au point de méconnaître l'infirmité du corps qu'elle recouvre. Les hommes à qui vous commandez sont de même origine que vous, Prince; et j'ose le dire, leur maître est aussi le vôtre. Car il n'y a qu'un seul seigneur et un seul roi qui règne sur tous les hommes, le créateur de l'univers.

[1] Et séduit par l'éclat du pourpre, ne pas ignorer l'infirmité.

THÈME XCIV.

« Quels yeux oserez-vous donc lever [1] sur le temple où réside le maître commun de tous les hommes? Avec quels pieds allez-vous fouler le pavé de son sanctuaire? Pourrez-vous bien présenter [2] au Seigneur ces mains homicides qui dégouttent encore d'un sang injuste? Comment recevoir dans de telles mains le très-saint corps de votre Dieu? Oseriez-vous approcher son sang précieux d'une bouche qui a versé injustement des flots de sang en prononçant une parole de fureur [3]?

[1] Avec quels yeux regarderez-vous le temple? — [2] Étendre. — [3] Approcherez-vous..., ayant versé injustement tant de sang par la parole de la colère?

THÈME XCV.

« Retournez-vous-en, Prince, et n'entreprenez pas d'augmenter votre premier crime par un second péché.

Acceptez ce lien que, du haut du ciel, notre Dieu, le maître du monde, vous impose par la voix de son ministre[1]. C'est un lien ; mais il guérit ; mais il rendra le salut à votre âme. »

L'empereur, qui avait été nourri dans les divins enseignements (de la religion), connaissait clairement quels étaient les droits des pontifes et quels étaient ceux des princes. Il se rendit à ce discours, et il s'en retourna dans son palais, en poussant des gémissements et en versant des larmes. (THÉODORET.)

[1] Que notre Dieu vote avec (moi).

TROISIÈME PARTIE.

THÈMES GRADUÉS

SUR

TOUTES LES RÈGLES DE LA SYNTAXE

THÈME 1.

Preuves de la résurrection de Jésus-Christ.

1. Que les apôtres n'eussent pas *voulu*[1] et n'eussent pas *pu* inventer la résurrection de leur maître[2], si elle avait été fausse, c'est ce qui est démontré par le raisonnement suivant.

2. Jésus leur avait souvent parlé de sa résurrection, et il leur répétait fréquemment, comme ils l'ont eux-mêmes rapporté, qu'il ressusciterait[3] le troisième jour. Si donc il n'était pas ressuscité, il est évident que ses disciples qui auraient été trompés par lui, qui s'étaient rendu hostile toute leur nation à cause de[4] lui, qui se trouvaient maintenant sans asile et sans patrie, l'auraient abandonné, et n'auraient pas *voulu* procurer une telle gloire à un imposteur qui les aurait abusés et jetés dans les derniers périls.

3. Qu'ils n'eussent pas *pu* davantage inventer la résurrection, si elle n'avait pas été vraie, un raisonnement n'est pas même nécessaire pour le prouver. Car sur quoi se seraient-ils appuyés? Sur leur éloquence? Mais ils étaient les plus ignorants des hommes[5]. Sur leurs richesses? Mais ils n'avaient pas même de souliers. Sur la grandeur de leur naissance? Mais c'étaient des hommes de basse condition et de basse extraction. Sur la noblesse

5

de leur patrie? Mais ils étaient originaires de bourgades inconnues. Sur leur nombre? Ils n'étaient que onze. Sur les promesses de leur maître? Lesquelles? Car s'il n'était pas ressuscité [6], ses autres promesses ne méritaient pas plus de créance [7].

4. Comment ces hommes auraient-ils affronté un peuple en fureur? Car si leur chef n'avait pu soutenir une parole d'une portière, et si tous les autres s'étaient dispersés en voyant [8] leur maître enchaîné, comment auraient-ils songé à parcourir la terre, et à y semer la fable de la résurrection? Si l'un d'eux n'avait pu tenir contre la menace d'une femme, et les autres contre la simple vue des chaînes, comment auraient-ils pu se présenter devant les rois, les gouverneurs, les peuples, quand, ils voyaient là des épées, des chaudières, des brasiers, et chaque jour mille genres de mort, s'ils n'avaient pas eu avec eux la puissance et la protection d'un Dieu ressuscité? Tant et de si grands miracles avaient eu lieu sous les yeux des Juifs; aucun ne les avait forcés au respect [9]; ils en avaient même crucifié l'auteur : et ces mêmes Juifs devaient croire les Apôtres dès qu'ils leur parleraient de la résurrection? Il n'en est pas ainsi, non, il n'en est pas ainsi. Mais c'est la puissance d'un Dieu ressuscité qui a fait ces merveilles. (S. Chrysost.)

[1] Relisez dans la grande Syntaxe les §§ 227-240, concernant la conjonction *SI* et le *Conditionnel.* L'abréviation *Gramm.* désigne la première partie de la Grammaire; l'abréviation *Synt.* désigne la grande Syntaxe. — [2] Synt. 65 avec la note. — [3] id. 206, note et 207, Remarque. — [4] *Gramm.* 81, διά, *acc.* — [5] Synt. 59. — [6] id. 231. — [7] Voilà un bel exemple de la figure que les rhéteurs appellent subjection. — [8] Synt. 525. — [9] Ils n'en avaient respecté aucun.

THÈME II.

Richesse et pauvreté.

1. Un simple soldat de la nation des Saces [1], ayant

remporté le prix dans la course équestre à Babylone, donna son cheval à Phéraulas, l'un² des amis de Cyrus. Phéraulas l'invita à venir loger chez lui; et à la fin du souper, ayant rempli les coupes qu'il avait reçues de Cyrus, il les présenta à son hôte et lui en fit présent. Le Sace voyant de nombreux et beaux tapis, de nombreux et beaux meubles, et une foule de domestiques, lui demanda : Dites-moi, Phéraulas, vous étiez sans doute un citoyen riche dans votre patrie? — Phéraulas répondit : Comment riche? J'étais au contraire de ceux qui vivent du travail de leurs mains. Mon père qui avait de la peine à me nourrir en travaillant lui-même, me donna l'éducation qu'on donne pour l'ordinaire aux enfants. Quand je fus devenu grand, comme il ne pouvait plus me nourrir à rien faire, il m'emmena sur une terre et me fit travailler.

2. Alors je le nourris à mon tour, tant qu'il vécut³, en béchant moi-même et en ensemençant un très-petit champ, qui n'était point infidèle; mais c'était le plus juste de tous les champs; car la semence qu'il avait reçue, il me la rendait exactement avec quelque peu d'intérêt; une fois même il me rendit généreusement le double⁴ de ce qu'il avait reçu. Voilà comme je vivais dans mon pays. Mais toutes ces richesses que vous voyez, c'est Cyrus qui me les a données. Le Sace dit alors : Je vous trouve heureux, surtout parce que vous êtes devenu riche de pauvre que vous étiez. Car j'imagine que vous trouvez beaucoup plus de plaisir dans vos richesses, par la raison que⁵ vous les avez acquises après avoir été dans l'indigence.

3. Phéraulas répondit : Vous croyez donc que je vis d'autant⁶ plus heureux que je possède une plus grande fortune? Sachez⁷ qu'à présent je ne trouve pas plus de plaisir à manger, à boire et à dormir qu'autrefois lorsque j'étais pauvre. Ce que je gagne à posséder ces nombreux objets, c'est d'avoir plus de choses à garder, plus

de choses à distribuer aux autres, d'avoir plus de soins et d'embarras. Maintenant une foule de valets me demandent[8] les uns du pain, les autres[9] à boire, d'autres des vêtements. Ceux-ci ont besoin du médecin, celui-là m'apporte les restes d'une brebis déchirée par les loups, ou m'annonce que mes bœufs sont tombés dans un précipice, ou bien qu'une maladie ravage mes troupeaux. En sorte que mes richesses me causent, je crois, bien plus de soucis que je n'en avais auparavant à cause de ma médiocrité. (XÉNOPH.)

[1] Synt. 49, Rem. — [2] id. 63. — [3] id. 223, note α. — [4] id. 42. — [5] Διὰ τοῦτο ὅτι. — [6] Synt. 57, Rem. 2. — [7] Vous ne savez pas. — [8] Synt. 95. — [9] id. 290, n° 5.

THÈME III.

Consolations à un père sur la mort de son fils unique.

1. Quoique les raisons de ce que Dieu a réglé nous échappent, nous devons cependant recevoir ses ordres, quelque pénibles qu'ils soient, comme venant de la part d'un Dieu sage et plein d'amour pour nous. Il sait la manière de procurer à chacun ce qui lui est utile ; il sait pourquoi il assigne à nos vies des termes inégaux. Car il existe une cause, ignorée des hommes, pour laquelle les uns sortent plus tôt de ce monde, tandis que les autres y sont laissés pour[1] y souffrir plus longtemps les peines de cette vie douloureuse. En sorte que nous devons adorer[2] en toute chose la bonté divine et ne point nous livrer à l'impatience.

2. Souvenons-nous de cette grande et célèbre parole que prononça Job, cet illustre athlète, quand il vit ses douze enfants écrasés dans un moment autour d'une même table : « Le Seigneur me les avait donnés[3], le Seigneur me les a ôtés ; il est arrivé ce qui a plu au Seigneur. » Rendons-nous propre cet admirable senti-

ment : car le júste juge réserve une égale récompense à tous ceux qui montreront la même grandeur d'âme.

3. Cet enfant que vous pleurez ne nous a point été enlevé[4], mais nous l'avons rendu à celui qui nous l'avait prêté. Sa vie ne lui a pas été ôtée[5], mais changée en une vie meilleure. La terre n'a point enseveli notre bien-aimé : le ciel l'a reçu. Attendons un peu de temps, et nous serons avec celui que nous regrettons. D'ailleurs, le temps de la séparation n'est pas bien long, puisqu'en marchant dans cette vie, comme dans une route, nous avançons tous rapidement vers la même demeure, où l'un est déjà descendu, pendant qu'un autre y arrive, pendant qu'un autre se hâte de l'atteindre. Là tous seront enfin reçus comme au terme unique de leur voyage.

4. Cet enfant a terminé sa route avant nous ; mais nous suivrons tous la même voie ; nous sommes tous attendus dans la même hôtellerie. Seulement puisse[6] notre vie ressembler à la pureté de sa vertu, afin que nous obtenions, par l'innocence de nos mœurs, le repos promis à ceux qui sont enfants selon Jésus-Christ. (S. Bas.)

[1] Synt. 547, n° 4. — [2] id. 406, note. — [3] id. 140 avec la note. — [4] Synt. 94. — [5] ibid. — [6] id. 145.

THÈME IV.

Rien n'est plus funeste que l'oisiveté.

1. Le cheval utile, est-ce celui qui vit dans les délices, ou celui qu'on exerce au travail ? Le navire utile, est-ce celui qu'on laisse en repos, ou celui qui vogue sur la mer ? L'eau utile, est-ce l'eau courante ou l'eau croupissante ? Le fer utile, est-ce celui qu'on remue, ou celui qui reste immobile ? L'un ne brille-t-il pas comme l'argent, tandis que l'autre se couvre de rouille ? Même chose arrive à l'âme paresseuse : la rouille s'y attache, la ronge, efface son éclat.

2. Le soleil s'est levé; il a inondé le monde des flots de sa lumière; il a réveillé tous les hommes pour les envoyer au travail[1]. Le laboureur prend son[2] hoyau et sort de sa cabane; le forgeron saisit son marteau; la femme tourne ses fuseaux ou travaille à sa toile; et vous trouverez tous les ouvriers maniant leurs instruments. Mais le paresseux se soulève sur son lit quand le soleil a déjà rempli[3] le forum d'une multitude de peuple; lorsque tous les bras sont déjà lassés par les travaux, il se lève enfin debout en étendant ses membres, après avoir perdu la plus belle partie de la journée dans les ténèbres.

3. Comment tous les hommes ne le condamneraient-ils pas[4]? et ceux de sa maison, et ses amis, et ses parents? Chacun ne dira-t-il pas avec justice : Ce fainéant charge la terre d'un poids inutile? Qu'est-ce qu'un tel être est venu faire dans le monde? (S. Chrysost.)

---

[1] Synt. 110, Rem.—[2] id. 65, note.—[3] id. 99.—[4] Lorsque le verbe καταγιγνώσκω, condamner, n'a pour régime que le nom de la personne, ce régime se met au génitif ou à l'accusatif.

THÈME V.

Prudence de Phocion.

1. Un bruit vague s'était répandu dans Athènes qu'Alexandre était mort. Aussitôt les orateurs montèrent à la tribune et exhortèrent[1] le peuple à entreprendre la guerre sur-le-champ. Mais Phocion conseilla d'attendre et de s'assurer si la nouvelle était vraie. Car ajouta-t-il, si Alexandre est mort aujourd'hui, il le sera[2] demain et encore après.

Combien il estimait peu le suffrage de la multitude.

2. Un jour qu'exposant son opinion devant le peuple il obtenait la faveur générale et qu'il voyait tout le monde

unaniment accueillir[3] son discours, il se tourna vers ses amis en leur disant : « N'aurais-je point, sans y penser[4], laissé échapper quelque sottise ? »

[1] Synt. 120.—[2] Gramm. § 44, note 3; et Synt. 158.—[3] Synt. 122.—[4] id. 530.

THÈME VI.

De la Confession.

1. Parmi[1] les hommes qui ont besoin des secours de la médecine, ceux qui n'ont mal qu'aux dents ou au doigt[2] vont d'eux-mêmes trouver le médecin. Ceux qui ont la fièvre appellent le médecin chez eux, et le prient de les secourir. Enfin les malades qui sont tombés en frénésie, en démence ou en une sombre humeur, souvent ne veulent pas même recevoir le médecin qui vient les[3] voir, mais ils le chassent ou prennent la fuite, parce que la violence même de la maladie les empêche de la sentir[4].

2. De même parmi ceux qui pèchent, ceux-là sont incurables, qui se fâchent, s'irritent des avis qu'on leur donne, et haïssent ceux qui les reprennent. Ceux au contraire qui souffrent les avertissements et qui les acceptent sont moins malades. Mais aller montrer soi-même sa faute à ceux qui doivent la reprendre; avouer son mal, découvrir sa plaie, ne pas se réjouir de ce qu'elle demeure cachée, ne pas chercher à en dérober la connaissance[5], mais la confesser, demander un homme qui nous corrige et nous admoneste, ce n'est pas un signe médiocre d'avancement dans la vertu. (PLUT.)

[1] Synt. 34. — [2] id. 49, Rem. — [3] id. 66, Rem. — [4] Ne s'apercevant même pas qu'ils sont malades, à cause de le être très-malades. — [5] Ne pas se réjouir étant caché, ne pas aimer à être inconnu (comme coupable).

THÈME VII.

Basile et Grégoire modèles de deux amis.

1. Nous nous tenions lieu de toutes choses l'un à l'au-

tre, habitant sous le même toit, mangeant à la même table, intimement unis, envisageant le même but, échauf-
fant et affermissant mutuellement notre zèle[1]. Nous
marchions donc ainsi en avant, appuyés sur Dieu et sur
notre ardeur. La même espérance nous animait, celle
d'acquérir l'éloquence, c'est-à-dire la chose du monde
la plus exposée à l'envie. Cependant il n'y avait point
de jalousie entre nous, mais une noble émulation. Nous
nous disputions, non à qui obtiendrait le premier rang,
mais à qui[2] le céderait à l'autre ; car chacun regardait
la gloire de son ami comme la sienne propre.

2. Il semblait qu'une seule âme animait[3] nos deux
corps. Notre seule occupation, c'était la vertu; c'était de
vivre pour nos espérances futures, et d'abandonner ce
monde avant[4] d'en sortir. C'était le but vers lequel nous
dirigions toute notre vie et toutes nos actions, conduits
par la loi divine, et aiguisant mutuellement notre zèle
pour le bien. Parmi nos condisciples, nous fréquentions[5],
non les plus licencieux, mais les plus chastes, non les
plus querelleurs, mais les plus amis de la paix ; car
nous savions que le vice se gagne plus aisément que la
vertu ne se communique : de même qu'il est plus facile
de contracter les maladies des autres que de leur donner
la santé.

3. Nous ne connaissions que deux chemins dans
Athènes. L'un qui conduisait à nos édifices sacrés et chez
les maîtres qui nous y instruisaient, l'autre qui menait
chez les professeurs des sciences profanes. Nous avions
abandonné les autres voies à ceux qui les voulaient
suivre, celles qui conduisaient aux fêtes, aux théâtres,
aux assemblées, aux festins. Car rien n'a de prix à mes
yeux que ce qui porte à la vertu, que ce qui rend meilleur celui qui s'y applique. Chacun prend différents
surnoms, qu'il tire de sa famille ou de sa personne[6], de
ses actions ou de ses habitudes : pour nous, la chose la

plus grande et le titre le plus beau, c'était d'être chrétiens [7] et d'en mériter le nom. (S. Grégoire de Naz.)

¹ Augmentant ensemble notre zèle plus fervent et plus ferme. — ² *Uter*, ὁπότερος ou ὅστις. — ³ Animer, φέρειν ou ἄγειν, comme en latin : *mens agitat molem.* — ⁴ Synt. 224, — ⁵ id. 108. — ⁶ De sa personne, οἴκοθεν. — ⁷ Synt. 5 et 256, note 1.

THÈME VIII.

Promenade au bord de la mer.

1. Je me promenais seul vers la fin du jour, et le rivage de la mer était le lieu de ma promenade. Car c'est par¹ de telles récréations que j'ai coutume de me délasser de mes travaux. Je marchais donc, et tandis que mes² pieds me portaient, mes yeux contemplaient la mer. Elle n'offrait pas alors un spectacle agréable, elle qui en présente un si charmant lorsque³, pendant le calme, elle se colore de pourpre, et vient se jouer contre ses bords d'une manière douce et gracieuse. Mais ce jour-là, un grand vent soufflait et les vagues se soulevaient en mugissant. On voyait les flots, comme c'est l'ordinaire dans les tempêtes, s'élever dans le lointain, grossir peu à peu, s'abaisser ensuite, et venir expirer sur le rivage. Ailleurs, les flots heurtaient les rochers voisins, et l'onde repoussée par eux, jaillissait en écume et en rosée légère. Là des cailloux, des algues, des céryces⁴ et de légers coquillages étaient poussés et vomis⁵ sur la côte. Quelques-uns de ces objets étaient de nouveau ressaisis par le flot qui s'en retournait, tandis que les rochers, quoique battus par les vagues, demeuraient immobiles, et aussi inébranlables que si la mer eût été paisible⁶.

2. Je tirai de là une utile leçon de sagesse, et ce spectacle devint pour moi un enseignement. Cette mer, dis-

je alors en moi-même, n'est-ce pas la vie des hommes avec toutes les choses humaines? Car il y a aussi dans les ondes de cette vie beaucoup d'amertune[7] et d'inconstance. Ces vents fougueux, ne sont-ce pas les tentations et les accidents imprévus dont elle est assaillie? Et parmi les hommes qui sont tentés, les uns ressemblent à ces légers coquillages qui se laissent entraîner dans la mer, tandis que les autres ressemblent au rocher, et se montrent dignes de ce rocher immuable sur lequel nous sommes fondés. (S. Grég. de Naz.)

[1] Synt. 168. — [2] id. 64, note — [3] id. 246. — [4] Espèce de grand coquillage, κῆρυξ. — [5] Vomir, rejeter, ἀπο-πτύω. — [6] *Petræ autem erant immotæ et inconcussæ, non minus* (οὐδὲν ἧττον) *quam nulla re* (*illas*) *turbante, nisi quod* (πλὴν ὅσον) *verberarentur fluctibus.* — [7] Ἁλμυρός, amer comme l'eau de la mer.

THÈME IX.

Pensées.

1. Il semble[1], en vérité, qu'il soit plus difficile de conserver les biens qu'on possède que d'acquérir ceux qu'on n'a pas; et qu'il soit plus aisé de rappeler, à force de soins, la prospérité perdue, que de se maintenir dans celle où l'on est. (S. Grég. de Naz.)

2. Les dieux ne donnent aux hommes rien de ce qui est bon, rien de ce qui est beau, sans travail et sans application. Ainsi donc, si tu veux que les dieux te soient propices, il faut[2] servir les dieux; si tu prétends être aimé de tes amis, il faut faire du bien à tes amis; si tu désires qu'une ville t'honore, il faut te rendre utile à cette ville; si tu souhaites que la Grèce entière estime ton mérite, il faut t'efforcer de faire du bien à toute la Grèce. Veux-tu que la terre te produise d'abondantes moissons? il faut cultiver la terre. Songes-tu à t'enrichir au moyen des troupeaux? il faut donner tes soins aux

troupeaux. Aspires-tu à t'agrandir par la guerre, afin de pouvoir rendre la liberté à tes amis et soumettre tes ennemis? il faut apprendre le métier de la guerre sous des hommes habiles dans cet art, et t'appliquer toi-même à le mettre en pratique. Enfin, si tu veux que ton corps puisse servir ta pensée, il faut l'y habituer, il faut l'y exercer par le travail et les sueurs. (XÉNOPH.)

[1] Synt. 317. — [2] Voy. Synt. 299, 300 et 301, adjectifs verbaux en τέος.

THÈME X.

La vie de l'homme est un chemin.

1. Notre vie est appelée un chemin, parce que, du moment où chacun des hommes est né, il s'achemine rapidement vers sa fin. Comme ceux qui dorment dans un navire se trouvent poussés[1] vers le port par le souffle du vent, sans qu'ils s'en aperçoivent[2] : de même, entraînés par un mouvement continuel et irrésistible avec le temps qui s'écoule, nous avançons chacun vers notre terme, sans même sentir que notre vie s'enfuit et nous emporte[3]. Ainsi, vous dormez, et votre temps passe. Vous veillez en occupant votre esprit, et néanmoins votre vie se dépense, lors même que vous ne le sentez pas.

2. Vous êtes voyageur en cette vie ; vous passez devant tous les objets de ce monde, et vous les laissez derrière vous. Le long du chemin, vous avez vu des arbres, du gazon, des ruisseaux, d'autres objets dignes d'attirer les regards. Un instant la vue de ces choses vous a causé du plaisir, puis vous avez passé. Vous avez ensuite trouvé un sol rocailleux, des ravins, des précipices, des bêtes féroces, des reptiles, des épines, et d'autres objets fâcheux. Après un instant de peine, vous avez laissé tout cela. Telle est notre vie : ni les plaisirs, ni les douleurs ne sont durables.

3. Le chemin où vous marchez n'est pas à vous, et les choses que vous y voyez ne vous appartiennent pas davantage. Et quant aux voyageurs qui cheminent sur cette route, lorsque le premier fait un pas, le second pose son pied sur sa trace, et le suivant prend aussitôt la place du second.

4. Examinez si la même chose n'a pas lieu dans la vie. Aujourd'hui vous avez labouré la terre, un autre la cultivera demain, et après celui-là un troisième. Voyez-vous ces champs et ces riches édifices? Combien de fois déjà n'ont-ils pas changé de nom! Cette maison portait le nom d'un tel; ensuite elle a pris le nom d'un autre; puis un tel lui a donné le sien, qu'elle ne conserve déjà plus. Notre vie est donc un chemin qui reçoit tantôt l'un, tantôt l'autre, et où tous les mortels se suivent. Heureux celui qui ne s'est pas arrêté dans le chemin des pécheurs! (S. Bas.)

[1] *Ultro feruntur ; ultro,* αὐτομάτως. — [2] Sans que, *quamvis non,* χἂν μή. — [3] De même, le temps de notre vie s'écoulant, nous nous hâtons chacun vers notre terme, par la course insensible de notre vie comme par un mouvement continuel et irrésistible.

THÈME XI.

Le Blé.

Une herbe, une plante suffit pour occuper toute votre pensée dans la contemplation de la sagesse qui l'a formée. Voyez comme le chaume du blé est serré par des nœuds à certains intervalles, afin que[1] ces articulations supportent facilement le poids des épis, lorsque[2] ces épis pleins[3] de grains pencheront vers la terre. Pour cette raison, la tige du brôme est franche tout entière, attendu que rien ne charge sa tête. Mais la nature a fortifié le blé par ces nœuds que vous voyez. En outre elle a déposé le grain dans une gaîne, afin qu'il ne fût pas saisi facilement par les oiseaux granivores. Enfin l'épi repousse

les insultes des petits oiseaux par un rempart de cils qui
ressemblent à des aiguillons.

¹ Synt. 216. — ² id. 246. — ³ id. 44.

THÈME XII.

Beauté de la mer.

Il est beau de contempler la mer lorsqu'un temps
calme polit ses ondes blanchissantes. Il est beau de la
voir quand un doux zéphir, ridant sa surface, montre
aux yeux ses reflets de pourpre et d'azur ; lorsqu'au lieu
de battre avec furie ses rivages, elle semble les saluer par
de pacifiques embrassements. La mer est belle, parce
qu'elle est le réservoir des fleuves, qui entrent de toutes
parts dans son sein, pendant qu'elle demeure elle-même
dans ses limites. La mer est belle, parce qu'elle réunit
les continents les plus éloignés les uns des autres, en offrant aux nautoniers une route facile à travers ses flots,
et un commerce dont rien ne ferme les passages. (S. Bas.)

THÈME XIII.

Structure des animaux.

1. Le cou du chameau est long et en rapport avec ses
jambes, afin que cet animal puisse atteindre l'herbe qui
lui sert de nourriture. Mais le cou de l'ours est court et
enfoncé dans ses épaules. De même celui du lion, du
tigre, et des autres animaux de cette espèce ; car ne vivant pas d'herbe, ils n'ont pas besoin de baisser leur
tête jusqu'à terre. C'est de chair qu'ils vivent, et la
chasse des animaux suffit à leur subsistance.

2. Ne voyez-vous pas les éléphants s'avancer dans les
batailles à la tête des phalanges, semblables à des tours
vivantes, ou à des collines animées, dont le choc irrési-

stibles rompt les bataillons les mieux serrés[1]? Cependant
Dieu nous a tellement[2] soumis ce vaste animal qu'il apprend les leçons qu'on lui donne et souffre les coups
dont on le frappe. Dieu nous enseigne par là d'une manière évidente que, s'il a mis au-dessous de nous toutes
les choses de la terre, c'est parce que nous sommes faits
à l'image de notre créateur.

[1] *Nonne vides in bellis, quod velut animatæ quædam turres aciem
præcedant? aut quod velut carnei quidam colles, intolerabilem ha-
bentes impetum, densata adversariorum agmina perrumpant? Den-
satum clypeis agmen, συνασπισμός.* — [2] Synt. 58, avec Rem.

THÈME XIV.

Instinct des animaux.

1. Dieu qui a fait les animaux les a consolés de l'absence de la raison par la perfection[1] des sens. D'où vient
en effet que, parmi une infinité de brebis, le jeune bélier,
qui sort en bondissant de l'étable, reconnaît aussitôt sa
mère à sa couleur, à sa voix, court droit à elle, et va
chercher les sources de lait qui lui appartiennent? Si
les mamelles de sa mère sont pauvres, il s'en contente et
passe devant celles qui sont gonflées d'un lait plus
abondant. De même aussi la mère reconnaît son fils au
milieu de mille autres. Tous ont pourtant la même voix,
la même couleur, une odeur semblable autant que nous
en pouvons juger par notre odorat. Mais ces animaux
ont un sens qui est plus fin que notre perception, et
qui permet à chacun d'entre eux de discerner ce qui
lui appartient.

2. Le jeune chien n'a pas encore de dents; cependant
il se défend avec la gueule contre ceux qui l'attaquent.
Le jeune taureau n'a pas encore ses cornes, mais il sait
déjà où ses armes lui pousseront. Cela montre que les

animaux n'ont besoin de rien apprendre, et que tout porte les traces de la sagesse du créateur.

1 Une perfection des sens supérieure (à la nôtre), ἡ τῶν αἰσθητηρίων περιουσία.

THÈME XV.

Le Chien logicien.

1. Le chien est privé de la raison, mais il a un instinct qui lui en tient lieu. Car une chose que les philosophes du monde ont eu bien de la peine à inventer, je veux dire la composition du syllogisme, on[1] voit que le chien l'a apprise de la nature. En effet, lorsqu'il cherche la trace d'un animal, s'il la voit se diviser en plusieurs lignes, il parcourt chacune d'elles, puis il semble prononcer par sa conduite[2] ce raisonnement d'un logicien : « C'est par ici[3], ou par là, ou par ce côté-ci que l'animal a pris sa course. Or ce n'est point par ici, ni par là. Donc il s'est enfui de ce côté. » Ainsi en retranchant ce qui est faux, il trouve ce qui est vrai. Que font de plus habile ces professeurs qui s'asseyent gravement devant leurs figures géométriques, ou qui tracent des lignes sur la poussière? Sur trois propositions, ils en retranchent deux, et trouvent la vérité dans celle qui reste.

2. La reconnaissance de cet animal pour les services ne doit-elle pas aussi confondre ceux qui sont ingrats envers leurs bienfaiteurs, puisqu'on raconte de plusieurs chiens qu'ils sont morts sur le cadavre de leur maître assassiné dans un lieu désert?

1 Synt. 70.—2 Par les choses qu'il fait.—3 Synt. 178.

THÈME XVI.

L'Alcyon.

L'alcyon est un oiseau marin qui fait son nid sur le

rivage même de la mer et qui dépose ses œufs à nu sur le sable[1]. Il pond vers le milieu de l'hiver, lorsque la mer poussée par des vents nombreux et violents se brise contre le rivage. Néanmoins tous les vents s'endorment et les flots de la mer sont calmes pendant[2] les sept jours que l'alcyon couve. Car il ne met que ce temps à faire éclore ses petits. Mais comme il faut aussi les nourrir, Dieu, dans sa générosité, accorde à ce petit oiseau sept autres jours pour élever sa famille. C'est un fait que tous les nautoniers connaissent, et ils donnent à ces jours le nom d'Alcyoniens.

[1] Déposant ses œufs sur le sable même. — [2] Synt. 162. — [3] *Nam totidem solum diebus pullos excludit.*

THÈME XVII.

Le Cygne .

Les oiseaux aquatiques n'ont pas les pieds divisés comme la corneille, ni crochus comme ceux qui se nourrissent de chair. Mais ils les ont larges et membraneux, afin de nager aisément sur l'eau, en frappant l'élément liquide avec les membranes de leurs pieds comme avec des rames. Et si vous observez la manière dont[1] le cygne enfonce son cou dans l'eau et en rapporte sa nourriture, vous comprendrez la sagesse du créateur. Car il lui a donné un cou plus long que ses pieds, afin que, le plongeant en guise de ligne, il se procure[2] les aliments qui sont cachés au fond des fleuves.

[1] Synt. 242.—[2] id. 124.

THÈME XVIII.

Dispositions des esprits au commencement de la guerre du Péloponnèse.

1. Les Athéniens se préparaient à la guerre ; les Lacédémoniens prenaient aussi leurs mesures. De part et d'autre on ne méditait pas de faibles projets, et l'on se fortifiait pour la lutte. Et cela devait être ; car en commençant, on saisit toujours les choses avec plus d'ardeur. D'ailleurs, la jeunesse, alors nombreuse dans le Péloponnèse, nombreuse dans Athènes, s'engageait volontiers dans la guerre par inexpérience [1] ; et tout le reste de la Grèce [2] était en suspens au moment où les principales villes allaient en venir aux mains.

2. On publiait beaucoup de prédictions ; les devins chantaient divers oracles, et parmi les peuples qui allaient [3] entrer en guerre, et dans les autres villes. En outre, Délos, peu de temps auparavant, avait éprouvé un tremblement de terre, ce qui de mémoire d'homme n'avait jamais eu lieu jusqu'alors en Grèce. On disait et on croyait que c'était un présage de ce qui allait arriver, et l'on recherchait avec soin tous les autres événements semblables.

3. On était, en général, beaucoup plus porté pour les Lacédémoniens, sutout parce qu'ils avaient annoncé qu'ils voulaient rendre la liberté à la Grèce. Partout les villes et les particuliers s'empressaient de les seconder selon leur pouvoir, soit en paroles, soit en actions, et chacun croyait que les affaires seraient entravées là où il ne serait pas lui-même. Ainsi, la plupart des Grecs étaient exaspérés contre les Athéniens, les uns voulant secouer leur joug, les autres craignant [4] d'y être soumis.

[1] Synt. 158.—[2] Synt. 24.—[3] Synt. 315.—[4] Synt. 195, Rem. 2.

THÉME XIX.

Les Athéniens vaincus se retirent de devant Syracuse.

1. Tout était affreux dans la position des Athéniens ; car ils partaient après avoir perdu tous leurs vaisseaux,

et au lieu d'une brillante espérance, ils ne voyaient plus que périls pour eux et pour Athènes. Lorsqu'il fallut quitter le camp, les objets les plus affligeants vinrent frapper les yeux et l'âme de chacun. Les morts restaient privés de sépulture. Celui qui voyait un de ses amis gisant sur la terre était saisi de douleur et de crainte. Ceux qu'on délaissait encore en vie, blessés ou malades, causaient aux vivants beaucoup plus de peine que les morts eux-mêmes et ils paraissaient en effet plus à plaindre que ceux qui avaient péri.

2. Leurs prières et leurs lamentations embarrassaient l'armée, car ils suppliaient qu'on les emmenât; ils appelaient à haute voix tous ceux de leurs amis ou de leurs proches qu'ils apercevaient; ils se suspendaient à leurs compagnons de tente au moment de leur départ; ils les suivaient aussi loin qu'il leur était possible; et quand les forces du corps manquaient à l'un d'entre eux, on ne l'abandonnait point sans l'entendre attester les dieux et pousser des cris déchirants. Ainsi toute l'armée, fondant en larmes et dans la plus douloureuse perplexité, ne s'éloignait qu'avec peine d'une terre ennemie, quoiqu'elle y eût déjà souffert des maux que les larmes ne sauraient égaler, et qu'elle redoutât encore de nouveaux malheurs cachés dans l'incertitude de l'avenir.

3. A l'abattement se joignaient les reproches qu'ils se faisaient à eux-mêmes. On croyait voir une ville prise d'assaut, dont les habitants s'enfuyaient; et ce n'était pas une médiocre population; car cette foule ne s'élevait pas à moins de quarante mille hommes, qui marchaient ensemble.

THÈME XX.

Discours de Nicias.

1. Nicias, voyant l'armée dans l'abattement et dans

un grand revers de fortune, parcourait les rangs, relevait les courages et donnait des consolations autant que le permettaient les circonstances.

« Athéniens, et vous alliés, disait-il, conservons l'espérance, même dans l'état où nous sommes. D'autres avant nous ont trouvé leur salut dans une situation pire que la nôtre. Ne vous faites pas de trop amers reproches sur vos malheurs et sur des souffrances que vous n'avez pas méritées. Nos ennemis ont eu maintenant assez de bonheur; et si, par cette expédition, nous avons offensé quelque divinité, nous en avons déjà été suffisamment punis. Nous devons donc espérer que la divinité nous traitera désormais avec plus de clémence; car nous sommes maintenant plus dignes de la pitié des dieux que de leur colère. Puis jetez les yeux sur vous-mêmes, et voyant quels rangs nombreux d'hoplites vous formez dans votre marche, réprimez une crainte excessive. Songez que, partout où vous vous arrêterez, vous formerez sur-le-champ une cité, et qu'aucune autre ville de la Sicile ne pourra soutenir aisément votre attaque, ni vous chasser du lieu où vous serez établis.

2. « Enfin, braves soldats, sachez qu'il vous faut agir en hommes de cœur, puisqu'il n'y a près d'ici aucun endroit qui puisse vous servir de refuge, si vous mollissez. Mais si nous échappons maintenant aux ennemis, vous, nos alliés, vous aurez le bonheur de revoir ce qui vous est cher; et vous, ô Athéniens, songez que vous relèverez la grande puissance d'Athènes, quoique aujourd'hui défaillante. Car ce sont les hommes qui font une ville, et non des murs ou des vaisseaux privés de défenseurs.

THÈME XXI.
Marche des Athéniens.

1. Quand les Athéniens furent arrivés au passage de

l'Anapus, ils y trouvèrent un détachement de Syracusains et de leurs alliés, rangé en bataille. Ils les repoussèrent, et maîtres du passage, ils marchèrent en avant. Les Syracusains les pressaient en caracolant autour d'eux, pendant que leurs troupes légères les assaillaient à coups de javelot. Dans cette journée, les Athéniens, s'étant avancés d'environ quarante stades[1], bivouaquèrent sur une colline. Le lendemain, ils partirent de bonne heure, firent environ vingt stades et descendirent dans une plaine unie, où ils campèrent. Ils voulaient se procurer des vivres dans les maisons (car ce lieu était habité), et emporter avec eux de l'eau de ce même endroit, parce qu'au delà il s'en trouvait peu sur un chemin de plusieurs stades qu'ils allaient parcourir.

2. Mais pendant ce temps-là, les Syracusains, les ayant devancés, leur murèrent le passage. C'était une colline fortifiée par la nature et bordée des deux côtés par un ravin et des précipices. Le lendemain, les Athéniens se remirent en marche. De leur côté la cavalerie des Syracusains et de leurs alliés, ainsi que les gens de trait qui n'étaient pas moins nombreux, les harcelèrent en lançant des javelots et en voltigeant à cheval autour d'eux. Les Athéniens soutinrent longtemps le combat; puis ils revinrent au camp d'où ils étaient partis. Mais ils ne se procuraient plus des vivres aussi facilement qu'auparavant; car ils ne pouvaient plus s'écarter dans la campagne à cause de la cavalerie ennemie.

[1] Synt. 167.

THÈME XXII.

Passage de l'Assinare.

1. Dès qu'il fit jour, Nicias se remit en marche avec ses troupes. Les Syracusains et leurs alliés les attaquèrent par la même manœuvre, en tirant sur eux de toutes parts et les accablant de traits. Les Athéniens se hâtèrent

de gagner le fleuve Assinare, parce qu'étant pressés de tous côtés par les assauts d'une cavalerie nombreuse et par une foule d'autres ennemis, ils espéraient se trouver plus à l'aise au delà du fleuve. D'ailleurs, souffrant de la soif, ils couraient aussi vers cette eau pour s'y dé- saltérer. Dès qu'ils furent sur le bord, ils s'y précipitè- rent pêle-mêle. Chacun voulait traverser la rivière le premier, et les ennemis, qui les pressaient, achevaient de rendre le passage difficile.

2. Les Athéniens, obligés de marcher confusément, tombaient les uns sur les autres et se foulaient aux pieds mutuellement. Embarrassés au milieu[1] des armes et des bagages, les uns y périssaient, les autres glissaient dans la rivière. Les Syracusains qui bordaient l'autre rive (et cette rive était escarpée) tiraient d'en haut sur les Athé- niens, qui pour la plupart, se livraient au plaisir de boire, ou se gênaient les uns les autres dans le lit profond de cette rivière. Les Péloponésiens y descen- dirent et en égorgèrent un grand nombre. L'eau fut bientôt souillée, mais on ne la buvait pas moins. On se la disputait même, toute bourbeuse et toute sanglante qu'elle était.

---

[1] Au milieu de περί avec le datif.

THÈME XXIII.

Fin de l'expédition des Athéniens en Sicile.

1. Un grand nombre d'Athéniens périrent en cet endroit; car il y eut là un affreux carnage qu'aucun autre ne surpassa dans cette guerre de Sicile. Néanmoins, beaucoup d'Athéniens s'évadèrent, les uns à l'instant même, les autres plus tard et après avoir été faits esclaves.

2. Les Syracusains et leurs alliés, après avoir rassem-

blé le plus[1] qu'ils purent de prisonniers et de dépouilles, s'en retournèrent à la ville. On fit descendre dans
les carrières tous les Athéniens et tous leurs alliés dont
on avait pu s'emparer; car ce fut cette prison qui leur
parut la plus sûre. Quant à Nicias et à Démosthène,
on les égorgea, malgré Gylippe.

3. Ce fait d'armes fut le plus important de la guerre
du Péloponnèse, et, tout à la fois, le plus glorieux pour
les vainqueurs comme le plus funeste pour les vaincus;
car les Athéniens furent complétement défaits sur tous
les points; aucune souffrance ne leur manqua, et ils
furent, comme on dit, ruinés de fond en comble : armée,
flotte, tout périt; et sur une armée aussi considérable,
bien peu d'hommes retournèrent chez eux.

[1] Synt. § 296 fin.

THÈME XXIV.

Les Quarante Martyrs de Sébaste.

1. Ces saints n'étaient pas tous de la même patrie,
mais ils étaient venus de contrées différentes. On les
avait enrôlés dans l'armée, parce qu'ils l'emportaient
sur leurs concitoyens par la grandeur de la taille et la
force du corps. Déjà leur habileté dans la guerre, non
moins que leur bravoure, leur avait obtenu des princes
les premières distinctions, et leur mérite avait rendu
leurs noms célèbres en tous lieux.

2. Quand le décret inique et impie qui défendait de
confesser le Christ sous peine des derniers supplices
fut publié, ces généreux et invincibles soldats de Jésus-
Christ s'avancèrent au milieu des rangs; et là, d'une
voix libre, avec une courageuse hardiesse, sans redouter
les tourments préparés sous leurs yeux, ni s'effrayer de
ceux dont on les menaçait, ils proclamèrent qu'ils étaient
chrétiens. Bienheureuses les langues qui ont prononcé

cette parole sacrée ! elle a sanctifié l'air qui l'a reçue ; les anges, en l'entendant, y ont applaudi, et le Seigneur l'a inscrite dans les cieux.

3. Que fit donc le gouverneur d'alors ? C'était un homme habile et artificieux, qui savait séduire les hommes par des flatteries et les faire dévier de leur voie par des menaces. D'abord, il essaya de tromper nos héros par ses caresses, en tâchant d'amollir l'énergie de leurs sentiments religieux. Mais, comme ils ne cédaient point à cette épreuve, il les menaça de les frapper et de les faire mourir. Voilà ce que fit le tyran ; que firent les martyrs ?

THÈME XXV.

Discours des Quarante Martyrs au tyran.

1. « Pourquoi donc, ô ennemi de Dieu, veux-tu nous engager par tes amorces à nous séparer du Dieu vivant ? répondit l'un d'entre eux. Pourquoi nous offrir des présents, afin de nous rendre les esclaves des pernicieux démons ? Est-ce que tu nous donnes autant que tu t'efforces de nous ravir ? Je hais un présent qui m'apporte un dommage ; je n'accepte point un honneur qui n'enfante que la honte.

2. « Vois-tu combien le ciel est beau, combien il est vaste ? vois-tu combien la terre est grande et quelles merveilles elle renferme ? Rien de tout cela ne peut être comparé au bonheur des justes ; car toutes ces choses passent, tandis que nos biens sont immuables. Je ne souhaite qu'un don, la couronne de justice. Une seule gloire me fait envie, celle du royaume des cieux.

3. « Je regarde les coups dont tu me menaces comme des traits lancés par des enfants ; car, lorsque tu frappes mon corps, s'il résiste longtemps, il obtient une couronne plus brillante ; s'il succombe à l'instant, il vous échappe, ô hommes barbares ; il est délivré de

vos mains, ô juges iniques, qui, non contents d'avoir reçu l'obéissance des corps, prétendez aussi dominer sur les âmes ! Quand nous vous préférons simplement notre Dieu, vous entrez en fureur, comme si nous vous avions fait le dernier outrage. Vous nous menacez de vos plus terribles supplices, en nous imputant notre religion comme un crime. Mais vous ne rencontrerez pas en nous des lâches, des hommes faciles à intimider, ou plus attachés à la vie qu'à l'amour de Dieu. Pour nous, nous voici devant toi, prêts à être roués, torturés, brûlés, prêts à endurer tous les genres de supplices. »

THÈME XXVI.

Ils sont condamnés à mourir de froid.

1. Quand ce gouverneur orgueilleux et barbare entendit ce langage, il ne put supporter la noble liberté de ces héros ; mais bouillonnant de colère, il examina quel moyen il pourrait inventer pour rendre leur mort à la fois longue et cruelle. Considérant que le pays était naturellement glacial et qu'on était dans la saison de l'hiver, il choisit une nuit où la violence du froid était très-intense, et il ordonna que tous fussent exposés nus en plein air, au milieu de la ville, pour y mourir roidis par le froid.

2. Nos saints athlètes furent donc condamnés à passer la nuit exposés aux injures de l'air, lorsque l'étang autour duquel est bâtie la ville dans laquelle ils soutenaient ces combats était changé en une plaine qu'on traversait à dheval, lorsque les fleuves, enchaînés par la glace, avaient arrêté leur cours ; lorsque l'eau, si fluide par sa nature, avait pris la dureté de la pierre, et lorsque le souffle rigoureux de l'Aquilon entraînait vers la mort tout ce qui respire.

3. Dès qu'ils ont entendu cet ordre (admirez l'indomptable fermeté de ces grands hommes!), chacun d'eux jette avec allégresse jusqu'à sa dernière tunique, et tous marchent à la mort que le froid leur prépare, en s'animant les uns les autres, comme s'ils allaient ramasser de riches dépouilles.

THÈME XXVII.

Les Quarante Martyrs s'encouragent mutuellement.

1. « Ce n'est pas un vêtement que nous ôtons, disaient-ils; mais c'est le vieil homme que nous déposons, l'homme corrompu par les passions de l'erreur. Nous vous rendons grâces, Seigneur, de ce que nous quittons le péché en dépouillant ce vêtement. L'hiver est rigoureux; mais le paradis est délicieux. Il est pénible d'avoir les membres glacés; mais il est doux de se reposer. Patientons un moment, et le sein du patriarche Abraham nous réchauffera bientôt. Achetons par une nuit l'éternité tout entière.

2. « Combien de nos camarades sont tombés dans les batailles pour demeurer fidèles à un prince corruptible! et nous, nous refuserions de sacrifier la vie présente pour demeurer fidèles au roi véritable! Combien d'hommes convaincus de crimes ont subi la peine des malfaiteurs! et nous, nous ne souffririons pas la mort pour la justice! Camarades, ne plions pas, ne tournons pas le dos au démon. Puisque aussi bien il faut mourir, mourons, pour vivre éternellement. Seigneur, jetez les yeux sur notre sacrifice. Puissiez-vous nous accepter comme une hostie vivante et agréable : car nous sommes une brillante oblation, et un holocauste nouveau, qui ne va pas être consumé par le feu, mais immolé par le froid. »

3. Ils passèrent la nuit, en s'adressant ces mutuelles exhortations, et en s'animant les uns les autres, comme s'ils eussent veillé dans la guerre à un poste avancé. Ils

6

supportaient avec courage les maux présents; il se ré-
jouissaient dans l'attente des biens qu'ils espéraient; et
ils méprisaient leur adversaire. Tous ne faisaient qu'une
prière : « Nous sommes entrés quarante dans la lice;
Seigneur, faites que nous soyons couronnés quarante. »

THÈME XXVIII.

Un des Martyrs succombe.

1. Telle était leur prière. Cependant l'un d'entre eux,
succombant aux souffrances, déserta son poste, et prit
la fuite, laissant dans une affliction inexprimable ses
saints compagnons. Mais le Seigneur ne permit pas que
leur prière demeurât sans effet. L'officier, auquel on
avait confié la garde des martyrs, se chauffait près de là
dans un gymnase, et considérait l'issue de l'événement,
prêt à recevoir celui des soldats qui se rendrait à lui.
Car on avait eu soin de préparer, tout près de là, un
bain qui offrait un prompt secours à ceux qui se démen-
tiraient.

2. Mais pendant que les martyrs combattaient et que
le garde était attentif à ce qui allait arriver, il fut témoin
d'un spectacle étonnant. Une troupe d'augustes per-
sonnages descendit du ciel et distribua, comme de la
part du prince, de magnifiques présents aux soldats.
Ils partagèrent leurs dons à tous, excepté à un seul qu'ils
laissèrent sans récompense, le jugeant indigne des honneurs du ciel. Et celui-là, cédant à l'instant même aux
douleurs, passa comme transfuge à l'ennemi.

3. C'est un spectacle affligeant qu'un soldat déserteur,
un brave devenu prisonnier, une brebis de Jésus-Christ
enlevée par une bête féroce; mais ce qui est plus
affligeant encore, c'est que cet infortuné perdit la vie
éternelle, sans jouir de la vie présente; car dès qu'il
toucha le bain, la chaleur fit aussitôt dissoudre ses
chairs.

THÈME XXIX.

Il est remplacé.

1. Ainsi tomba cet athlète, qui par amour de la vie commit un crime inutile. Mais l'officier, le voyant plier et se réfugier vers le bain, se substitua lui-même à la place du déserteur. Il jeta ses vêtements et courut se mêler aux soldats qui étaient nus, en criant à haute voix comme les saints martyrs : Je suis chrétien !

2. Il étonna par ce changement inopiné tous ceux qui étaient présents ; il compléta de nouveau le nombre des athlètes, et consola, par son accession, la douleur qu'avait causée aux martyrs le lâche qui les avait abandonnés. Il imita ces soldats qui, sur le champ de bataille, voyant tomber un de leurs camarades placé à la première ligne, remplissent aussitôt le vide de la phalange, afin que le rempart des boucliers ne soit pas interrompu par celui qui succombe.

3. Ce garde fit la même chose : il vit le prodige céleste ; il reconnut la vérité ; il se réfugia dans les bras de Dieu, et fut compté au nombre de ses martyrs. Il crut en Notre Seigneur Jésus-Christ, et reçut en son nom le baptême, non des mains d'un autre, mais de sa propre foi ; non dans l'eau, mais dans son propre sang

THÈME XXX.

Gloire des Quarante Martyrs.

1. Quand le jour parut, on les livra tous aux flammes lorsqu'ils respiraient encore ; et on jeta dans le fleuve ce que les flammes avaient épargné. Ils peuvent donc dire au Seigneur : Nous avons passé par le feu et par l'eau, et vous nous avez conduits au lieu du rafraîchissement : *Transivimus per ignem et aquam, et emisisti nos in refrigerium.*

2. Tels sont les héros qui dominent sur notre pays. Semblables à des tours unies entre elles, ils nous mettent en sûreté contre les incursions de nos ennemis. Celui qui est dans l'affliction se réfugie vers les Quarante Martyrs, et celui qui est dans la joie s'adresse à eux; l'un pour demander la délivrance de ses peines, l'autre pour que la prospérité lui soit conservée. Devant leurs saintes reliques, on voit souvent une pieuse femme prier pour ses enfants, demander le retour de son mari lorsqu'il est en voyage, ou implorer sa guérison lorsqu'il est malade. Que les jeunes gens imitent des martyrs de leur âge; que les pères souhaitent d'avoir de semblables enfants, et que les mères aiment à entendre raconter l'action d'une mère admirable.

THÈME XXXI.

Courage de la mère d'un des Quarante Martyrs.

1. La mère d'un de ces bienheureux avait vu les autres immolés par le froid, tandis que son fils respirait encore, à cause de sa force naturelle et de son courage à supporter la douleur. Comme les bourreaux le laissaient, parce qu'ils pensaient qu'il pouvait encore changer de résolution, elle le prit elle-même entre ses bras, et se montrant vraiment la mère d'un martyr, elle le plaça sur le chariot dans lequel on avait entassé les autres pour les conduire au bûcher.

2. Elle ne versa pas une larme qui trahît son âme généreuse; elle ne prononça pas une parole indigne de sa noblesse et de la circonstance. « Va, mon fils, dit-elle, Achève ta glorieuse carrière avec les amis de ton âge, avec les camarades dont tu partageais la tente. Ne quitte pas leur troupe joyeuse, et n'arrive pas le dernier devant le maître du ciel. »

3. Ce jeune soldat n'était-il pas un beau rejeton d'une

racine heureuse? Elle fit bien voir, cette femme magnanime, qu'elle avait nourri son fils avec les leçons de la
piété encore plus qu'avec le lait de ses mamelles. Telle
fut l'éducation, telles furent les adieux qu'il reçut de sa
pieuse mère. Le démon se retira confondu, car après
avoir soulevé toute la nature contre ces vaillants hommes,
il vit toute la nature vaincue par leur courage.

4. O chœur de saints! ô bataillon sacré! ô phalange
qu'on ne peut rompre! ô communs gardiens du genre
humain! vous secondez nos prières et vous êtes nos
ambassadeurs puissants. Astres de la terre et fleurs de
nos églises, vous n'avez pas été ensevelis dans la terre,
mais reçus dans les cieux.

FIN DE LA TROISIÈME PARTIE.

Paris.—Imprimé chez Bonaventure et Ducessois, 55, quai des Augustins.

LEXIQUE.

ABRÉVIATIONS. Q. = quelqu'un. Qc. = quelque chose. F. = Futur. Acc. = accusatif. Dat. = datif. Dans les verbes composés d'une ou deux prépositions, le trait (-) marque la place de l'augment. Au commencement d'une phrase, le même trait (—) tient la place du mot qui fait le sujet de l'article. Pour marquer le genre des noms grecs, nous les avons toujours fait précéder de l'article. Ainsi, nous traduisons *Abeille* par ἡ μέλισσα, quoique ἡ μέλισσα signifie *l'Abeille*.

A.

Abaisser, *faire descendre*, καθίημι, f. ήσω; κλίνω. *Humilier*, ταπεινόω, κατα-στέλλω. *S'abaisser, en parlant des flots*, ἐλαττόομαι.

Abandonner, *délaisser*, κατα-λείπω (f. ψω, aor. 2 ἔλιπον), προίημι, προ-ίεμαι. *Laisser échapper*, ἀφ-ίημι. *Se détourner de q.*, ἀποστρέφομαι τινα. *Trahir*, προ-δίδωμι.

Abattement, *découragement*, ἡ κατήφεια, ἡ ἀθυμία. *Être dans l'abattement*, ἀθυμέω.

Abattre, κατα-βάλλω, pf. βέβληκα, f. βαλῶ, aor. 2 ἔβαλον.

Abeille, ἡ μέλισσα, ης.

Abîme, ἡ ἄβυσσος, ου.

Abolir, ἀφανίζω, f. ίσω.

Abondance, ἡ ἀφθονία, ἡ εὐπορία. *En abondance*, ἀφθόνως.

Abondant, ἄφθονος, ους; δαψιλής, ές. *En parl. d'une source*, εὔρους, ους contr. ους, ουν.

Abord, ἡ πρόσοδος, ου. *d'Abord*, πρῶτον, τὸ πρῶτον, πρὸς τὸ πρῶτον.

Aussitôt, εὐθύς, παραχρῆμα, αὐτίκα.

Aboyer, ὑλακτέω.

Abraham, ὁ Ἀβραάμ, indécl. ὁ Ἄβραμος, ου.

Absence, ἡ ἀπουσία. *Absence d'une garde*, ἡ ἀφυλαξία. *Manque*, ἡ ἔλλειψις, εως.

Absoudre, ἀφίημι, τοῦ ἐγκλήματος ἀφίημι.

s'Abstenir, ἀπ-έχομαι τινος, f. ἀφ-έξομαι, aor. 2 ἀπ-εσχόμην.

Abuser, *tromper*, ἀπατάω, ἐξαπατάω, σφάλλω, φενακίζω, παρα-κρούω, παρ-άγω, κατα-γοητεύω.

Accabler, κατα-βαρύνω. — *de maux*, κακόω.

Accepter, δέχομαι, προς-δέχομαι; αἱρέω; λαμβάνω, f. λήψομαι.

Accession, *addition*, ἡ προσθήκη.

Accident, ἡ συμφορά, ᾶς; τὸ συμβάν, άντος.

Accompagner, ἀκολουθέω, συμπορεύομαι, ἔπομαι, παρ-έπομαι τινι.

Accomplir, ἀπο-τελέω, f. έσω;

4

ἐπι-τελέω, κατ-εργάζομαι; πράσσω, f. ξω. Accompli, εἰργασμένος. Parfait, τέλειος, α, ον; ὁλόκληρος, ον.

Accord de sentiments, ἡ ὁμόνοια. D'un commun accord, ἐκ μιᾶς γνώμης, κοινῇ.

Accorder, ajuster, ἁρμόζω, f. σω. Octroyer, συγ-χωρέω. — la liberté à q., ἐάω ἐλεύθερον εἶναί τινα.

Accueillir, ὑπο-δέχομαι. —bien, ἀσμένως, φιλοφρόνως.

Accusation, ἡ κατηγορία, ας.

Accuser, κατηγορέω τινός τι. Être accusé de, κρίνομαί τινος ou ἐπί τινι.

Achaïe, ἡ Ἀχαΐα, ας.

Ache, τὸ σέλινον, ου.

s'Acheminer, πορεύομαι, προβαίνω, f. βήσομαι.

Acheter, ὠνέομαι, ἀγοράζω. Recevoir en échange, ἀντ-αλλάσσομαι, f. ξομαι.

Achever, τελέω (f. έσω), ἀποτελέω, συν-τελέω, ἀνύτω, ἐξ-ανύτω, f. σω.

Achille, ὁ Ἀχιλλεύς έως.

Aconit, τὸ ἀκόνιτον, ου.

Acquérir, κτάομαι, f. κτήσομαι.

Action, ἡ πρᾶξις, εως; τὸ ἔργον, ου. Belle action, τὸ κατόρθωμα, ατος.

Activité, ἡ σπουδή, ἡ ἐνέργεια.

Activement, σπουδῇ, ἐνεργῶς.

Adam, ὁ Ἄδαμος, ου.

Adapter, συν-αρμόζω, f. σω.

Adieu, χαῖρε. Les adieux, ἡ ὑστάτη ἔντευξις, οἱ προπεμπτήριοι λόγοι. — Dire adieu, λέγω χαίρειν. Dire un long adieu, πολλὰ ou μακρὰν λέγω χαίρειν τινί.

Admète, ὁ Ἄδμητος, ου.

Administration, ἡ διοίκησις, εως; ἡ ἐπιμέλεια, ας. Dans l'administration des affaires publiques, δημοσίᾳ.

Admirable, θαυμάσιος, ον; θαυμαστός, ή, όν.

Admiration, τὸ θαῦμα, ατος. Être ravi d'admiration, ὑπερθαυμάζω, f. θαυμάσομαι.

Admirer, θαυμάζω, f. άσομαι.

Admonester, νουθετέω.

Adolescent, ὁ μεῖραξ, ακος.

s'Adonner à qc., ἅπτομαί τινος.

Adorer, προς-κυνέω τινὰ ou τινί.

Adresser un discours, λέγω.

s'Adresser, recourir à q., ἀποτρέχω εἰς τινα (f. θρέξομαι), προς-έρχομαί τινι (f. ἐλεύσομαι).

Adversaire, ὁ ἀνταγωνιστής, οῦ ἀντί-παλος, ον.

Adversité, ἡ ἀτυχία, ας; ἡ δυστυχία, ας.

Affaire, τὸ πρᾶγμα, ατος.

Affamé (être), πεινάω, f. ήσω et άσω.

Affermir, βεβαιόω, στηρίζω (f. ξω), στερεόω. Affermi, ἀσφαλής, ές.

Affirmer, φημί, f. φήσω.

Affliction, ἡ θλίψις, εως. Celui qui est dans l'affliction, ὁ θλιβόμενος.

Affligeant, ἐλεεινός, ή, όν; ἀλγεινός, ή, όν.

Affliger q., λυπέω τινὰ, κακῶς πράσσω τινά.

s'Affliger, λυπέομαι.

Affranchir, délivrer, ἐλευθερόω, ἀπ-αλλάσσομαι, f. passif, ἀπ-αλλαχθήσομαι.

Affreux, δεινός, ή, όν; φρικώδης, ες.

Affronter, braver, παρα-βάλλομαί τινι.

Afin que, ἵνα avec le subj. ou l'opt.; ὥστε avec l'inf.

Age, ἡ ἡλικία. Qui est de même âge, ὁμῆλιξ, ικος; ὁ ἡλικιώτης, ου. Plus âgé, πρεσβύτερος, α, ον.

Agésilas, ὁ Ἀγησίλαος, ου.

Agir, πράσσω, f. ξω; ἐργάζομαι.

Agis, ὁ Ἆγις, ιδος.

Agitation, ἡ κίνησις, εως. Agitation des flots, ὁ σάλος, ου; ὁ κλύδων, ωνος.

Agiter, κινέω.

Agneau, ὁ ἀμνός, οῦ; jeune bélier, ὁ ἀμνειός, οῦ.

Agrandir, αὔξω, f. αὐξήσω,

Agréable, ἡδύς, εῖα, ὑ; τερπνός, ή, όν; εὐάρεστος, ον. Beau, ὡραῖος, α, ον. Être agréable à, ἡδέως ἔχω πρός τινα, ἀρέσκω τινί.

Aigrette, ὁ λόφος, ου.

Aiguillon, τὸ κέντρον, ου. Pointe, ἡ ἀκίς, ίδος.

Aiguiser, θήγω, f. θήξω.

Aile, τὸ πτερόν, οῦ.

Ailer, πτερόω, f. ώσω.

Ailleurs, ἄλλοθι. D'ailleurs, ἔτι δέ, πλὴν ἀλλά.

Aimer, φιλέω, ἀγαπάω. Aimer mieux que, μᾶλλον αἱρέομαι ἤ. Aimer à louer, ἐθέλω ἐπαινεῖν. Bienaimé, ἀγαπητός, ή, όν.

Ainsi, οὕτω (devant une voyelle, οὕτως), τὸν αὐτὸν τρόπον.

Air, ὁ ἀήρ, ἀέρος. Les hautes régions de l'air, ὁ αἰθήρ, έρος. Exposé en plein air, αἴθριος, ον; ὑπαίθριος, ον, Avoir l'air, sembler, δοκέω. Avoir l'air de quelqu'un, lui ressembler, ἔοικά τινι.

Airain, ὁ χαλκός, οῦ.

Aise, commodité, ἡ ῥαστώνη. Être à l'aise, avoir du soulagement, κουφίζομαι, ἀνα-ψύχω.

Aisé, ῥάδιος, α, ον. Aisé à prendre, εὐάλωτος, ον.

Aisément, ῥαδίως.

Ajouter, ἐπι-τίθημι, f. θήσω; ἐπι-βάλλω.

Ajuster, ἁρμόζω, f. σω.

Alarme, ὁ θόρυβος, ου. Sans alarme, ἀδεῶς.

Alcyon, ἡ Ἀλκυών, όνος.

Alexandre, ὁ Ἀλέξανδρος, ου.

Algue, τὸ φυκίον, ου.

Aliment, ἡ τροφή, ῆς.

Alimenter, τρέφω. Augmenter, αὔξω et αὐξάνω, f. αὐξήσω.

Allégorie, τὸ αἴνιγμα, ατος; ἡ ἀλληγορία, ας.

Allégresse, ἡ χαρά, ᾶς.

Aller, ἔρχομαι, f. ἐλεύσομαι; ἥκω, ὑπ-άγω. Être sur le point de, μέλλω.

Allié, σύμμαχος, ον. Parent, ὁ κηδεστής, οῦ.

Allons! Εὖγε.

Alors, τότε.

Allumer, ἅπτω, ἐξ-άπτω, f. ἅψω.

Alpes, αἱ Ἄλπεις, εων.

Alphabet (lettres de l'), τὰ γράμματα.

Altéré, qui a soif, διψαλέος, έα, έον; διψῶν, ῶσα, ῶν.

Amasser, ἀθροίζω, f. σω; σωρεύω.

Amazone, ἡ Ἀμαζών, όνος.

Ambassadeur, ὁ πρεσβευτής, οῦ.

Ambroise, ὁ Ἀμβρόσιος, ου.

Ame, ἡ ψυχή, ῆς.

Amener, ἄγω, f. ἄξω.

Amer, πικρός, ά, όν.

Amèrement, πικρῶς.

Amertume, ἡ πικρία, τὸ πικρόν.

Ami, φίλος, η, ον. — Avec q. τινι.

Amitié, ἡ φιλία, ας.

Amollir, μαλακίζω, f. σω. Relâcher, παρα-λύω.

Amorce, τὸ δέλεαρ, ατος.

Amorcer, δελεάζω, f. σω.

Amour, ἡ φιλία, ἡ ἀγάπη; ὁ ἔρως, ωτος.

s'Amuser, παίζω, ἀθύρω. — à entendre jouer de la flûte, καταυλέομαι.

An, τὸ ἔτος, εος.

Anacharsis, ὁ Ἀνάχαρσις, εως.

Ananus, ὁ Ἄνανος, ου.

Anapus, ὁ Ἄναπος, ου.

Anaxagore, ὁ Ἀναξαγόρας, ου.

Ancien, παλαιός, ά, όν.

Ancre, ἡ ἄγκυρα, ας.

6.

Androgée, ὁ Ἀνδρόγεως, εω.

Ange, ὁ ἄγγελος, ου.

Animal, τὸ ζῶον, ου.—sauvage, ὁ θήρ, θηρός; τὸ θηρίον, ου.

Animé, ἔμψυχος, ον; κινούμενος, η, ον.

Animer, exciter, παροξύνω, παρ-ορμάω. Encourager, ἐγκελεύω τινί.

Année, τὸ ἔτος, εος. Pendant une année entière, ἐνι-αυτόν. Chaque année, κατ᾽ ἐνιαυτόν.

Annoncer une nouvelle, ἀγγέλ-λω. Faire connaître, μηνύω. Déclarer, προ-λέγω.

Antiloque, ὁ Ἀντίλοχος, ου.

Autre, τὸ ἄντρον, τὸ σπήλαιον.

Apercevoir, καθ-οράω, f. ὄψομαι. S'apercevoir, αἰσθάνομαι, f. αἰσθή-σομαι, aor. 2 ᾐσθόμην. Ne pas s'apercevoir, λανθάνω, f. λήσομαι, aor. 2 ἔλαθον.

Apostat, ὁ ἀποστάτης, ου.

Apôtre, ὁ ἀπόστολος, ου.

Apparemment, ὡς ἔοικε.

Apparence, τὸ φαινόμενον, ου.

Appartenir à q., εἶναί τινος.

Appât, τὸ δέλεαρ, ατος.

Appeler, καλέω, f. έσω, pf. κέ-κληκα. Nommer, ὀνομάζω, λέγω. S'appeler, se nommer, καλέομαι. Appeler à haute voix, ἐπι-βοάω.

Applaudir q., ἐπι-κροτέω τινί.

Application, soin, ἡ ἐπιμέλεια, ας; ἡ σπουδή, ῆς.

s'Appliquer à qc., σπουδάζω περί τι.

Apporter, φέρω (f. οἴσω, aor. 2 ἤνεγκον), κομίζω, δια-κομίζω, f. σω. Procurer, προξενέω.

Apprendre, enseigner, διδάσκω. S'instruire, μανθάνω, f. μαθήσο-μαι, aor. 2 ἔμαθον; παιδεύομαι. Entendre dire, ἀκούω, πυνθάνομαι, f. πεύσομαι.

Apprivoisé, τιθασσός, ή, όν.

Approcher, mettre auprès, παρ-

ίστημι, προς-φέρω. S'approcher, ἐγγίζω. Être proche, εἰμὶ πέλας.

Appuyer, ἐρείδω, f. σω. S'appuyer sur q., ἐπανα-παύομαι, ἐπ-ερείδομαι, πιστεύω τινί. S'appuyer sur ses richesses, χρήμασι θαρ-ρέω.

s'Approprier, οἰκεῖον ποιέομαι.

Apre, τραχύς, εῖα, ύ; δριμύς, εῖα, ύ.

Après, μετά, acc.; derrière, ὀπίσω, gén.; plus tard, ὕστερον, gén.; ils arrivèrent après, ὕστεροι ἀφίκοντο. D'après, κατά, acc.; ἐκ, gén.; ἀπό, gén. Après que, ἐπειδή avec l'indicatif (§ 245).

Aquatique, ἔνυδρος, ον; φίλυδρος, ον.

Aquilon, ὁ βορέας, ου.

Arbre, τὸ φυτόν, οῦ; τὸ δένδρον, ου. Orné de beaux arbres, εὔδεν-δρος, ον.

Arcadien, Ἀρκάς, άδος.

Archange, ὁ ἀρχάγγελος, ου.

Arche, ἡ κιβωτός, οῦ; ἡ λάρναξ, ακος.

Archelaüs, ὁ Ἀρχέλαος, ου.

Archidamus, ὁ Ἀρχίδαμος, ου.

Archonte, ὁ ἄρχων, οντος.

Ardemment, περιφλεγῶς, ἰσχυ-ρῶς.

Ardeur, forte chaleur, τὸ καῦ-μα, ατος; ὁ καύσων, ωνος. Zèle, ἡ προθυμία, ας; ὁ πόθος, ου.

Argent, ὁ ἄργυρος, ου. Monnaie d'argent, τὸ ἀργύριον, ου.

Argien, Ἀργεῖος, α, ον.

Ariane, ἡ Ἀριάδνη, ης.

Aristide, ὁ Ἀριστείδης, ου.

Aristobule, ὁ Ἀριστόβουλος, ου.

Aristote, ὁ Ἀριστοτέλης, εος.

Arme, τὸ ὅπλον, ου. Qui est sans arme, ἄνοπλος, ον.

Armée, ὁ στρατός, οῦ. Armée rangée, ἡ τάξις, εως.

Arménie, ἡ Ἀρμενία, ας.

Arménien, Ἀρμένιος, α, ον.

Armer, ὁπλίζω, f. σω. Armé, ἔνο-
πλος, ου ; ὡπλισμένος, η, ον.

Arracher, séparer violemment,
ἀπο-σπάω, ἀπορ-ρήγνυμι, f. ρήξω.
Ravir, ἀφ-αιρέομαι.

Arranger, τάσσω, κοσμέω, σχη-
ματίζω.

Arrêter, ἐπ-έχω, ἵστημι. S'arrêter, ἕστηκα, ἔστην, καθ-έζομαι.

Arriver, ἔρχομαι, f. ἐλεύσομαι ;
ἥκω, ἀφ-ικνέομαι, f. ἵξομαι. — en
présence de q., παρα-γίνομαί τινι,
f. γενήσομαι. Survenir, ἐπ-έρχομαι. Avoir lieu, γίγνομαι, συμβαί-
νω, f. βήσομαι, aor. 2 ἔβην. Ce qui
doit arriver, τὸ μέλλον, ἡ ἔκβασις,
τὸ ἐκβησόμενον.

Arrogant, γαῦρος, α, ον.

Arroser, ἄρδω, f. ἄρσω.

Art, ἡ τέχνη, ης.

Articulation, τὸ ἄρθρον, ου ; ὁ
σύνδεσμος, ου.

Artificieux, ποικίλος, η, ον.

Artisan, ὁ τεχνίτης, ου.

Asie, ἡ Ἀσία, ας.

Asile, τὸ ἄσυλον, ου ; ἡ καταφυγή, ῆς. Qui est sans asile, ἄοικος, ου.

Aspirer, désirer, ἐπι-θυμέω, ἐφ-
ίεμαί τινος ; ὁρμάω εἴς τι.

Assaillir, προς-πίπτω, f. πεσοῦμαι, aor. 2 ἔπεσον, pf. πέπτωκα ;
ἐφ-ορμάω. — à coup de pierre, λί-
θοις βάλλω. Assaillir de traits, εἰς-
ακοντίζω, f. ίσω.

Assaisonnement, τὸ ἄρτυμα,
ατος.

Assassinat, ὁ φόνος, ου.

Assassiner, φονεύω, f. σω.

Assaut, ἡ προσβολή, ῆς. Prendre
d'assaut, ἐκ-πολιορκέω, f. ήσω.

Assemblée, ἡ ἐκκλησία, ας ; τὸ
συνέδριον, ου. — solennelle, ἡ πα-
νήγυρις, εως.

Assembler, réunir des personnes ou des choses, συν-άγω, ἀγείρω,
ἀθροίζω. — un tribunal de juges,
καθ-ίζω δικαστάς.

Asseoir, καθ-ίζω. S'asseoir, καθ-
ίζω, καθ-ίζομαι, καθ-έζομαι, f.
ἑδοῦμαι.

Asservir, δουλόω. Être asservi,
δουλεύω.

Assez, ἅλις, gén., ἱκανός, ή, όν.

Assidu, συνεχής, ές.

Assigner, donner en partage,
ἀπο-νέμω, δια-τίθημι. Fixer, ὁρίζω.

Assinare (fleuve), ὁ Ἀσσίναρος,
ου.

s'Assurer de, prendre des ren-
seignements exacts, ἀκριβῶς μανθάνω, f. μαθήσομαι.

Assuré, βέβαιος, α, ον ; ἀσφαλής,
ές. Mal assuré, οὐκ ἀσφαλής.

Assyrien, Ἀσσύριος, α, ον.

Astre, ὁ ἀστήρ, έρος.

Athènes, αἱ Ἀθῆναι, ῶν.

Athénien, Ἀθηναῖος, α, ον.

Athlète, ὁ ἀθλητής, οῦ.

Athos, ὁ Ἄθως, ω.

Attacher ἅπτω, f. ἄψω. S'attacher à qc., περί τι σπουδάζομαι,
ἀντ-έχομαι τινος. Se tenir attaché
à, ἔχομαί τινος ; ἐπι-φύομαί τινος.
Attaché à la vie, φιλόζωος, ου.

Attaque, ἡ προσβολή, ῆς.

Attaquer, ἐφ-ορμάομαί τινι ou
εἴς τινα, ἐπι-τίθεμαί τινι, ἐπηρεάζω
τινά.

Atteindre, ἐφ-ικνέομαί τινος,
aor. ἐφ-ικόμην ; τυγχάνω, aor. ἔτυχον.

Attendre, ἀνα-μένω, προς-δοκάω,
ἐλπίζω, f. ίσω.

Attendu que, ὅτι, ind., ἅτε,
part.

Attente, ἡ ἐλπίς, ίδος.

Attentif, ἀτενής, ές. Être attentif à, προς-έχω τινί, ἐπι-τηρέω τι.

Attention, soin, ἡ πρόνοια, ας.

Attester, certifier, ἐπι-μαρ-
τυρέω τι. Prendre à témoin, μαρ-
τύρομαι. — la divinité, ἐπι-
θειάζω.

Attique, *subst.* ƒ. ἡ Ἀττικὴ, ῆς. *Adj.* ἀττικός, ή, όν.

Attirer, ἐφ-έλκω, ƒ. ἕλξω, *aor.* εἵλκυσα.

Attribuer, *donner en partage,* προς-νέμω. *Imputer,* ἀνα-τίθημι.

Aucun, οὐδείς, οὐδεμία, οὐδέν.

Audace, τὸ θάρσος, εος; ἡ ἀπόνοια, ας.

Auditeur, ὁ ἀκροατής, οῦ.

Augmenter, αὐξάνω ou αὔξω, ƒ. αὐξήσω. S'augmenter, αὔξομαι.

Auguste, σεβαστός, ή, όν.

Aujourd'hui, σήμερον.

Aumône, ἡ ἐλεημοσύνη, ης.

Auparavant, τὸ πρίν, πρόσθεν, πρότερον.

Auprès de, ἐγγύς τινός, πρός τινα, παρά τινι. D'auprès, ἐγγύθεν τινός.

Aurore, ἡ ἠώς, *gén.* ἠόος.

Aussi, καί. Aussi... que, οὕτω... ὡς. Aussi bien, *d'ailleurs,* πάντως.

Aussitôt, εὐθύς, παραχρῆμα, αὐτίκα. Aussitôt que, ὡς.

Autant, τοσοῦτον. Autant que, τοσοῦτον ὅσον (*Synt.* 57).

Auteur, ὁ πεποιηκώς, ὁ ἐργασάμενος.

Automne, ἡ ὀπώρα, ας.

Autorité, ἡ ἐξουσία, ας; ἡ ἀρχή, ῆς.

Autour, περί, ἀμφί, *acc.*

Autre, ἕτερος, α, ον; ἄλλος, η, ον. Rien autre chose que, οὐδὲν ἕτερον ἤ, οὐδὲν ἄλλο ἤ.

Autrefois, πάλαι.

Autrui, οἱ ἄλλοι. Le bien d'autrui, τὰ ἀλλότρια.

d'Avance, τὸ πρίν, πρότερον.

Avancement, *progrès,* ἡ προκοπή, ῆς.

s'Avancer, προ-χωρέω, προβαίνω, προς-ελαύνω. S'approcher, προς-έρχομαι, ƒ. ἐλεύσομαι, *aor.* 2 ἦλθον. S'avancer au milieu, εἰς μέσον παρέρχομαι, ὑπαντάω.

Avant, πρό, *gén.* En avant, πρόσθεν, εἰς τὸ πρόσω.

Avantageux, λυσιτελής, ές; χρήσιμος, η, ον. Il est avantageux, λυσιτελεῖ.

Avec, σύν, *dat.,* μετά, *gén.* Être avec q., σύνειμί τινι.

l'Avenir, τὸ μέλλον, οντος.

Avertissement, *correction,* τὸ ἔλεγχος, εος.

Aveuglé, τυφλός, ή, όν. Rendre aveugle, τυφλόω, ἐκ-τυφλόω.

Avide, ἄπληστος, ον.

Avis, *correction,* ἡ διόρθωσις, εως.

Avocat, ὁ παράκλητος, ου.

Avoir, ἔχω, ƒ. ἕξω, *aor.* ἔσχον.

Avorton, τὸ ἄμβλωμα, ατος; ἐξαμβλωθείς, έντος.

Avouer, ὁμολογέω; λέγω, ƒ. ἐρῶ.

Azuré, κυάνεος, έα, εον.

B.

Babillard, κωτίλος, ον; ἀδολέσχης, ου; λάλος, ον.

Babylone, ἡ Βαβυλών, ῶνος.

Bagage, τὸ σκεῦος εος.

Bain, τὸ λουτρόν, οῦ. Bain public, τὸ βαλανεῖον, ου.

Baigner, λούω.

Baiser, *v.* φιλέω, κατα-φιλέω.

Baiser, *subst.,* τὸ φίλημα, ατος.

Baisser la tête, κύπτω, κατακύπτω, παρα-κύπτω, ƒ. ψω.

Balancer, δονέω.

Bannir, ἐκ-βάλλω, ἐξ-ορίζω, ἐλαύνω.

Baptême, τὸ βάπτισμα, ατος.

Baptiser, βαπτίζω, ƒ. ίσω.

Barbare, βάρβαρος, ον.

Barbier, ὁ κουρεύς, έως.

Bas, *vil,* ταπεινός, ή, ον; φαῦλος, η, ον; εὐτελής ές.

Basile, ὁ Βασίλειος, ου.

Bassin, ὁ λέβης, ητος.

Bataille, ἡ μάχη, ης.—rangée, παράταξις, εως. Vaincre en bataille rangée, παρα-τεταγμένος, μαχόμενος νικᾶν.

Bataillon, τὸ σύνταγμα, ατος.— serré, πυκνὴ φάλαγξ. — dont les boucliers sont serrés l'un contre l'autre, συνασπισμός, οῦ.

Bathuel, ὁ Βαθούηλος, ου.

Bâtir, οἰκοδομέω.

Bâton, ἡ ῥάβδος, ου.

Battre, τύπτω, κόπτω, παίω, δέρω, pf. δέδαρκα, βάλλω, pf. βέβληκα.

Bavard, ἀδολέσχης, ου; λάλος, ον; κωτίλος, η, ον; φλύαρος, ον.

Bavardage, ἡ φλυαρία, ας.

Beau, καλός, ή, όν; ὡραῖος, α, ον.

Beaucoup, πολύ, μάλα; πολύς, πολλή, πολύ. Beaucoup de, πολύ τινος.

Beauté, τὸ κάλλος, εος; ἡ εὐμορφία, ας.

Bêcher, σκάπτω, f. ψω, pf. φα.

Bêler, βληχάομαι.

Bélier, ὁ κριός, οῦ. Jeune bélier, ὁ ἀρνειός, οῦ.

Belliqueux, μάχιμος, ον.

Bénédiction, ἡ εὐλογία, ας.

Bénir q., εὐλογέω τινά.

Béotarque, ὁ Βοιώταρχος, ου. Charge de Béotarque, ἡ Βοιωταρχία, ας.

Berger, ὁ ποιμήν, ένος.

Besace, ἡ πήρα, ας.

Besoin, ἡ χρεία, ας. Avoir besoin de, χρείαν ἔχω τινός, δέομαι ou χρῄζω τινός. Être dans le besoin, ἀπορέω. Il est besoin, δεῖ.

Bête féroce, ὁ θήρ, θηρός; τὸ θηρίον, ου.

Bibliothèque, ἡ βιβλιοθήκη, ης.

Biche, ἡ ἔλαφος, ου.

Bien, possession, τὸ κτῆμα, ατος, τὸ χρῆμα, ατος. Le bien, τὸ ἀγαθόν.

Faire du bien à qn., εὖ πράσσω τινά.

Bien, beaucoup, μάλα.

Bien, bene, εὖ. Bien que, εἰ καί. — Eh bien! γοῦν, après un mot. — Ou bien, ἤ.

Bienfaisance, ἡ εὐεργεσία, ας; τὸ εὐεργετικόν.

Bienfait, τὸ εὐεργέτημα; ἡ εὐεργεσία; ἡ χάρις, ιτος.

Bienheureux, μακάριος, α, ον.

Bientôt, ταχύ, ταχέως, μετ' ὀλίγου.

Bienveillance, ἡ εὔνοια, ας.

Bivouaquer, αὐλίζομαι.

Blâme, ὁ ψόγος, ου; ἡ μέμψις, εως.

Blâmer, ψέγω τινά, μέμφομαί τινι.

Blanc, ἀργός, ή, όν.

Blanchir, donner la couleur blanche, λευκαίνω, λευκόω. Devenir blanc, être blanchissant, λευκαίνομαι.

Blé, ὁ σῖτος, ου; ὁ πυρός, οῦ.

Blesser, nuire, βλάπτω, καταβλάπτω τινά. Faire une blessure, τιτρώσκω, f. τρώσω. Blessé, ὁ τραυματίας, ου.

Blessure, τὸ τραῦμα, ατος.

Blond, ξανθός, ή, όν.

Bœuf, ὁ βοῦς, βοός.

Boire, πίνω, f. πίομαι. Parf. πέπωκα, aor. 2, ἔπιον.

Bois, τὸ ξύλον, ου.

Boiteux, χωλός, ή, όν.

Bon, ἀγαθός, ή, όν; χρηστός, ή, όν.

Bondir, ἄλλομαι, σκιρτάω.

Bonheur, félicité, ἡ μακαριότης, ητος; εὐδαιμονία, ας. Événement heureux, εὐτυχία, ας; τὸ εὐτύχημα, ατος. Il eut le bonheur de, αὐτῷ συν-έβη τό.

Bonté, ἡ χρηστότης, τητος. Bienveillance, ἡ φιλανθρωπία, ἡ εὔνοια.

Bord d'un vase, τὸ χεῖλος, εος.

Bord de la mer, ἡ ἀκτή, ῆς; ὁ αἰγιαλός, οῦ. Bord d'une rivière, ἡ ὄχθη, ης.

Border, ὁρίζω. Garnir d'un rebord, περι-χειλόω.

Borner, ὁρίζω, περι-γράφω.

Bouche, τὸ στόμα, ατος.

Bouclier, ἡ ἀσπίς, ίδος.

Boue, ὁ πηλός, οῦ.

Bouillonner, ζέω, ὑπερ-ζέω, f. ζέσω.

Bouleverser, ἀνα-τρέπω. Confondre, συγ-χυχάω. Capable de bouleverser, ἀνατρεπτικός, ή, όν.

Bourbeux, πηλώδης, ες.

Bourdonner, βομβέω.

Bourgade, τὸ χωρίον, τὸ πολίχνιον.

Bourgeon, ὁ ὀφθαλμός, οῦ.

Bourreau, ὁ δήμιος, ου.

Bouton (d'une fleur), ὁ ὀφθαλμός, οῦ; τὸ βλάστημα, ατος.

Bouvier, ὁ βουκόλος, ου.

Branche, ὁ κλάδος, ου.

Bras, ὁ βραχίων, ονος; ἡ ἀγκάλη, ης.

Brasier, ἡ ἀνθρακιά, ᾶς; fournaise, ἡ κάμινος, ου.

Brave, ἀνδρεῖος, α, ον; ἀγαθός, ή, όν. Un brave, ὁ ἀριστεύς, έως.

Bravoure, ἡ ἀνδρεία, ας.

Brebis, τὸ πρόβατον, ου; ἡ οἶς, οἰός.

Brennus, ὁ Βρέννος, ου.

Brillant, φαιδρός, ά, όν; λαμπρός, ά, όν. Distingué, ἐπίσημος, ου.

Briller, λάμπω.

Briser, ῥήγνυμι, f. ῥήξω. Se briser contre qc., πρὸς – αράσσομαι τινι.

Broche, ὁ ὀβελός, οῦ.

Brôme, ὁ βρόμος, ου.

Brouillard, ἡ ἀχλύς, ύος.

Brouiller, συγ-χέω, χεύσω.

Bruit, ὁ ψόφος, ου. Nouvelle, ἡ φήμη, ὁ λόγος.

Brûler, κατα-πίμπρημι, f. πρή-

σω; ἐμ-πρήθω; καίω, f. καύσω; φλέγω.

Brutal, σκυθρός, ά, όν.

Bûcher, ἡ πυρά, ᾶς.

Buisson, ὁ θάμνος, ου.

But, ὁ σκοπός, οῦ.

Buliner, συλάω, f. ήσω.

C

Cabane, ἡ καλύβη, ης.

Cacher, κρύπτω, f. ψω; καλύπτω. Cacher qc. à q., κρύπτω τινά τι. Être caché, λανθάνω, f. λήσομαι, aor. 2 ἔλαθον.

Cadavre, ὁ νεκρός, οῦ.

Cadencer, ῥυθμίζω, f. ίσω.

Cadmus, ὁ Κάδμος, ου.

Caille, ὁ ὄρτυξ, υγος.

Caillou, ὁ κάχληξ, ηκος; ὁ, ἡ χάλιξ, ικος.

Caïn, ὁ Κάϊνος, ου.

Caïnan, ὁ Καϊνας, ου.

Calamité, ἡ συμφορά, ᾶς; τὸ κακόν, οῦ.

Calice, τὸ ποτήριον, ου. — Calice d'une fleur, ἡ κάλυξ, υκος.

Calme de la mer, ἡ γαλήνη, ης.

Calme, adj., serein, γαληνός, ή, όν. Tranquille, ἥσυχος, ον. Être calme, ἡσυχάζω.

Camard, σιμός, ή, όν.

Camarade, ὁ ἑταῖρος, ου. — de tente, σύσκηνος, ον. Compagnon d'armes, συστρατιώτης, ου.

Camp, τὸ στρατόπεδον, ου.

Campagnard, ὁ ἀγρότης, ου.

Campagne, ὁ ἀγρός, οῦ; ἡ χώρα, ας.

Camper, στρατοπεδεύω, f. εύσω.

Canard, ἡ νῆσσα, ης.

Candidien, ὁ Κανδιδιανός, οῦ.

Cantique, ἡ ᾠδή, ῆς.

Capable, δυνατός, ή, όν; ἱκανός, ή, όν.

Capitole, τὸ Καπιτώλιον, ου.

Cappadoce, ἡ Καππαδοκία, ας.

Car, γάρ.

Caracoler, παρ-ιππεύω, f. εύσω.

Caractère, disposition naturelle de l'âme, ἡ φύσις, εως. Habitude, mœurs, τὸ ἦθος, εος. Marque, ὁ χαρακτήρ, ῆρος.

Caresse, ἡ θωπεία, ας; ἡ φιλοφροσύνη, ης.

Caresser, καταρρέζω, f. ξω.

Carnage, ὁ φόνος, ου.

Carnassier, σαρκοφάγος, ον; ὠμοβόρος, ον.

Carrière. course, ἡ πορεία, ας; ὁ δρόμος, ου. Lieu de la course, τὸ στάδιον, ου. Lieu d'où l'on extrait la pierre, ἡ λατομία, ας; ἡ λιθοτομία, ας.

Casser, κατ-άγνυμι, f. άξω.

Catéchiser, κατ-ηχέω.

Catilina, ὁ Κατιλίνας, ου; οἱ ἀμφὶ Κατιλίναν.

Cause, ἡ αἰτία, ας. A cause de, διά, acc.; ἐκ, gén.; ὑπό, gén.

Causer qc., παρα-σκευάζω τινά. Converser, λαλέω.

Causeur, λάλος, ον.

Cavalerie, οἱ ἱππεῖς, τὸ ἱππικόν.

Ce, οὗτος, αὕτη, τοῦτο.

Céder, εἴκω, ὑπ-είκω, παρα-χωρέω, ὑπο-χωρέω. Plier, ἐνδίδωμι. Céder qc. à qn., εἴκω τινί τινι. Se décourager, ἀπ-αγορεύω.

Célèbre, ὀνομαστός, ή, όν; εὐκλεής, κλεές; ἀοίδιμος, ον; ἔνδοξος, ον.

Celui qui, ὅς, ἥ, ὅ; ὁ, ἡ, τό, avec un participe.—Celui d'entre eux qui est devenu vieux, ὁ γηράσας αὐτῶν.

Cent, ἑκατόν. — Centième, ἑκατοστός, ή, όν.

Centre, τὸ μέσον, ου.

Cependant, tamen, οὐ μὴν, μέντοι.

Cercle, ὁ κύκλος, ου.

Cerisier, ὁ, ἡ κέρασος, ου.

Certain, certus, ἀναμφίβολος, ον; ἀτρεκής, ές; βέβαιος, α, ον. Quidam, τὶς.

Certes, γε, δή.

Céryce, grand coquillage, ὁ κήρυξ, υκος.

César, ὁ Καῖσαρ, αρος.

Cesse, ἡ διάλειψις, εως. Sans cesse, συνεχῶς, διηνεκῶς, ἀδιαλείπτως.

Cesser, λήγω, παύομαί τινος. Faire cesser, παύω, κατα-παύω.

Chacal, ὁ θώς, θωός.

Chacun, chaque, ἕκαστος, η, ον.

Chacun des deux, ἑκάτερος, α, ον.

Chagrin, ἡ λύπη, ης. Qui cause du chagrin, λυπηρός, ά όν.

Chaîne, ἡ ἅλυσις, εως; ὁ δεσμός, οῦ, pl. τὰ δεσμά; ἡ σειρά, ᾶς.

Chair, ἡ σάρξ, σαρκός.

Chaleur, ἡ θέρμη, ης.

Chalumeau, ἡ σύριγξ, ιγγος.

Chameau, ἡ κάμηλος, ου.

Champ, ὁ ἀγρός, οῦ. Habitant des champs, ὁ ἄγροικος, ου. Petit champ, γήδιον, ου. Champ de bataille, ὁ τῆς μάχης χῶρος. Sur-le-champ, παραχρῆμα.

Changement, ἡ μεταβολή, ῆς.

Changer, donner en échange, ἀλλάσσω, f. ξω; μετ-αλλάσσω; ἀμείβω, f. ψω. Modifier, μετα-βάλλω. Métamorphoser, μετα-μορφόω, μετα-ποιέω. Changer de résolution, μετα-βουλεύομαι.

Chanson, ἡ ᾠδή, ῆς.

Chant, ἡ μελῳδία, ὁ ὕμνος, ἡ ᾠδή, τὸ ᾆσμα.

Chanter, ᾄδω, μελῳδέω. Digne d'être chanté, ἀοίδιμος, ον.

Char, τὸ ἅρμα, ατος.

Charbon, ὁ ἄνθραξ, ακος.

Charge, fardeau, τὸ φορτίον, ου. Dignité, τὸ τέλος, εος; ἡ ἀρχή, ῆς.

Charger q., lui commander qc.

προ-λέγω τινί, avec infin. Mettre un fardeau, βαρύνω τινά.

Chariot, ἡ ἅμαξα, ης.

Charité, ἡ ἀγάπη, ης.

Charmant, ἡδύς, εῖα, ύ.

Charme, ἡ τέρψις, εως.

Charmer, θέλγω, f. θέλξω.

Charrue, τὸ ἄροτρον, ου.

Chasse, ἡ θήρα, ας ; ἡ ἄγρα, ας.

Chasser, repousser, ἐλαύνω, f. ἐλάσω. Bannir, ἀπορ-ρίπτω, ἐξαν-ίστημι, ἐκ-βάλλω. Venari, θηράω, f. άσω.

Chaste, ἁγνός, ή, όν ; σώφρων, ον.

Châtiment, ἡ δίκη, ης ; ἡ κόλασις, εως.

Chaud, θερμός, ή, όν.

Chaudière, ὁ λέβης, ητος.

Chauffer, θέρω, θερμαίνω. Se chauffer, δια-θάλπομαι.

Chaume, ἡ καλάμη, ης.

Chef, ὁ προστάτης, ου ; ὁ ἄρχων, οντος ; ὁ κορυφαῖος, ου.

Chemin, ἡ ὁδός, οῦ. Le long du chemin, ἐπὶ τῆς ὁδοῦ. Chemin court, ὁδὸς σύντομος.

Cheminer, ὁδεύω.

Cher, aimé, φίλος, η, ον ; ἀγαπητός, ή, όν.

Chercher, ζητέω, δίζημαι. Examiner, σκοπέω. Chercher autour de soi en examinant, περι-σκοπέω. Investigare, δι-ερευνάομαι.

Chérir, ἀγαπάω ; στέργω, f. ξω.

Chétif, λυπρός, ά, όν ; φαῦλος, η, ον ; εὐτελής, ές.

Cheval, ὁ ἵππος, ου. Où l'on peut aller à cheval, ἱππήλατος, ον.

Chevelure, ἡ κόμη, ἡ χαίτη.

Cheveu, ἡ θρίξ, τριχός.

Chèvre, ἡ αἴξ, gén. αἰγός.

Chez, sans mouv., παρά, ἐν, dat. Avec mouv., παρά, εἰς, acc.

Chien, ὁ κύων, gén. κυνός. Jeune chien, ὁ σκύλαξ, ακος.

Chilon, ὁ Χίλων, ωνος.

Choc, heurt, ἡ κροῦσις, εως. Atta-

que, προσβολή, ῆς ; ὁρμή, ῆς.

Chœur, ὁ χορός, οῦ.

Choisir, αἱρέομαι, f. αἱρήσω, aor. 2 εἷλον ; προ-αιρέω, ἐκ-λέγω.

Choix, ἡ προαίρεσις, εως.

Choquer, heurter contre, συμβάλλω, f. βαλῶ, pf. βέβληκα.

Chose, τὸ χρῆμα, ατος.

Chouette, ἡ γλαύξ, κός.

Chrétien, χριστιανός, ή, όν.

Christ, ὁ Χριστός, οῦ.

Chrysostome, ὁ Χρυσόστομος, ου.

Chute, τὸ πτῶμα, ατος.

Ciel, ὁ οὐρανός, οῦ. Du haut du ciel, ἄνωθεν.

Cigale, ὁ τέττιξ, ιγος.

Cigogne, ὁ πελαργός, οῦ.

Ciguë, τὸ κώνειον, ου.

Cil du blé, ὁ ἀνθέριξ, ικος.

Cime, ἡ κορυφή, ῆς.

Cinq, πέντε. Cinq cents, πεντακόσιοι.

Cinquante, πεντήκοντα.

Circonstance, ὁ καιρός ; ἡ συμφορά ; ἡ περίστασις, εως.

Cire, ὁ κηρός, οῦ.

Ciseau, ἡ ξοΐς, ίδος.

Citadelle, ἡ ἀκρόπολις, εως.

Citadin, ἀστός, ή, όν.

Citer en jugement, γράφεσθαί τινα. Être cité en jugement, φεύγω. — pour crime capital, φεύγω δίκην θανάτου.

Citoyen, ὁ πολίτης, ου. Simple citoyen, ἰδιώτης ἀνήρ.

Clairement, σαφῶς.

Clameur, ἡ κραυγή, ῆς.

Classe, ἡ τάξις, εως.

Clé, ἡ κλείς, κλειδός.

Cléanthe, ὁ Κλεάνθης, ου.

Clémence, ἡ ἐπιείκεια, ας. Avec clémence, ἠπίως.

Clergé, ὁ κλῆρος, ου.

Clocher, boiter, σκάζω, χωλεύω.

Clou, ὁ ἧλος, ου.

Cœur, ἡ καρδία, ας.

Colère, ἡ ὀργή, ῆς. Être en colère, ὀργίζομαι.

Collègue (dans le commandement), ὁ συν-άρχων, οντος.

Colline, ὁ βουνός, οῦ; ὁ λόφος, ου. Colline boisée, ἡ νάπη, ης.

Colone, bourg, ὁ Κολωνός, οῦ.

Colorer, χρώννυμι, f. χρώσω.

Combat, ἡ μάχη, ης; ὁ ἀγών, ῶνος. Se présenter au combat, εἰς ἀγῶνα προ-έρχομαι, f. ἐλεύσομαι.

Combattre, ἀγωνίζομαι; μάχομαι, f. μαχέσομαι; πολεμέω. — pour q. ou qc., ὑπέρ τινος, περί τινος.

Combien? πόσος, η, ον; Combien! ὅσον! Combien il a d'amis! ὅσους ἔχει φίλους! Combien il m'aime! ὡς φιλεῖ με!

Commandement, autorité, ἡ ἡγεμονία. Précepte, ἡ ἐντολή, ῆς : τὸ πρόσταγμα, ατος.

Commander, avoir l'autorité, ἄρχω, ἡγεμονεύω, ἡγέομαι, gén. Donner un ordre, ἐν-τέλλω, ἐπι-τάσσω.

Comme, ὥσπερ, καθάπερ, ὡσεί, ἐν ἴσῳ καί. Lorsque, ὡς, ὅτε. Comme, combien! ὡς!

Commencement, ἡ ἀρχή, ῆς.

Commencer, ἄρχομαι.

Comment? πῶς. Comment, entre deux verbes : ὅπως, ῆ, avec subj.

Commerce, négoce, ἡ ἐμπορία, ας. Relations commerciales, ἡ ἐπιμιξία, ας.

Commettre un crime, ἀνομέω.

Commun, κοινός, ή, όν.

Communiquer, κοινόω. Se communiquer, en parlant d'une maladie, μετα-λαμβάνομαι.

Compagne, ἡ ὄαρ, ὄαρος, ἡ σύζυγος, ου.

Compagnon, ἑταῖρος, ου. — de tente, σύσκηνος, ον.

Comparaison, ἡ παραβολή, ῆς. En comparaison de, πρός τι.

Comparaître, εἰς τὴν κυρίαν ἡμέραν ἀπ-αντάω. Faire comparaître devant le juge, τῷ κριτῇ παρ-ίστημι (f. παρα-στήσω), εἰς τὸν κριτὴν παρ-άγω.

Comparer, παρα-βάλλω, συγκρίνω, ὁμοιόω, ἐξ-ισόω.

Compassion, τὸ ἔλεος, gén. ἐλέεος. Avoir de la compassion pour q., ἐλεέω τινά.

Complétement, πάντως.

Compléter, ἀνα-πληρόω.

Composer de différentes parties, συν-τίθημι. Écrire un ouvrage, γράφω.

Composition, combinaison, σύνθεσις, εως; σύνταξις, εως ; πλοκή, ῆς.

Comprendre, συν-ίημι, gén. ; γιγνώσκω (f. γνώσομαι, aor. 2 ἔγνων); ἐπι-γιγνώσκω; οἶδα, acc.

Compte, ὁ λόγος, ου. Demander compte, λόγον, εὐθύνας ἀπ-αιτέω.

Compter, nombrer, ἀριθμέω. Porter en ligne de compte, λογίζω, f. ίσω.

Concerner, προσ-ήκω, dat.

Concitoyen, δημότης, ου; πολίτης, ου.

Concours, ὁ ἀγών, ῶνος.

Concupiscence , ἡ ἐπιθυμία, ας.

Condamner, κατα-γιγνώσκω, f. γνώσομαι, aor. 2 ἔγνων; κατα-ψηφίζω, κατα-δικάζω. Condamner à l'exil, φυγῇ ζημιόω.

Condisciple, ὁ συμμαθητής, οῦ.

Condition, rang, ἡ τάξις, εως. A ces conditions, ἐπὶ τούτοις. Dans une condition privée, ἰδίᾳ. De basse condition, εὐτελής, ές.

Conducteur d'un char, ὁ ἡνίοχος, ου.

Conduire, ἄγω (aor. 2 ἤγαγον); ὁδηγέω. Le chemin conduit à la ville, ἡ ὁδὸς εἰς τὴν πόλιν φέρει.

Conduite, façon d'agir, ἡ ἀγωγή,

6

ὁ βίος. Il dit par sa conduite que, δι'ὦν πράσσει, λέγει ὅτι.

Confesser, *avouer*, ὁμολογέω, ἐξομολογέω.

Confession, ἡ ὁμολόγησις, εως.

Confiance, ἡ παρρησία, ας; ἡ πίστις, εως.

Confier, πιστεύω, ἐγχειρίζω. *Se confier dans qc.*, πιστεύω τινί, θαρρέω τινί.

Confondre, *troubler*, συγχέω. *f.* χεύσω. *Couvrir de honte*, καταισχύνω, ἐντρέπω.

Conforme, *semblable*, ὅμοιος, α, ον; ἀδελφός, όν; — à qc., τινί.

Conformément, κατά, *acc.*

Confusément, συγκεχυμένως.

Conjecturer, τεκμαίρομαι.

Connaissance, ἡ γνῶσις, εως.

Connaître, γιγνώσκω (*f.* γνώσομαι, *aor.* ἔγνων), οἶδα, ἐπίσταμαι, κατανοέω, καταμανθάνω. *Agnosco*, ἐπιγιγνώσκω.

Conquérir, καταστρέφω, *f.* στρέψω.

Consacrer, καθοσιόω, καθιερόω.

Conscience, τό συνειδός, ότος.

Conseil, *avis*, τό συμβούλευμα, ατος; ἡ συμβουλή, ῆς. *Assemblée*, ἡ βουλή, ῆς; τό συνέδριον, ου.

Conseiller, συμβουλεύω.

Consentir à q. c., συντίθεμαί τινι; συγχωρεῖν τινος, τινι, τι.

Conséquence (en), οὖν, *après un mot.*

Conservation, ἡ διατήρησις, εως.

Conserver, σώζω; διασώζω, *f.* σώσω; διατηρέω; διαφυλάσσω, *f.* ξω; κατέχω, *f.* καθέξω.

Considérer, βλέπω, περιβλέπω, περισκέπτομαι, ἀποσκοπέω; θεάομαι, *f.* θεάσομαι.

Consistance, ἡ βεβαιότης, ητος. *Qui est sans consistance*, ἀστατής, ές; οὐχ ἱστάμενος.

Consolateur, ὁ παράκλητος, ου.

Consolation, ἡ παραμυθία, ας; ἡ παρηγορία, ας.

Consoler de, παραμυθέομαί τι. —*quelqu'un*, παρηγορέω τινά.

Constance, *n. pr.* ὁ Κωνστάντιος.

Construire, οἰκοδομέω.

Consumer, ἀναλίσκω, καταναλίσκω, *f.* ἀλώσω.

Contagion, ὁ λοιμός, οῦ.

Contemplation, ἡ θεωρία, ας.

Contempler, συνοράω, *f.* ὄψομαι; *aor.* 2 εἶδον; θεάομαι, θεωρέω.

Contenir, *renfermer*, χωρέω. *Retenir*, ἔχω, *f.* ἕξω; κατέχω, (*f.* καθέξω, *aor.* 2 κατέσχον; *part.* κατασχών); φέρω (*f.* οἴσω, *aor.* 2 ἤνεγκον).

Content (être) de q. c., ἀρκέομαί τινι, ἀγαπάω τινί, στέργω τινί.

Contenter, ἀρέσκω, *f.* ἀρέσω τινὰ et τινί. *Se contenter de*, στέργω τινί.

Continent, *s. m.*, ἡ ἤπειρος, ου.

Contingent, *apport à la masse*, συμβολή. —*de troupes*, ὀφειλόμενον στράτευμα, ατος.

Continuel, συνεχής, ές; διηνεχής, ές.

Continuellement, συνεχῶς.

Contracter une maladie, μετέχω νόσου.

Contrainte, ἡ ἀνάγκη, ης.

Contraire, ἐναντίος, α, ον. *Au contraire*, τοὐναντίον. *Tout au contraire*, τοὐναντίον ἅπαν.

Contrairement à, παρά, *acc.*

Contre, κατά τινος, εἰς, πρός, ἐπί τινα, παρά τι.

Contrée, ἡ χώρα, ας. *Venus de différentes contrées*, ἀλλαχόθεν ὡρμημένοι.

Contribuer à, αἴτιός εἰμι τινος.

Contrister, λυπέω, *f.* ήσω.

Convaincre, *persuader*, πείθω. *Prouver la culpabilité*, ἐλέγχω.

Convaincu de crime, ἁλῶναι ἐπ᾽ ἀδικήματος.

Convenable, οἰκεῖος, α, ον; ἁρμόδιος, α, ον; εὐπρεπής, ές.

Convenir, être convenable, πρέπω. Être en harmonie avec, ἁρμόζω. Il convient, πρέπει (decet), προσήκει (pertinet), à qn., τινί.

Converser avec q.; ὁμιλέω τινί; προς-ομιλέω τινί.

Coq, ὁ ἀλεκτρυών, όνος.

Coquet, φιλόκαλος, ου.

Coquillage, τὸ ὄστρεον, ου.

Corbeau, ὁ κόραξ, ακος.

Corde, ὁ σχοῖνος, ου; — à boyaux, τὸ νεῦρον, ου.

Corinthe, ἡ Κόρινθος, ου.

Corinthien, Κορίνθιος, ία, ον.

Corne, τὸ κέρας, ατος.

Corneille, ἡ κορώνη, ης.

Coronée, ἡ Κορώνεια, ίας.

Corps, τὸ σῶμα, ατος.

Corriger, δι-ορθόω, σωφρονίζω.

Corrompre, φθείρω. Se corrompre, se putréfier, σήπομαι, pf. σέσηπα.

Corrupteur, ὁ διαφθορεύς, έως.

Corruptible, φθαρτός, ή, όν.

Corruption, ἡ φθορά, ᾶς. Souillure, ἡ λύμη, ης.

Côte, ἡ πλευρά, ᾶς. Côte de la mer, ἡ ἀκτή, ῆς.

Côté, flanc, πλευρόν, οῦ. Des deux côtés, ἑκατέρωθεν. De tous côtés, πανταχόθεν. De plusieurs côtés, πολυτρόπως.

Cou, ὁ αὐχήν, ένος; ὁ τράχηλος, ου.

Couche, lit, ἡ κοίτη, ης.

Coudée, ὁ πῆχυς, εως. Long de dix-sept coudées, ἑπτακαιδεκάπηχυς, υ.

Couler, ῥέω, f. ῥεύσω; νάω.

Couleur, ἡ χροιά, ᾶς.

Coup, ἡ πληγή, ῆς. Trait, τὸ βέλος, εος. Tout à coup, ἀθρόον, παραχρῆμα, εὐθέως.

Coupable, αἴτιος, ου; ἀδικέων, ἁμαρτάνων. Reus, ὑπεύθυνος, ον.

Coupe, τὸ ἔκπωμα, ατος; ἡ κύλιξ, ικος.

Courage, ὁ θυμός, οῦ; ἡ ἀνδρεία, ας. Constance, ἡ καρτερία, ας.

Courageusement, εὐθύμως, ἀνδρείως, γενναίως.

Courageux, ἀνδρεῖος, α, ον; θυμοειδής, ές; γενναῖος, α, ον.

Courber, κάμπτω, f. κάμψω.

Courir, τρέχω, f. θρέξομαι ou δραμοῦμαι, aor. 2 ἔδραμον; θέω. Courir un danger, κινδυνεύω κίνδυνον.

Couronne, ὁ στέφανος, ου.

Couronner, στεφανόω.

Course, ὁ δρόμος, ου.

Court, βραχύς, εῖα, ύ; μικρός, ά, όν. Chemin court, abrégé, ὁδὸς σύντομος.

Cousin, culex, κώνωψ, ωπος.

Coutume, τὸ ἔθος, εος. Avoir coutume, εἴωθα, ας, ε; πέφυκα. Selon la coutume, συνήθως.

Couver, ἐπ-ωάζω.

Couvrir, καλύπτω, f. ψω; σκεπάζω, f. σω.

Craindre, δείδω, φοβέομαι.

Crainte, ὁ φόβος, ου.

Cranium, place, τὸ Κράνιον, ου.

Créance, foi, πίστις, εως. Qui mérite créance, πιστός, ή, όν; ἀξιόπιστος, ου.

Créateur, ὁ κτίστης, ου; ὁ δημιουργός, οῦ.

Créature, ἡ κτίσις, εως; τὸ κτίσμα, ατος; τὸ πλάσμα, ατος.

Créer, κτίζω, f. σω; ποιέω.

Créneau, ἡ ἔπαλξις, εως.

Cresson, τὸ κάρδαμον, ου.

Creuser, ὀρύσσω, f. ξω. Percer, δι-ορύττω. Caver, κοιλαίνω, f. ανῶ.

Creux (le), τὸ κοῖλον, ου.

Crever, actif, διαρ-ρήγνυμι, f. ρήξω. Crever les yeux, τοὺς ὀφθαλμοὺς ἐκ-κόπτω, λυμαίνομαι.

Cri, ἡ κραυγή, ἡ βοή. Pousser un cri, κλαίω, f. κλαύσω. Pousser des cris lamentables, οἰμώζω, f. ξομαι.

Crier, βοάω, ἐμβοάω ; κράζω, f. ξω. *Proclamer*, κηρύσσω, f. ξω.

Crime, ἡ πονηρία, ας ; τὸ ἀλίτημα, ατος. Imputer comme un crime, ἔγκλημα ἔχω, ἀνα-τίθημι.

Criminel, ἀνόσιος, α, ον ; ἀλιτήριος, α, ον.

Crinière, ἡ χαίτη, ης.

Crochu, ἀγκύλος, η, ον.

Crocodile, ὁ κροκόδειλος, ου.

Croire, πιστεύω. Croire en Jésus-Christ, πιστεύω εἰς τὸν Χριστόν. *S'imaginer*, οἴομαι, f. οἰήσομαι, aor. ᾠήθην, impf. ᾠόμην ; ὑπο-λαμβάνω, f. λήψομαι.

Croître, αὔξω, φύομαι.

Croupir, *en parlant de l'eau*, λιμνάζω.

Cruauté, ἡ ὠμότης, ητος.

Cruche, ἡ ὑδρία, ας.

Crucifier, σταυρόω.

Cruel, ἀνόσιος, α, ον ; ὠμός, ή, όν ; ἀπηνής, ές ; ἄγριος, α, ον ; βίαιος, α, ον ; πικρός, ά, όν.

Cueillir, δρέπομαι, συλ-λέγω.

Cuire, *coquere*, πέσσω, πέπτω.

Cuisinier, ὁ μάγειρος, ου.

Cuisse, ὁ μηρός, οῦ.

Cultiver la terre, τὴν γῆν ἐργάζομαι, γεωργέω, θεραπεύω.

Culte, ἡ θρησκεία, ας. Zélé pour le culte de la divinité, τοῦ θείου ἐπιμελής.

Cyclope, ὁ κύκλωψ, ωπος.

Cygne, ὁ κύκνος, ου.

Cyrus, ὁ Κῦρος, ου.

D

Danger, ὁ κίνδυνος, ου. Courir un danger, κινδυνεύω κίνδυνον. Ex-

poser qn. au danger, τῷ κινδύνῳ ου εἰς τὸν κίνδυνον προ-βάλλω τινά.

Dans, *avec mouv.* εἰς, acc. ; *sans mouv.*, ἐν, dat.

Darius, ὁ Δαρεῖος, ου.

Dauphin, ὁ δελφίς, ῖνος.

Davantage, μᾶλλον, πλεῖον, μείζόνως.

David, ὁ Δαυΐδ, ὁ Δαυΐδης, ου.

Débauché, πόρνος, ου.

Débiteur, ὁ ὀφειλέτης, ου.

Debout (qui est), ὀρθός, ή, όν.

Décider, *donner une décision*, γιγνώσκω, δια-γιγνώσκω, f. γνώσομαι, aor. 2 ἔγνων.

Déchirant, ὀξύς, εῖα, ύ. Cri aigu, οἰμωγή, ῆς.

Déchirer, σπαράσσω, f. ξω. Déchiré par le loup, λελυκωμένος.

Déclarer, λέγω ; ἀπο-φαίνω ; ἀπο-φαίνομαι, f. φανοῦμαι, aor. ἐφηνάμην.

se Déconcerter, *se troubler*, ταράσσομαι, f. ταραχθήσομαι.

Découvrir, *manifester*, δηλόω, φανερόω. *Dévoiler*, ἀπο-καλύπτω.

Décret, τὸ ψήφισμα, ατος.

Dedans, ἔνδον. En lui, ἐν αὐτῷ, εἰς αὐτόν.

Déesse, ἡ θεά, ᾶς.

Défaillir, πίπτω, f. πεσοῦμαι, aor. 2 ἔπεσον, pf. πέπτωκα ; ἐξαδυνατέω.

Défaire, *vaincre*, νικάω.

Défendre, *interdire*, κωλύω, ἀπαγορεύω. Se défendre contre q., ἀμύνομαί τινα.

Défense (du sanglier), ὁ ὀδούς, ὀδόντος.

Défenseur, ὁ προστάτης, ου.

Dégoût, ὁ κόρος, ου.

Dégoûtant, ἀηδής, ές.

Dégoutter, ἀπο-στάζω, f. ξω.

Dégoûté, κακόσιτος, ον.

Dehors, en dehors, ἔξω.

Déjà, ἤδη.

Déjeuner, ἀκρατίζομαι.

Delà (au), πέραν *gén.*, ὑπέρ *acc.*

Délaisser, κατα-λείπω, *f.* λείψω, *pf.* λέλοιπα, *aor.* 2 ἔλιπον.

se Délasser de ses travaux, πόνους δια-λύω, τῶν πόνων ἀνα-παύομαι.

Délateur, ὁ συκοφάντης, ου; ὁ διάβολος, ου.

Délibérer, βουλεύομαι. — sur qc., περί τινος.

Délicat, ἡδύς, εῖα, ύ.

Délices, ἡ τρυφή, ῆς.

Délicieux, γλυκύς, εῖα, ύ.

Délier, λύω.

Délire, ἡ μανία, ας. Être en délire, μαίνομαι.

Délivrance, ἡ λύσις, εως.

Délivrer, ἀπ-αλλάσσω, *f.* ξω; ἐλευθερόω, λύω. Délivrer q. d'un ennemi, πολέμιόν τινί ἀπ-ερύκω. Délivré, ἀπ-αλλαγείς.

Délos, ἡ Δῆλος ου.

Delphes, οἱ Δελφοί, ῶν.

Déluge, ὁ κατα-κλυσμός, οῦ.

Démade, ὁ Δημάδης, εος.

Demain, αὔριον.

Demande, ἡ αἴτησις, εως.

Demander, *faire la demande d'une chose à q.*, αἰτέω τινά τι. *Exiger*, ἀπ-αιτέω, *Prier*, δέομαι τινός τι. *S'informer*, ἐρωτάω; ἔρομαι, *f.* ἐρήσομαι; πυνθάνομαι, *f.* πεύσομαι.

Démétrius, ὁ Δημήτριος, ου.

Démence, ἡ παρακοπή, ῆς.

Démentir q., ἀντι-λέγω τινί. Se démentir, *changer de conduite*, μετα-βάλλομαι.

Demeure, ὁ δόμος, ου; ἡ οἰκία, ας. *Abri*, ἡ κατα-σκήνωσις, εως. *Hôtellerie*, τὸ καταγώγιον, ου.

Demeurer, *habiter*, οἰκέω, *acc.* δια-τρίβω ἐν, *dat. Rester*, μένω.

Démocrate, *n. d'hom.*, ὁ Δημοκράτης, ου.

Démocratie, ἡ δημοκρατία, ας.

Démocratique, δημοκρατικός, ή, όν.

Démon, ὁ δαίμων, ονος; ὁ διάβολος, ου.

Démonax, ὁ Δημώναξ, ακτος.

Démontrer, φανερὸν, εὔδηλον ποιέω.

Démosthènes, ὁ Δημοσθένης, εος.

Dent, ὁ ὀδούς, όντος.

Dépasser, ὑπερ-ακοντίζω, ὑπερ-βάλλω. Se laisser dépasser par q., ὑστερίζω τινός.

Dépens, *frais*, τὰ δαπανήματα. Aux dépens de nos intérêts, παρὰ τὸ συμφέρον ἡμῖν.

Dépenser, δαπανάω, *f.* ήσω.

Déplaire, ἀπ-εχθάνομαι, *f.* ἐχθήσομαι, ἠχθόμην τινί.

Déplaisir, ἡ ἀηδία, ας.

Déplorable, χαλεπός, ή, όν; λυπηρός, ά, όν; οἴκτρος, α, ον; ἐλεεινός, ή, όν.

Déposer, ἀπο-τίθημι, κατα-τίθημι. Déposer dans, ἐν-τίθημι, ἐν-απο-τίθημι.

Déposer la colère, ὀργὴν μεθ-ιέναι.

Dépouille, τὸ σκῦλον, ου.

Dépouiller, *enlever*, ἀφ-αιρέω τινί τι ou τινός τι.

Député, ὁ ἄγγελος, ου.

Déraciner, ἐκ-ριζόω.

Dernier, ἔσχατος, η, ον; τελευταῖος, α, ον. Le dernier, ὁ ὕστατος, τῶν ἄλλων δεύτερος.

Dérober, κλέπτω. Se dérober, *se cacher*, λανθάνω, *f.* λήσομαι, *aor.* 2 ἔλαθον.

Dérouler, ἀν-ελίσσω, *f.* ελίξω.

Derrière, κατόπιν, *gén.* Par derrière, ὄπισθε.

Descendant, ἀπόγονος, ου; ἔκγονος, ου.

Descendre, κατα-βαίνω, *f.* βήσομαι, *aor.* 2 ἔβην. — à un hôtel, κατα-λύω. Faire descendre, κατα-βιβάζω, *f.* σω.

Désert, ἡ ἐρημία, ας.

Déserter son poste, λειποτακτέω.

Déserteur, ὁ φυγάς, άδος.

Désespérer (de), ἀπο-γινώσκω.

se Désespérer, ἀπο-γιγνώσκω,
aor. 2 ἀπ-έγνων.

Déshonneur, ἡ ἀτιμία, ας.

Désir, ἡ ἐπιθυμία, ας.

Désirer, ἐπι-θυμέω τινός, ὀρέγο-
μαι τινος, ποθέω τι.

Désoler, *ravager*, ἐρημόω, ἐκ-
πορθέω. Se désoler, *se décourager*,
ἀπο-δυσπετέω, ἀπο-γιγνώσκω.

Désormais, τὸ λοιπόν.

Dès que, ἐπειδὴ τάχιστα ; ἅμα,
avec dat.

Dessécher, ξηραίνω, f. ανῶ. Se
dessécher, ἀπο-ξηραίνομαι, f. ξη-
ρανθήσομαι.

Dessein, ἡ βουλή, ἡ γνώμη.

Dessiner, γράφω, f. ψω.

Dessous, ὑπό. Mettre au-dessous
de q., soumettre à son autorité,
ὑπο-τάσσω τινί.

au-Dessus de, ὑπέρ τινος.

Destin, ἡ μοῖρα, ας ; ἡ εἱμαρ-
μένη, ης. Il est réglé par le destin,
εἵμαρται.

Destruction, ἡ φθορά, ᾶς.

Détachement, *corps de troupes*,
ὁ λόχος, ου.

Déterminer qn., προάγω τινά.

Détourner, ἐκ-τρέπω.

Détresse, ἡ στενοχωρία, ἀπορία. Être dans la détresse, ἀπορέω,
στενοχωρέομαι.

Détruire, ἀν-αλίσκω, f. ἀν-αλώσω ;
ὄλυμι, f. ὀλέσω ; κατα-λύω ; φθείρω.
Capable de détruire, φθαρτικός, ή,
όν ; ὀλέθριος, α, ον.

Dette, τὸ χρέος, χρέεος ; τὸ ὀφείλημα, ατος.

Deux, δύο. Deux cents, διακό-
σιοι, αι, α.

Deuxième, δεύτερος, α, ον.

Devancer, προ-έρχομαι, f. ελεύσομαι, aor. 2 ἦλθον.

Devant, *coram*, πρός, *acc.* —
Par devant, πρόσθε.

Développer, ἀνα-πτύσσω.

Devenir, γίγνομαι, f. γενήσομαι,
pf. γεγένημαι ou γέγονα, aor. 2
ἐγένετο.

Dévier, ἀπο-πλανάομαι. Faire
dévier, ἀπο-πλανάω, παρα-τρέπω.

Devin, ὁ χρησμολόγος, ου.

Deviner, *conjecturer*, συμ-βάλλω. — Deviner juste, ὀρθῶς τοπά-
ζω.

Devoir, *debeo*, ὀφείλω ; *oportet*,
χρή. Devoir, *marquant le futur*,
μέλλω. — Le devoir, τὸ ἔργον.

Dévorer, κατ-εσθίω ; κατα-βι-
βρώσκω, f. βρώσομαι ; ἐκ-δαπα-
νάω.

Diable, ὁ διάβολος, ου.

Dieu, ὁ Θεός, οῦ.

Différent, διάφορος, ον. Chacun
prend différents noms, ἄλλος ἄλλην
προσηγορίαν λαμβάνει.

Différer de, δια-φέρω τινός.

Difficile, δυσχερής, ές ; χαλεπός,
ή, όν. — à conduire, δυσάγωγος,
ον.

Digne de, ἄξιος τινός.

Diligemment, σπουδαίως.

Diligence, ἡ σπουδή, ῆς.

Diligent, σπουδαῖος, α, ον ; φι-
λεργός, όν.

Dîner, ἀριστάω.

Diogènes, ὁ Διογένης, εος.

Dire, λέγω, f. ἐρῶ, aor. εἶπον.
Dit-il, ἔφη. Dire d'avance, προ-λέγω. Dire que... ne pas, οὐ φημί, *nego*. Pour ainsi dire, ὡς εἰ-
πεῖν, πως.

Diriger, εὐθύνω, μετ-άγω.

Discerner, δια-γιγνώσκω.

Disciple, ὁ μαθητής, οῦ.

Discipline, ἡ παιδεία, ας.

Discours, ὁ λόγος, ου. Tenir de
longs discours, μακρηγορέω.

Disette, ἡ ἀπορία, ας. Se trouver dans la disette, ἀπορέω.

Dispenser, *distribuer*, δια-νέμω. Dispensé avec mesure, μέτριος, α, ον.

Disperser δια-σπείρω.

Disposer, δια-τίθημι, παρα-σκευάζω. — Disposer *une armée*, συν-τάσσω.

Disposition, ἡ διά-θεσις, εως.

Disputer à qui aura, ἀγωνίζομαι. ὅστις ἕξει. Disputer à qui sera la victoire, πρός τινα ὑπὲρ νίκης ἀμιλλάομαι.

Dissiper, *disperser*, σκεδάννυμι, f. σκεδάσω. *Apaiser*, λύω. Faire disparaître, ἀφανίζω.

Dissoudre, λύω, δια-λύω, δια-χέω, f χεύσω, aor. ἔχεα.

Distinction, *honneur*, τιμή, ῆς.

Distribuer, νέμω, δια-νέμω.

Divers, *varié*, ποικίλος, η, ον.

Diversion, τὸ ἀντίσπασμα, ατας.

Divin, θεῖος, α, ον.

Divinité, ὁ Θεός, οῦ; τὸ θεῖον, ου.

Diviser, *partager*, δια-μερίζω, f. σω. *Fendre*, σχίζω, δια-σχίζω, f. σω. *Être divisé*, *être en désaccord*, δια-φέρομαι, στασιάζω, f. σω.

Dix, δέκα. Dix mille, μύριοι, αι, ά. Dix-sept, ἑπτακαίδεκα.

Docile, εὐπειθής, ές.

Dogme, τὸ δόγμα, ατος.

Doigt, ὁ δάκτυλος, ου.

Domestique, *adj.* οἰκείας, α, ον. Qui habite la même maison, σύνοικος, ον. *Serviteur*, ὁ οἰκέτης, ου.

Dominer, κρατέω, κατ-άρχω, δυναστεύω, βασιλεύω τινός.

Dommage, ἡ ζημία, ας.

Dompter, δαμάω, f. δαμάσω.

Don, τὸ δῶρον, ου; ἡ δωρεά, ᾶς.

Donc, οὖν, δή, *après un mot.*

Donner, δίδωμι, f. δώσω. Il faut donner, δοτέον.

Dormir, καθ-εύδω, f. εὑδήσω.

Dos, ὁ νῶτος, ου, *pl.* τὰ νῶτα. Tourner le dos, τὸν νῶτον δίδωμι.

Double, διπλάσιος, α, ον.

Doucement, ἠρέμα, ἠρέμας.

Douceur, *charme*, ἡ χάρις, ιτος; τὸ τερπνόν. — de caractère, de conduite, ἡ προσήνεια, ας.

Douleur, τὸ ἄλγος, εος. — de l'enfantement, ἡ ὠδίς, ῖνος.

Douloureux, ὀδυνηρός, ά, όν.

Doute, ὁ ἐνδοιασμός, οῦ. Sans doute, δή, ἴσως, γε.

Douteux, ἀμφίβολος, ον; ἀφανής, ές.

Doux, *qui plaît au goût*, γλυκύς, εῖα, ύ. *Agréable*, ἡδύς, εῖα, ύ. Doux de caractère, πρᾶος, εῖα, ον; ἤπιος, α, ον; ἐπιεικής, ές. *Apprivoisé*, ἥμερος, ον. *Lævis*, λεῖος, α, ον.

Douze, δώδεκα.

Drachme, ἡ δραχμή, ῆς.

Dracon, ὁ Δράκων, οντος.

Dragon, ὁ δράκων, οντος.

Drame, τὸ δρᾶμα, ατος.

Droit, *adj.* εὐθύς, εῖα, ύ; ὀρθός, ή, όν. Tout droit, *adv.* εὐθύ.

Droit, *subst.* τὸ δίκαιον, τὸ ἴδιον.

Dur, *rigide*, σκληρός, ά, όν. *Difficile à supporter*, χαλεπός, ή, όν.

Durable, μόνιμος, ον.

Durant, *pendant*, παρά, *acc.*

Durer, μένω, παρα-μένω, δι-αρκέω. Qui ne dure pas, ἀπαράμονος, ον.

Dureté, *qualité d'un corps ferme*, ἡ σκληρότης, ἡ ἀντιτυπία.

E

Eau, τὸ ὕδωρ, ὕδατος.

Ébranler, σείω, σαλεύω. Non ébranlé, ἀτίνακτος, ον; ἄσειστος, ον.

Écarter, *repousser*, ἀπ-είργω, f. ξω. S'écarter, ἀπο-χωρέω.

Échanger une chose contre une autre, δι-αμείβομαί τινί τι (f. ἀμείψαμαι).

Échapper, *ou* s'échapper, φεύγω, οἴχομαι, *f.* οἰχήσομαι; ἀπο-πηδάω.

Echauffer, θερμαίνω, *f.* ανῶ.

Échine, ἡ ῥάχις, εως.

Echouer, manquer, ἀπο-τυγχάνω, ἁμαρτάνω, σφάλλομαι, πταίω.

Éclair, ἡ ἀστραπή, ῆς. Lancer des éclairs, ἀστράπτω, *f.* ψω.

Éclat, ἡ λαμπρότης, ητος ; τὸ ἄνθος, εος.

Éclater, *paraître*, φαίνομαι, *f.* φανήσομαι. *Avoir lieu*, γίνομαι, aor. 2, ἐγενόμην.

Éclore, *en parlant des œufs*, ἐκ-κολάπτομαι. *En parlant des fleurs*, ἀν-οίγομαι. Faire éclore, *en parlant des œufs*, ἐκ-κολάπτω, *f.* ψω ; ἐκ-λέπω ; ἐκ-λεπίζω.

École, τὸ διδασκαλεῖον, ου. Aller à l'école, φοιτάω εἰς διδασκάλου (*s. e.* οἶκον).

Écolier, ὁ μαθητής, οῦ ; ὁ σχολαστικός, οῦ,

Économe, ὁ οἰκονόμος, ου.

Économie, ἡ οἰκονομία, ας.

Écorce, ὁ φλοιός, οῦ.

Écorcher, δέρω, *f.* δερῶ, *pf.* δέδαρκα, aor.2 pass. ἐδάρην.

s'Écouler, διαρ-ρέω, ἀποῤ-ρέω, παραδ-ρέω, *f.* ρεύσω, aor.2, ἐρρύην.

Écouter, ἀκούω, *pf.* ἀκήκοα. *Exaucer*, εἰς-ακούω.

Écraser, συν-τρίβω, *f.* ψω.

s'Écrier, ἀνα-βοάω, ἀνα-φθέγγομαι, *f.* φθέγξομαι.

Écrire, γράφω, *f.* γράψω.

Écriture, *chose écrite*, τὸ γράμμα, ατος.

Écrivain, ὁ συγγραφεύς, έως.

Écurie, ὁ ἱππών, ῶνος.

Édifice τὸ οἰκοδόμημα, ατος.

Éducation, ἡ παίδευσις ; ἡ παιδεία ; ἡ ἐκτροφή ; ἡ γένεσις, εως.

Effacer, ἐξ-αλείφω.

Effet, *résultat d'une cause*, τὸ ἀποτέλεσμα, ατος. Qui est sans effet, ἀτελής, ές En effet, ὄντως.

s'Efforcer de, πειράω, σπουδάζω, *f.* άσω.

Effort, ἡ πεῖρα, ας. Faire ses efforts, πειράομαι, σπουδὴν ποιέομαι ὥστε ; δια-πράσσομαι.

Effrayer, φοβέω, ἐκ-πλήσσω, κατα-πλήσσω. S'effrayer, καταπλήσσομαι, *f.* ξόμαι, aor. 2, επλάγην.

Égal, ἴσος, η ον.

Égaler à, ἐξ-ισόω τινί. Être égal, ἐξ-ισάζω.

Église, ἡ Ἐκκλησία, ας.

Égorger, σφάζω, *f.* σφάξω.

Égypte, ἡ Αἴγυπτος, ου.

Égyptien, Αἰγύπτιος, ια, ον.

Elan, ἡ ὁρμή, ῆς.

s'Élancer, ἅλλομαι. ὁρμάομαι.

Élégamment, εὐπρεπῶς.

Élément, τὸ στοιχεῖον, ου. L'élément liquide, τὸ ὑγρόν, οῦ.

Éléphant, ὁ ἐλέφας, αντος.

Élève, ὁ μαθητής, οῦ.

Élever, *extollo*, ὑπερ-αίρω, Élever un trophée, τρόπαιον ἵστημι. S'élever, ἀν-ίσταμαι; ἐγείρομαι, *pf.* ἐγήγερμαι; ἀνα-τέλλω, *f.* τελῶ. S'élever au nombre de, εἰμί. Eduquer, παιδεύω, ἀνα-τρέφω, ἐκτρέφω, αὔξω. Elevé, *haut*, ὑψηλός, ή, όν.

Élie, ὁ Ἠλίας, ου.

Éloge, ὁ ἔπαινος, ου.

Éloigner *une chose d'une autre*, ἀφ-ίστημι, *f.* ἀπο-στήσω. S'éloigner, ἀφ-ορμάω, ἀπο-χωρέω. S'éloigner sur un navire, ἐκ-πλέω, *f.* πλεύσω. Eloigné, δι-εστώς Qui a de l'aversion, ἀλλότριος, ἀλλοτρίως ἔχων.

Eloquence, ἡ τῶν λόγων δεινότης, ητος; ἡ πειθώ, όος.

Emailler, δια-ποικίλλω. Emaillé de fleurs, ἄνθεσι βρύων.

Embarras, ἡ ἀπορία, ας ; ὁ ὄχλος, ου ; τὸ ἐμπόδισμα, ατος; τὰ πράγματα.

Embarrasser, ἐμ-παλάσσω. Mettre dans l'embarras, εἰς ἀπορίαν
καθ-ίστημι.

Embaumer (un mort), ταριχεύω.

Embellir, κοσμέω.

Embrassement, ἡ περιπλοκή, ῆς.

Embûche, ἡ ἐπιβουλία, ας ; ὁ
λόχος, ου ; ἡ ἐνέδρα, ας.

Embuscade, ὁ λόχος, ου.

Emmener, ἄγω, ἀπ-άγω, f. ἄξω,
aor. 2, ἤγαγον.

Emouvoir, κινέω. Sans s'émouvoir, ἀνεκπλήκτως.

s'Emparer de, αἱρέω, aor. 2,
εἷλον ; λαμβάνω, κατ-έχω τι.

Empêcher, ἐμ-ποδίζω, κωλυώ.

Empereur, ὁ βασιλεύς, έως ; ὁ
αὐτοκράτωρ, ορος.

Empesté, νοσοποιός, όν ; λοιμοῦ
πνέων ; λοιμώδης, ες.

Empire, ἡ βασιλεία, ας.

Employer qn., χράομαί τινι.

Emporter, ἐκ-φέρω. Entraîner,
παρα-σύρω. L'emporter sur q.,
προ-έχω τινός, δια-φέρω τινός, ἀρι-
στεύω τινός, νικάω τινά.

s'Empresser , σπεύδω , σπουδάζω, f. άσω.

Emprunt, τὸ δάνειον, ου.

Émulation, ὁ ζῆλος, ου.

En, pronom, αὐτοῦ, ῆς, οῦ.

Enceinte, ὁ περίβολος, ου. Enceinte consacrée, τὸ ἱερόν, οῦ.

Enchaîner, δέω, f. δήσω; πεδάω.

Enclin, ἐπιρ-ρεπής, ές.

Encore, ἔτι. Pas encore, οὔπω.
Mais encore, ἀλλὰ καί.

s'Endormir, κοιμίζομαι, καθ-
εύδω, f. ευδήσω.

Endroit, ὁ τόπος, ου. Partie, τὸ
μέρος, εος.

Energie, ὁ τόνος, ου.

Enfant, τὸ τέκνον, ου ; παῖς,
παιδός. Petit enfant, ὁ νήπιος, ου ;
τὸ τεκνίον, ου.

Enfanter, τίκτομαι, f. τέξω,
aor. 2, ἔτεκον ; ἀπο-τίκτω.

Enfer, ὁ Ἅδης, ου.

Enfermer,κατα-κλείω; f. κλείσω.

Enfiler, ἐν-είρω. Percer, πείρω.

Enfin, τέλος, ποτέ, δήποτε.

Enfoncer, καθ-ίημι. Enfoncé ,
ἐν-δεδυκώς, υῖα, ός.

Enfouir, θάπτω, ὀρύσσω.

s'Enfuir, ἀπο-φεύγω, ἀπο-πηδάω.

Engager, πείθω, κελεύω. S'engager dans la guerre, ἅπτομαι
πολέμου.

Engendrer, γεννάω, τίκτω, τε-
κνόω. S'engendrer de, γίγνομαι
ἀπό, ἐξ. Qui engendre deux petits,
διδυμοτόκος, ον.

Engraisser, πιαίνω, f. ανῶ.

Enivrer, μεθύσκω , f. μεθύσω.
s'Enivrer, μεθύω.

Enlever, ravir, ἀφ-αιρέω, συλάω, ἁρπάζω, f. άσω. Emporter,
ἐκ-φορέω.

Ennemi, inimicus, ἐχθρός, ά,
όν. Ennemi à qui l'on fait la
guerre, hostis, πολέμιος, ία, ον.

Énos, Ἑνώσος, ου.

Enrichir, πλουτίζω.

Enrôler, κατα-γράφω, ἐγκατα-
λέγω. Il fut enrôlé dans l'armée, εἰς
τοὺς στρατιωτικοὺς καταλόγους ἐτά-
χθη τελεῖν.

Enseignement, ἡ παίδευσις, εως.
Les divins enseignements, τὰ θεῖα
λόγια, ων.

Enseigner, διδάσκω, f. διδάξω.

Ensemble, ἅμα, dat.

Ensemencer, σπείρω, f. σπερῶ.

Ensevelir, θάπτω, κατα-κρύπτω.
Ensevelir avec, συν-θάπτω, f. ψω.

Ensuite, ἔπειτα.

Entasser, σωρεύω.

Entendre, ἀκούω, f. ἀκούσομαι.
Faire entendre un cri, φωνὴν ἀφ-
ίημι.

Entier, ὅλος, η, ον. En entier,
διόλου.

Entièrement, πάντως, ὅλως.

7

Entraîner, παρα-σύρω. Entraîné,
ἀγόμενος. Forcé, ἐκ-βιασθείς.

Entrave, ἡ πέδη, ης.

Entraver, κωλύω, f. ύσω.

Entre, ἔν (τινι). D'entre, ἐκ (τινος).

Entrelacer, περι-πλέκω, ἐμ-πλέ-
κω, f. πλέξω.

Entreprendre, ἐπι-χειρέω, πειράομαι. Entreprendre la guerre,
ἅπτομαι τοῦ πολέμου.

Entreprise, ἡ ἐπιχείρησις, εως ;
τὸ τόλμημα, ατος.

Entrer, εἰς-έρχομαι, f. ελεύσομαι.
Faire entrer, εἰς-άγω, εἰς-βάλλω,
pf. βέβληκα.

Envelopper, environner, κυ-
κλόω, περι-στέλλω, f. στελῶ.

Envie, ὁ φθόνος, ου. La gloire me
fait envie, ἡ δόξα τὸν ἐμὸν πόθον κι-
νεῖ, τὴν δόξαν ἐπτόημαι.

Envieux, φθονερός, ά, όν.

Environ, ὡς.

Environner, περι-κυκλόω, περι-
ίσταμαι. Être autour, περί-κειμαι.
Être auprès, παρά-κειμαι.

Envisager, βλέπω, f. ψω.

Envoyer, πέμπω, pf. πέπομφα,
ἀπο-στέλλω.

Épais, δασύς, πυκνός, παχύς.

Épaminondas, ὁ Ἐπαμινώνδας,
ου.

Épargner, φείδομαι (f. φείσομαι)-
qn., τινος.

Épaule, ὁ ὦμος, ου.

Épée, τὸ ξίφος, εος.

Éphémère, ἐφήμερος, ου ; ὀλίγο-
χρόνιος, ον.

Épi, ὁ ἄσταχυς, υος.

Épictète, ὁ Ἐπίκτητος, ου.

Épine, ἡ ἄκανθα, ης.

Épitaphe, τὸ ἐπίγραμμα, ατος.

Époque, ἡ ἐποχή. A l'époque où,
ὅτε.

Épouse, ἡ ἄλοχος, ου.

Épouser, γαμέω, f. ήσω et ήσω,
aor. ἔγημα, acc.

Épouvanter, ἐκ-πλήσσω. Épou-
vanté, περίφοβος, ἐκ-πλαγείς.

Époux, ὁ πόσις, εως ; ὁ ἀνήρ.

Épreuve, ἡ πεῖρα, ας ; ἡ δοκιμα-
σία, ας ; ἡ βάσανος, ου.

Éprouver, δοκιμάζω, f. σω. —
un malheur, πάσχω, ἔχω. — le
même sort, τὰ αὐτὰ πάσχω. — un
tremblement de terre, κινέομαι.

Équestre, ἱππικός, ή, όν.

Équipper, κοσμέω, παρα-σκευάζω, f. άσω.

Équitable, δίκαιος, α, ον.

Erreur, ἡ ἀπάτη, ἡ πλάνη.

Escarpé, ὄρθιος, α, ον ; ἀνάντης,
ες ; κρημνώδης, ες.

Eschine, ὁ Αἰσχίνης, ου.

Esclave, ὁ δοῦλος, ου ; adj. δοῦλος, η, ον. Être esclave de, δουλεύω
τινί. Esclave fugitif, ὁ δραπέτης,
ου.

Espèce, τὸ γένος, εος. De toute
espèce, παντοῖος, α, ον.

Espérance, ἡ ἐλπίς, ίδος.

Espérer, ἐλπίζω, f. σω.

Esprit, ὁ νόος, νόου : ἡ φρήν, ενός ;
ἡ διάνοια, ας. Esprit-Saint, τὸ πνεῦμα τὸ ἅγιον.

Essaim, ὁ ἐσμός, οῦ.

Essayer, πειράω, f. άσω.

Estimer, τιμάομαι ; περὶ πολλοῦ
ποιέομαι ; θαυμάζω, f. σομαι.

Étable pour les brebis, ὁ σηκός,
οῦ.

Établir, καθ-ίστημι, ἱδρύω.
Établir dans une ville l'obéissance
aux lois, ἐν-εργάζεσθαί τινι πόλει
τὸ πείθεσθαι νόμοις. — S'établir,
ἐν-ιζάνω.

Étage, ἡ στέγη. Qui a quatre étages, τετράστεγος, ον.

Étang, ἡ λίμνη, ης.

État, cité, ἡ πόλις, εως ; Situation, ἡ στάσις, ἡ κατάστασις, εως.

Été, τὸ θέρος, εος.

Éteindre, σβέννυμι, f. σβέσω. S'é-
teindre, être épuisé, ἐπι-λείπω.

Etendre, ἐκ-τείνω. Etendre ses membres, δια-τείνομαι. Etendu de tout son long, ἐκ-τεταμένος. S'étendre, être couché, κεῖμαι.

Eternel, αἰώνιος, ον.

Eternellement, αἰωνίως.

Eternité, ὁ αἰών, ῶνος.

Etincelant, περιλαμπής, ές; λάμπων, ουσα, ον.

Etonnant, παράδοξος, ον; θαυμαστός, ή, όν; ξένος, η, ον.

Etonnement, τὸ θάμβος, εος.

Etonner, ἐκ-πλήσσω, f. ξω.

Etouffer, πνίγω, ἀπο-πνίγω, f. πνίξω.

Etranger, ξένος, η, όν.

Etre, εἰμί. L'Etre, subst., τὸ ὄν, ὄντος.

Etroit, στενός, ή, όν.

Rindier, μελιτάω, μαγδάγω.

Etui, ἔλυθρον, ου.

Euclide, ὁ Εὐκλείδης, ου.

Eudicus, ὁ Εὔδικος, ου.

Euphrate, ὁ Εὐφράτης, ου.

s'Evader, φεύγω, δια-φεύγω, f. φεύξω, aor. 2 ἔφυγον.

Evangéliser, εὐ-αγγελίζω, f. εὐ-αγγελίσω.

s'Evanouir, λειποψυχέω. Disparaître, ἀφανίζομαι, οἴχομαι, f. οἰχήσομαι.

Evénement, τὸ συμβάν, άντος.

Evêque, ὁ ἐπίσκοπος, ου.

Evident, ἐναργής, ές; εὔδηλος, ον.

Eviter, φυλάσσομαί τι, εὐλαβέομαί τι.

Exact, ἀκριβής, ές.

Exactitude, ἡ ἀκρίβεια, ας.

Exalter, ἐπ-αίρω, f. αρῶ.

Examiner, ἐξ-ετάζω, f. άσω. Supputer, λογίζομαι, f. ίσομαι.

Exaspérer, ἐξ-αγριόω. Etre exaspéré contre q., ἐν ὀργῇ ἔχω τινά.

Excellent, βέλτιστος, η, ον; ἄριστος, η, ον.

Exceller, κρατιστεύω.

Excessif, ἄμετρος, ον; περισσός, ή, όν; ὑπερ-βάλλων, ουσα, ον.

Excepté, πλήν, gén.

Exciter, ἐγείρω, προ-τρέπω.

Excuse, ἡ ἀπολογία, ας.

Exempter, ἀπ-αλλάσσω, ἐλευθερόω.

Exercer, γυμνάζω, ἀσκέω.

Exercice, ἡ ἄσκησις, εως.

Exhaler une odeur, ὀσμὴν πνέω, ἀπο-πνέω, ἀπ-όζω, f. ὀζήσω. Exhaler une odeur de bouc, πνεῖν τράγου (s. e. ὀσμήν).

Exhortation, λόγος παρακλητικός; παράκλησις; παραίνεσις, εως.

Exhorter, παρα-καλέω, f. καλέσω, προ-τρέπω, κελεύω.

Exiger qe. de q., f. πράττομαί τινά τι, f. πράξομαι.

Exil, ἡ φυγή, ῆς.

Exister, εἰμί.

Expédition, ἡ στρατεία, ας.

Expérience, ἡ ἐμπειρία, ας; Essai, ἡ ἀπόπειρα, ας.

Expirer, ἐκ-πνέω, f. πνεύσω. Finir, τελευτάω. Le flot expire, τὸ κῦμα λύεται.

Exploit, τὸ κατόρθωμα, ατος.

Exposer, προ-τίθημι. Expliquer, δι-ηγέομαι. Exposé aux injures de l'air, αἴθριος, ον; ὑπαίθριος, ον. Exposé à l'envie, ἐπίφθονος, ον.

Exquis, distingué, ἐξαίρετος, ον. Agréable aux sens, γλυκύς, εῖα, ύ. — à l'odorat, εὐ-ώδης, ες.

Extraction, origine, τὸ γένος, εος.

Extrémité, τὸ ἄκρον, ου; ἡ ἐσχατιά, ᾶς. Nécessité, ἡ ἀνάγκη, τὰ ἔσχατα.

F

Fable, ὁ μῦθος, ου; πεπλασμένος λόγος.

Fabriquer, τεύχω, κατα-σκευάζω, ποιέω. Fabriquer de la fausse monnaie , νόμισμα παρα-κόπτω, παρα-χαράσσω, f. ξω.

Fâcher, λυπέω. Être fâché, λυπέομαι, ὀργίζομαι. Se fâcher, δυσχεραίνω. —contre q., ἀγρίως διατίθεμαι πρός τινα.

Fâcheux, ὀχληρός, ά, όν.

Facile, ῥάδιος, α, ον (compar., ῥάων, sup., ῥᾷστος); εὔκολος, ον. Facile à intimider, εὐκατάπληκτος.

Facilement, ῥαδίως.

Façonner, πλάσσω, f. πλάσω. Aisé à façonner, εὔπλαστος, ον.

Faible, ἀσθενής, ές. Il devint plus faible que les autres, τῶν ἄλλων χείρων ἐγένετο. Peu important, médiocre, φαῦλος, εὐτελής, ὀλίγος, μικρός.

Faiblesse, ἡ ἀσθένεια, ας.

Faim, ὁ λιμός, οῦ. Avoir faim, πεινάω, f. ήσω.

Fainéant, ἀργός, όν; ῥᾴθυμος, ον; ὀκνηρός, ά, όν.

Faire, πράσσω, ποιέω. Ordonner, κελεύω. Être à rien faire, ἀργός εἰμι. Faire en sorte que, οὕτω ποιεῖν ὥστε ou ὅπως.

Fait, subst., τὸ ἔργον, ου.

Falloir, χρῆναι. Il faut, χρή, δεῖ. Ce qu'il faut faire, τὸ δέον.

Famille, ὁ οἶκος, ου; οἱ οἰκεῖοι.

Fange, ἡ ἰλύς, ύος.

Fantôme, τὸ φάσμα, ατος.

Faon, ὁ νεβρός, οῦ.

Farder, ἐν-τρίβω, f. ψω.

Fardeau, τὸ βάρος, εός.

Farouche, τραχύς, εῖα, ύ.

Fatigue, ὁ κάματος, ου.

Fatiguer, ennuyer, ἀνιάω.

Faucher, δρέπω; κατα-τέμνω, pf. τέτμηκα.

Faute, ἡ ἁμαρτία, ας; τὸ παράπτωμα, ατος.

Faveur, ἡ χάρις, ιτος; ἡ εὔνοια, ας. Avoir la faveur de q., εὐδοκιμέω παρά τινι. Par faveur, πρὸς χάριν.

Favorable, εὐμενής, ές. Vent favorable, οὖρος.

Faux, ψευδής, ές. Falsifié, κίβδηλος.

Fécond, πολύγονος, ον.

Félicité, εὐδαιμονία, ας.

Femelle, θῆλυς, εια, υ.

Femme, ἡ γυνή, γυναικός ; τὸ γύναιον, ου.

Fendre, τέμνω, σχίζω.

Fenêtre, ἡ θυρίς, ίδος.

Fer, ὁ σίδηρος, ου.

Fermer, κλείω. Œil qui ne se ferme jamais, ὀφθαλμὸς ἀκοίμητος.

Fermeté, ἡ στερρότης, ητος. Fermeté d'âme, ἡ καρτερία, ας.

Fertilité, ἡ εὐφορία, ας.

Férule, ὁ νάρθηξ, ηκος.

Festin, τὸ συμπόσιον, ου.

Fête, ἡ ἑορτή, ῆς.

Fétide, δυσώδης, ες.

Feu, τὸ πῦρ, πυρός.

Feuille, τὸ πέταλον, ου.

Feuilleter, ἀν-ελίσσω, f. ξω.

Fidèle, πιστός, ή, όν.

Fidèlement, πιστῶς, ἀδόλως.

Fier, adj., γαῦρος, α, ον. se Fier à, πιστεύω τινί.

Fièvre, ὁ πυρετός, οῦ.

Figue, τὸ σῦκον, ου.

Figure, visage, τὸ πρόσωπον, ου; ἡ ὄψις, εως. Apparence extérieure des corps, τὸ εἶδος, εος. Figure géométrique, τὸ σχῆμα, ατος; τὸ διάγραμμα, ατος.

Filer, κλώθω, f. σω.

Filet, ἡ σαγήνη, ης.

Fille, ἡ θυγάτηρ, τέρος ou τρός. Jeune fille, ἡ κόρη, ης.

Fils, ὁ υἱός, οῦ; ὁ παῖς, παιδός; τὸ τέκνον, ου.

Fin, τὸ τέλος, εος ; ἡ τελευτή, ῆς.

Fin, mince, λεπτός, ή, όν; ὀξύς, εῖα, ύ.

Fixer, *déterminer*, ὁρίζω, f. σω.
— Fixer les yeux, ἀτενίζω.

Flageller, μαστιγόω, μαστίζω.

Flairer, ὀσφραίνομαι, f. ὀσφρήσομαι, aor. 2 ὠσφρόμην.

Flamme, ἡ φλόξ, φλογός.

Flatter, *caresser*, ψηλαφάω. *Charmer*, τέρπω, f. τέρψω.

Flatterie, ἡ θωπεία, ας.

Flatteur, ὁ κόλαξ, ακος.

Flèche, τὸ βέλος, εος.

Flétrir, μαραίνω, ἀμαυρόω. Se Flétrir, μαραίνομαι.

Fleur, τὸ ἄνθος, εος.

Fleurir, ἀνθέω.

Fleuve, ὁ ποταμός, οῦ; τὸ ῥεῦμα, ατος.

Flot, τὸ κῦμα, ατος; ὁ κλύδων, ωνος.

Flotte, ὁ στόλος, ου.

Fluide, ῥευστικός, ή, όν.

Flûte, ὁ αὐλός, οῦ. Jouer de la flûte, αὐλέω. Joueur de flûte, ὁ αὐλήτης, ου.

Foi, ἡ πίστις, εώς.

Foin, ὁ χόρτος, ου.

Une Fois, ἅπαξ. Deux fois, δίς. Combien de fois? ποσάκις. Tout à la fois, ἅμα.

Folie, ἡ μανία, ας.

Fond, τὸ βάθος, εος. De fond en comble, ἄρδην, πάντως.

Fonder, θεμελιόω. Je me tiens fondé sur le roc, ἐπὶ πέτρας βέβηκα.

Fondre, *dissolvo*, διαχέω. Fondre en larmes, δακρυῤῥέω, δάκρυσι πίμπλαμαι.

Force, ἡ ῥώμη, ης; ἡ ἰσχύς, ύος; ἡ δύναμις, εως; τὸ κράτος, εος; ἡ ἀλκή, ῆς. *Efficacité*, ἡ ἐνέργεια, ας. Force naturelle, ἡ ἐνέργεια, ας. *Violence*, ἡ βία, ας. Avoir de la force, ἰσχύω.

Forcer, ἀναγκάζω, f. άσω.

Forêt, ἡ ὕλη, ης.

Forgeron, ὁ χαλκεύς, έως; ὁ χαλκοτύπος, ου.

Forme, ἡ μορφή, ῆς.

Former, πλάσσω (f. πλάσω), ἐξεργάζομαι (f. άσομαι). Former son âme à la vertu, ἐκπαιδεύομαι ἐπ' ἀρετήν.

Fort, ἰσχυρός, ά, όν; ῥωμαλέος, α, ον.

Fortement, σφόδρα.

Fortifier, ῥώννυμι, f. ῥώσω; βεβαιόω, ἀσφαλίζομαι. *Augmenter*, αὔξω, f. αὐξήσω. Lieu fortifié, κρατερὸν χωρίον, ὀχυρὸν χωρίον.

Fortune, ἡ τύχη. Faire sa fortune, χρηματίζομαι, f. ίσομαι.

Forum, ἡ ἀγορά, ᾶς.

Fosse, ὁ βόθρος, ου.

Fou, μανικός, ή, όν. Être fou, μαίνομαι.

Foudre, ὁ σκηπτός, οῦ.

Fouet, ἡ μάστιξ, ιγος.

Fouetter, μαστιγόω, μαστίζω.

Fougueux, σφοδρός, ά, όν.

Foule, ὁ ὄχλος, ου.

Fouler aux pieds, πατέω, καταπατέω.

Fourbe, δόλιος, α, ον.

Fourberie, ἡ ἀπάτη, ης; τὸ ἐξαπατᾶν.

Fourmi, ὁ μύρμηξ, ηκος.

Fournir, πορίζω, f. ίσω; παρέχω, παρασκευάζω.

Foyer, ἡ ἐσχάρα, ας; ἡ ἑστία, ας.

Franc, *lisse*, λεῖος. Tige franche, καλάμη γονάτων κενή.

Franchise, τὸ ἁπλοῦν, ἡ παῤῥησία.

Frange, τὸ πτερύγιον, ου.

Frapper, πατάσσω, f. ξω; πλήσσω, παίω, τύπτω, βάλλω. D'une manière frappante, ἐναργῶς.

Frein, ὁ χαλινός, οῦ.

Frénésie, ἡ φρενῖτις, ίτιδος. Tomber en —, εἰς φρενῖτιν ἥκω.

Fréquemment, συνεχῶς, πυκνά.

Fréquentation, ὁμιλία, συνουσία.

Fréquenter, ὁμιλέω, f. ήσω.

Frère, ὁ ἀδελφός, οῦ.

Frimas, ἡ πάχνη, ης.

Fripon, ὁ κλέπτης, ου.

Froid, ψυχρός, ά, όν. Le froid, subst., τὸ κρύος, κρύεος; τὸ ῥῖγος, εος.

Frotter, oindre, χρίω.

Fruit, ὁ καρπός, οῦ. Fruit d'un arbre, τὸ μῆλον, ου.

Fugitif, ὁ δραπέτης, ου.

Fuir, φεύγω. S'esquiver, ἀπο-διδράσκω, f. δράσομαι, aor. ἔδραν.

Fuite, ἡ φυγή, ὁ δρασμός. Prendre la fuite, δραπετεύω.

Fumée, ὁ καπνός, οῦ. S'en aller en fumée, καπνίζομαι, f. καπνισθήσομαι.

Funeste, βλαβερός, ά, όν; δεινός, ή, όν; δυστυχής, ές.

Fureur, ἡ μανία, ας; θυμός, οῦ. Être ou entrer en fureur, μαίνομαι, f. μανήσομαι, aor. ἐμάνην; χαλεπαίνω.

Furie, μανία, ας. Avec furie, βιαίως.

Fuseau, ἡ ἠλακάτη, ης.

Futile, μάταιος, α, ον.

Futur, μέλλων, ουσα, ον.

G

Gagner, faire un gain, κερδαίνω. Obtenir, τυγχάνω, f. τεύξομαι; λαμβάνω, f. λήψομαι, aor. ἔλαβον. Persuader, πείθω. Atteindre un endroit, ἐφ-ικνέομαι, f. ἵξομαι. Se gagner, en parlant d'une maladie, δια-δίδομαι.

Gain, τὸ κέρδος, εος.

Gaîne, ἡ θήκη, ης.

Gallus, ὁ Γάλλος, ου.

Garde, subst. m., ὁ φύλαξ, ακος.

Garde, subst. f., ἡ φυλακή, ῆς.

Garder, φυλάσσω, f. ξω; τηρέω.

Se garder de, φυλάσσομαι τι. Garder la tempérance, ἐγ-κρατεύομαι.

Gardien, ὁ φύλαξ, ακος.

Gauche, εὐώνυμος, ον. La main gauche, ἡ ἀριστερά, ᾶς.

Gaulois, ὁ Γαλάτης, ου.

Gazon, ἡ πόα, ας.

Geai, ὁ κολοιός, οῦ.

Gémir, στενάζω, f. στενάξω.

Gémissement, ὁ θρῆνος, ου; ὁ στόνος, ου. Pousser des gémissements, στένω, θρηνέω.

Généalogie, ἡ γενεαλογία, ας.

Gêner, ἐμ-ποδίζω, f. ίσω.

Général (en), τὸ πολύ, παρὰ πολύ.

Général, subst., ὁ στρατηγός, οῦ; ὁ ἡγεμών, όνος.

Généreusement, γενναίως.

Généreux, γενναῖος, α, ον.

Génisse, ἡ βοῦς, βοός; ἡ δάμαλις, εως.

Genre, τὸ γένος, εος. Manière ὁ τρόπος, ου. Genre de vie, ὁ βίος, ου.

Gens, ἄνθρωποι. Jeunes gens, οἱ νεανίαι. Gens de trait, οἱ ἀκοντισταί.

Geôlier, ὁ δεσμοφύλαξ, ακος.

Germer, βλαστάνω, f. βλαστήσω, aor. 2 ἔβλαστον.

Gisant, κείμενος, η, ον.

Glace, ὁ κρύσταλλος, ου.

Glacé, κρυερός, ά, όν.

Glacer, πήγνυμι, κρυσταλλόω.

Glacial, κρυμώδης, ες.

Glapir, σκύζομαι.

Glèbe, ἡ βῶλος, ου.

Glisser, ὀλισθαίνω, f. ὀλισθήσω, aor. 2 ὤλισθον; καταρ-ρέω. Se glisser, προς-έρπω.

Gloire, ἡ δόξα, ης. Passionné pour la gloire, φιλότιμος, ον.

Glorieusement, ἐνδόξως, καλῶς.

Glorieux, λαμπρός, ά, όν; εὐδόκιμος, ον; ἔνδοξος, ον.

Gluau, ὁ κάλαμος, ου.

Gobryas, ὁ Γωβρύας, ου.

Gonfler, φυσάω, ὀγκόω.

Gosier, ὁ λαιμὸς, οῦ.

Goûter, γεύομαι.

Goutte, ἡ σταγών, όνος.

Gouvernement, administration, ἡ κυβέρνησις, εως; ἡ πολιτεία, ας.

Gouverner, κυβερνάω, δι-οικέω τι, ἄρχω τινός.

Gouverneur, ὁ ἄρχων, οντος; ὁ ἡγεμών, όνος; ὁ κρατέων, έοντος.

Grâce, ἡ χάρις, ιτος. Action de grâces, ἡ εὐχαριστία. Rendre grâces à qn., εὐχαριστέω τινί.

Gracieux, χαρίεις, εσσα, εν.

Grain, ὁ κόκκος, ου; ὁ καρπός, οῦ.

Graisse, τὸ στέαρ, στέατος; ἡ πιμελή, ῆς.

Grand, μέγας, μεγάλη, μέγα. Devenu grand, adolescent, μείραξ γενόμενος. Aussi grand que, τοσοῦτος ὅσος. Si grand, τοσοῦτος.

Grandeur, τὸ μέγεθος, εος. Grandeur d'âme, ἡ μεγαλοψυχία; τὸ ἀνδραγάθημα, ατος. Illustration, ἡ περιφάνεια, ας.

Granivore, σπερμολόγος, ον.

Grappe de raisin, ὁ βότρυς, υος.

Gras, πίων, πίον, gén. πίονος.

Gratter, κνίζω, f. κνίσω.

Gravement, σεμνῶς.

Graver, χαράσσω, γράφω. Se graver dans, ἐν-τήκομαί τινι. Graver sur, ἐπι-γράφω.

Grec, ὁ Ἕλλην, ηνος.

Grèce, ἡ Ἑλλάς, άδος.

Grégoire, ὁ Γρηγόριος, ου.

Grenade, ἡ ῥοιά, ᾶς.

Grenadier, ἡ ῥοιά, ᾶς.

Grenier, τὸ ταμιεῖον, ου.

Grimper, ἕρπω, ἕρπυσα.

Grive, ἡ κίχλη, ης.

Gronder, frémir, βρέμω. Réprimander, ἐπιπλήσσω, f. πλήξω.

Gros, épais, παχύς, εῖα, ύ.

Grand, μέγας, μεγάλη, μέγα.

Grossir, devenir gros, αὐξάνω. En parlant des flots, κυμαίνομαι.

Grue, ὁ γέρανος, ου.

Guérir, ἰάομαι, θεραπεύω. Qui guérit, ἰατρικὸς, ή, όν.

Guérison, ἡ σωτηρία, ας.

Guerre, ὁ πόλεμος, ου.

Gueule, τὸ στόμα, ατος.

Guide, ὁ ἡγεμών, όνος.

Gylippe, ὁ Γύλιππος, ου.

Gymnase, τὸ γυμνάσιον, ου.

H

Habile, σοφὸς, ή, όν; δαήμων, ον; δεινὸς, ή, όν.

Habileté, ἡ φρόνησις, εως; ἡ δεινότης, ητος. Habileté dans la guerre, ἐμπειρία πολεμική.

Habit, τὸ ἱμάτιον, ου.

Habitant, ὁ ἔνοικος, ου; ὁ ἐνοικέων, έοντος.

Habiter, οἰκέω, κατ-οικέω.

Habitude, ἡ συνήθεια, ας.

Habituellement, ὡς τὰ πολλά, πως.

Habituer, ἐθίζω.

Haie, ἡ αἱμασιά, ᾶς.

Haïr, μισέω, στυγέω, f. ἥσω, aor. 2 ἔστυγον.

Hameçon, τὸ ἄγκιστρον, ου.

Haranguer, δημηγορέω.

Harceler, κωλύω, ἀκροβολίζομαι.

Hardi, θρασύς, εῖα, ύ.

Hardiesse, ἡ εὐθαρσεία, ας.

Harmonie, ἁρμονία, ας. Mettre en harmonie qc. avec qc., συν-αρμόζω (f. σω) τι τινί.

Harmonieux, εὐάρμονος, ον; λιγυρὸς, ά, όν.

Harpe, τὸ ψαλτήριον, ου; ἡ κιθάρα, ας. Jouer de la harpe, κιθαρίζω. Joueur de harpe, ὁ κιθαρωδὸς, οῦ.

Hâter, ἐπείγω, *f.* ἐπείξω. Se hâter. ἐπείγομαι; σπεύδω, *f.* σω.

Haut, ὑψηλός, ή, όν. Hauteur, τὸ ὕφος, εος.Haute voix, μεγάλη φωνή.

Hébreu, ἑβραῖος, α, ον.

Hector, ὁ Ἕκτωρ, ορος.

Hégésias, ὁ Ἡγησίας, ου.

Hélas! αἴ! εἴ!

Hélice, ἡ ἕλιξ, ικος.

Hélicon, ὁ Ἑλικών, ῶνος.

Hennir, χρεμετίζω, *f.* ίσω.

Hercule, Ἡρακλῆς, έος.

Héraut, ὁ κῆρυξ, υκος.

Herbe, ἡ πόα, ας; ὁ χόρτος, ου.

Héroïsme, ἡ μεγαλοψυχία. Trait d'héroïsme,τὸ ἀνδραγάθημα, ατος.

Héros, ὁ ἥρως, ωος.

Heure, ἡ ὥρα, ας.Tout à l'heure, εὐθύς, αὐτίκα.

Heureux, εὐδαίμων, ον; εὐτυχής, ές. Qui rencontre juste, ἐπι-τυχής, ές.

Heurter, προς-πίπτω, *f.* πεσοῦμαι, aor. 2 ἔπεσον; προς-κρούω τινί.

Hexamètre, ἑξάμετρος, ον.

Hideux, αἰσχρός, ά, όν.

Hirondelle, ἡ χελιδών, όνος.

Histoire, ἡ ἱστορία, ας.

Historien, ὁ λογογράφος, ου; ὁ ἱστορικός, οῦ; ὁ συγγραφεύς, έως.

Hiver, ὁ χειμών, ῶνος.

Holocauste, τὸ ὁλοκαύτωμα, κτος.

Homicide, **adj.** ἀνδροφόνος, ον.

Homme, ὁ ἄνθρωπος, ου. **Vir,** ἀνήρ, ἀνδρός. Homme de cœur, ἀνὴρ ἀγαθός.

Honnête, **vertueux,** ἀγαθός, ή, όν; καλός, ή, όν.

Honneur, ἡ τιμή, ῆς.

Honorable, σεμνός, ή, όν.

Honorer, τιμάω; δοξάζω, *f.* άσω.

Honte, ἡ αἰσχύνη, ἡ ἀτιμία.

Honteux, αἰσχρός, ά, όν

Honteusement, αἰσχρῶς.

Hoplite, ὁ ὁπλίτης, ου.

Hospitalité, ἡ φιλοξενία. **Droit** d'hospitalité, ἡ ξενία, ας.**Accorder** l'hospitalité, ξενίζω, *f.* ξενίσω.

Hôte, ὁ ξένος, ου.

Hostie, ἡ θυσία, ας.

Hostile, πολέμιος, α, ον.

Hôtellerie, τὸ κατάλυμα, ατος.

Hoyau, ἡ δίκελλα, ης.

Huile, τὸ ἔλαιον, ου.

Huit, ὀκτώ.

Humain, **qui concerne l'homme,** ἀνθρώπινος, η, ον; ἀνθρώπειος, α, ον. **Sensible,**φιλάνθρωπος, ον.

Humanité, **nature humaine,** ἡ ἀνθρωπίνη φύσις. **Bonté,** ἡ φιλανθρωπία.

Humble, ταπεινός ή, όν.

Humeur, **substance, fluide,** ἡ ὑγρότης, ητος; τὸ ὑγρόν. **Disposition d'esprit,** ἡ φύσις. Humeur chagrine, ἡ δυσκολία.Humeur sombre, noire, ἡ μελαγχολία, ας.

Humidité, ἡ νοτίς ίδος.

Hymne, ὁ ὕμνος, ου.

I

Ici, ἐνταῦθα. Ici-bas, ἐνθάδε; ἐνταῦθα. D'ici, ἐντεῦθεν. Par ici, τῇδε (*illac*), τήνδε (*illuc*).

Ignorant, ἀπαίδευτος, ον; ἀμαθής, ές; ἄπειρος, ον.

Ignorer, ἀγνοέω; εἰμὶ ἄπειρός τινος, οὐκ οἶδα. Être ignoré de qc., λανθάνω τινά. Ignoré, **impénétrable,** ἀκατάληπτος, ον.

Ile, ἡ νῆσος, ου.

Illustre, ἔνδοξος, ον; ἐπιφανής, ές; μέγας, μεγάλη, μέγα.

Image, ἡ, εἰκών, όνος.

s'Imaginer, οἴομαι, *f.* οἰήσομαι, aor. ᾠήθην; δοκέω, *f.* δόξω.

Imbécile, ἠλίθιος, α, ον; μωρός, ά, όν.

Imitation, ἡ μίμησις, εως.

Imiter, μιμέομαι, ζηλόω.

Immobile, ἀκίνητος· ον; στάσιμος, ον. Non ébranlé, ἄσειστος, ον; ἀτίνακτος, ον.

Immoler, θύω. Immolé par le froid, τῷ κρύει τελειωθείς. Tuer, ἀν-αιρέω.

Immortalité, ἀθανασία, ας.

Immortel, ἀθάνατος, ον.

Immuable, ἀμετακίνητος, ον.

Impatience, ἡ ἀγανάκτησις, εως. Se livrer à l'impatience, ἀγανακτέω; δυσχεραίνω, f. ρανῶ.

Impie, ἀσεβής, ές; ἄθεος, ον.

Implorer, αἰτέομαι.

Important, ἀξιόλογος, ον; μέγας, μεγάλη, μέγα.

Imposer, mettre sur, ἐπι-τίθημι. Ordonner, προς-τάσσω, ἐπιτάσσω. Qui impose, ὁ ἐπιτακτήρ, ῆρος.

Impossible, ἀδύνατος, ον.

Imposteur, ὁ φέναξ, ακος.

Imprévu, ἀδόκητος, ον.

Impudique, λάγνος, ον; ἀσελγής, ές.

Imputer, ἐπ-άγω, ἀνα-τίθημι.

Incendier, πυρπολέω.

Incertitude, en parlant des choses, τὸ ἄδηλον, τὸ ἀφανές. En parlant des personnes, ἡ ἀπορία.

Incliner, κλίνω, f. κλινῶ.

Inconnu, ἄγνωστος, ον. Obscur, ἄσημος, ον. Être inconnu, λανθάνω, f. λήσω.

Inconstance, τὸ ἄστατον, τὸ εὐκίνητον.

Incontinence, ἡ ἀκρασία, ας.

Incorruptible, ἄφθαρτος, ον; ἄφθιτος, ον.

Incurable, ἀνήκεστος, ον.

Incursion, ἡ ἐπιδρομή, ῆς.

Indépendance, ἡ αὐτονομία, ας.

Indien, ὁ Ἰνδός, οῦ.

Indigence, ἡ πενία, ας.

Indigne, ἀνάξιος, ον. Honteux, ἀγεννής, ές.

s'Indigner, ἀγανακτέω; βαρέως φέρω, f. οἴσω, aor. ἤνεγκον.

Indiquer, μηνύω, σημαίνω, ὑποτίθεμαι.

Indiscret, qui ne garde pas un secret, τῆς γλώσσης ἀκρατής, ές.

Inconvenant, ἄκαιρος, ον; προπετής, ές.

Indomptable, ἀήττητος, ον.

Inébranlable, ἀτίνακτος, ον.

Inégal, ἄνισος, ον.

Inépuisable, ἀνέκλειπτος, ον.

Inespéré, ἀν-ελπισθείς, έντος; participe d'ἀν-ελπίζω.

Inévitable, ἀπαραίτητος, ον.

Inexpérience, ἡ ἀπειρία, ας.

Inexprimable, ἀμύθητος, ον.

Inférieur à, ἐνδεής τινος, ἐλάσσων τινός.

Infidèle, ἄπιστος, ον; πονηρός, ά, όν.

Infime, ταπεινός, ή, όν.

Infini, ἀπέραντος, ον. Très-nombreux, μυρίοι, αι, α.

Infinité, ἡ ἀπειρία, ας. Grand nombre, μυρίον πλῆθος, μυρίοι.

Infirmité, ἡ ἀσθένεια, ας; τὸ πάθος, εος.

Infortuné, ἄθλιος, α, ον; δειλός, ή, όν; δύστηνος, ον. O Grèce infortunée! φεῦ, ὦ Ἑλλάς.

s'Ingénier, ἐν-νοέω.

Ingénieux, ἀγχίνους, ουν; δεινός, ή, όν.

Ingrat, ἀχάριστος, ον.

Inique, ἄδικος, ον.

Initier, μυέω.

Injure, ἡ ὕβρις, εως. Faire une injure, ὑβρίζω, ἀδικέω. Recevoir une injure, ἀδικέομαι.

Injuste, ἄδικος, ον.

Injustice, ἡ ἀδικία, ας. Commettre une injustice, ἀδικέω.

Innée dans q., ἐμπεφυκώς τινι.

Innocent, ἀθῷος, ον.

7.

Innocence, ἡ ἁγνεία, ας; ἡ ἀβλάβεια, ας.

Inonder, κατα-χέω, f. χεύσω.

Inopiné, ἀθρόος, ἀνέλπιστος.

Inquiétude, ἡ μέριμνα, ης.

Insatiable, ἄπληστος, ον.

Inscrire, ἀπο-γράφω, f. ψω.

Insensé, ἄφρων, ον; μωρός, ά, όν; ἀνόητος, ον.

Insinuer, ἐν-αφ-ίημι, παρ-εις-άγω.

Inspirer, ἐμ-πνέω. Inspirer à qn. l'amour de ses parents, φιλοπάτορα καθ-ιστάναι τινά.

Instant, ὁ καιρός, οῦ; ἡ καιροῦ ῥοπή. Pendant quelques instants, παρὰ μικρὸν χρόνον.

Instinct, ἡ αἴσθησις, εως.

Instruction, ἡ παιδεία, ας.

Instruire, παιδεύω, διδάσκω.

Instrument, ὄργανον, ου. Instrument d vent, ὁ αὐλός, οῦ.

Insulte, ἡ ὕβρις, εως. Attaque, ἡ ὁρμή.

Insulter qn., ὑβρίζω τινά, λυμαίνομαί τινι.

Intelligence, ἡ σύνεσις, εως. Qui est sans intelligence, ἄφρων, ον.

Intelligent, συνετός, ή, όν.

Intendant, ὁ ἐπίτροπος, ου; ὁ οἰκονόμος, ου.

Intense, ἔντονος, ον; ἐπι-τεινόμενος, η, ον.

Intérêt, τὸ συμ-φέρον, οντος. Mon intérêt personnel, τὸ συμ-φέρον ἐμαυτῷ; τὰ ἴδια. Intérêt, fœnus, ὁ τόκος, ου.

Interroger, ἐρωτάω, ἔρομαι.

Introduire, εἰς-άγω, f. άξω, aor. 2 ἤγαγον.

Interrompre, δια-κόπτω, f. ψω.

Intervalle, τὸ διάστημα, ατος.

Intimement, οἰκείως, οἰκειότατα.

Inutile, ἀνωφελής, ές; ἐτώσιος, ον.

Inutilement, διακενῆς.

Invasion, εἰσβολή. Faire invasion, ἐπ-ελαύνω, f. ελάσομαι, εἰσ-βάλλω.

Inventer, ἐξ-ευρίσκω, f. εὑρήσω, ἐπι-νοέω. — une fiction, πλάσσω

Invisible, ἀόρατος, ον.

Inviter, καλέω, παρα-καλέω, f. έσω.

Invincible, ἀήττητος, ον; ἀνυπόστατος, ον.

Inviolable, ἄσυλος, ον.

Iophon, ὁ Ἰοφῶν, ῶντος.

Irascible, ὀργίλος, η, ον; ὀξύχολος, ον; ὀξύς, εῖα, ύ.

Iris, ἡ Ἶρις, ιδος.

Irréflexion, ἀνοησία, ας.

Irrésistible, ἀνυπόστατος, ον. Mouvement irrésistible, ἀκρατὴς φορά, κίνησις ἄπαυστος.

Irriter, ἐρεθίζω. S'irriter, χαλεπαίνω; ἐξ-άπτομαι, f. ἀφθήσομαι.

Irruption, ἡ εἰσβολή. Faire une irruption, ἐμ-βάλλω.

Issue, sortie, ἡ ἔξοδος, ου. Résultat, τὸ τέλος, εος; τὸ ἀποβαῖνον, τὸ ἀποβησομειον.

Issus, ville, ἡ Ἰσσός, οῦ.

Isthme, ὁ ἰσθμός, οῦ.

Italie, ἡ Ἰταλία, ας.

Ivre, μέθυσος, ον; μεθύων, ουσα, ον.

Ivresse, ἡ μέθη, ης.

J.

Jacques, ὁ Ἰάκωβος, ου.

Jadis, πάλαι.

Jaillir, βλύζω. Se répandre, σκορπίζομαι.

Jambe, τὸ σκέλος, εος.

Jalousie, ὁ φθόνος, ου.

Jamais, οὔ ποτε, μήποτε.

Jardin, ὁ κῆπος, ου.

Jared, ὁ Ἰαρέδης, ου.

Javelot, τὸ ἀκόντιον, ου. Lancer des javelots, ἀκοντίζω, f. σω.

Jean, ὁ Ἰωάννης, ου.

Jean-Baptiste, Ἰωάννης ὁ Βαπτιστής, οῦ.

Jésus-Christ, Ἰησοῦς ὁ Χριστός.

Jeter, ῥίπτω, ἀπορ-ρίπτω. Se jeter sur q., ἐπι-τίθεσθαί τινι. Jeter dans, ἐμ-βάλλω, ἐναφ-ίημι. Jeté en prison, εἰς τὸ δεσμωτήριον εἰς-ενεχθείς.

Jeu, τὸ παίγνιον, ου.

Jeune, νέος, α, ον; νεαρός, ά, όν. Jeune homme, νεανίας, ου; μείραξ, ακος; νεανίσκος, ου. Jeune fille, ἡ κόρη, ης.

Jeûne, ἡ νηστεία, ας,

Jeûner, νηστεύω.

Jeunesse, ἡ νεότης, ητος.

Job, ὁ Ἰώβ.

Joie, ἡ χαρά, ᾶς; ἡ τέρψις, εως. Combler de joie, εὐφραίνω, f. ανῶ, f. pass. εὐφρανθήσομαι.

Joindre, unir, ζεύγνυμι, f. ζεύξω. Ajouter, προσ-τίθημι.

Joseph, ὁ Ἰωσήφ, ὁ Ἰώσηφος.

Joue, ἡ παρειά, ᾶς.

Jouer, παίζω. Jouer d'un instrument à corde, ψάλλω. Se jouer contre, allude, προσ-παίζω τινί.

Joug, ὁ ζυγός, οῦ. Mettre sous le joug de quelqu'un, ποιεῖν ὑπό τινι.

Jouir de, ἀπο-λαύω τινός.

Jour, journée, ἡ ἡμέρα, ας. En plein jour, μεθ' ἡμέραν. Un jour, olim, ποτέ.

Joyau, τὸ κειμήλιον, ου.

Joyeux, περιχαρής, ές.

Juda, ὁ Ἰούδας, α.

Jugement, ἡ κρίσις, εως.

Juge, ὁ κριτής, οῦ; ὁ δικαστής, οῦ. Arbitre d'un combat, ὁ βραβεύς, έως.

Juger, κρίνω, γιγνώσκω.

Juif, Ἰουδαῖος, α, ον.

Julien, ὁ Ἰουλιανός, οῦ.

Jumeau, δίδυμος, ον.

Junon, ἡ Ἥρα, ας.

Jupiter, ὁ Ζεύς, gén. Διός. Par Jupiter, νὴ Δία,

Jurer, ὄμνυμι, f. ὀμόσομαι, aor. ὤμοσα, pf. ὀμώμοκα. Jurer à son tour, ἀντ-όμνυμι.

Jusque, ἕως, gén. ἄχρις, génit.

Juste, δίκαιος, α, ον,

Justice, ἡ δικαιοσύνη, ης. Avec justice, δικαίως.

Justifier, δικαιόω.

L.

Là, ἔνθα, ἐκεῖ (ibi); ἐκεῖσε (eo). De là, ἐντεῦθεν. Par là, ἐκείνῃ, τῇδε. Par là, à cause de cela, ἐκ τούτου.

Laborieux, φιλόπονος, ον.

Laboureur, ὁ γεωργός, οῦ; ὁ ἀρότης, ου.

Labourer, γεωργέω, ἀρόω.

Lacédémone, ἡ Λακεδαιμονία, ας, ou mieux ἡ Λακεδαίμων, ορος.

Lacédémonien, Λακεδαιμόνιος, α, ον.

Lâche, δειλός, ή, όν.

Lâcher, ἀν-ίημι, f. ἀν-ήσω, aor. ἀν-ῆκα.

Laconie, ἡ Λακωνική, ῆς (s.-e: γῆ).

Laid, αἰσχρός, ά, όν.

Laisser, λείπω, pf. λέλοιπα, aor. 2 ἔλιπον; κατα-λείπω, κατα-λιμπάνω, ἀφ-ίημι. Céder qc., παρα-χωρέω τινός. Permettre, ἐάω.

Lait, τὸ γάλα, γάλακτος.

Lamentable, ἄξιος δακρύων, ἄξιων ὀδυρμῶν.

Lamentation, ὁ θρῆνος, ου; ὁ οἶκτος, ου; ὁ ὀλοφυρμός, οῦ.

Lampe, ἡ λαμπάς, άδος.

Lance, ἡ αἰχμή, ῆς.

Lancer, βάλλω, ἵημι.

Langage, *discours*, ὁ λόγος, ου.

Langes, τὸ σπάργανον, ου.

Langue, ἡ γλῶσσα, ης.

Languette, ἡ γλωττίς, ίδος, ἡ γλῶσσα, ης.

Lanière, ἡ σκυτάλη, ης.

Lapider, λιθοβολέω, κατα-λεύω.

Large, πλατύς, εῖα, ύ.

Larisse, ἡ Λάρισσα, ης. Habitant de Larisse, Λαρισσαῖος, α, ον.

Larme, τὸ δάκρυον, ου. Il versa des larmes qui trahirent son courage, ἀγεννῆ ἀφ-ῆκε δάκρυα.

Lassé, κεκμηκώς, υῖα, ός.

Lasthène, ὁ Λασθένης, ους.

Laurier, ἡ δάφνη, ης.

Laver, νίπτω, *f.* νίψω; πλύνω. *En parlant du corps*, λούω.

Lécher, λείχω.

Le, la, les, *art.* ὁ, ἡ, τό. *Pron.* αὐτόν, ήν, ό.

Leçon, τὸ δίδαγμα, τὸ παίδευμα, τὸ δόγμα, ατος.

Léger, κοῦφος, η, ον. *Rapide*, ἐλαφρός, ά, όν. *Mince*, ψιλός, ή, όν.

Législateur, ὁ νομοθέτης, ου.

Lendemain (le), ἡ ὑστεραία, ας.

Lent, βραδύς, εῖα, ύ.

Lentement, βραδέως.

Léonidas, ὁ Λεωνίδας, ου.

Lépreux, λεπρός, ά, όν.

Leuctres, τὰ Λεῦκτρα, ων.

Lettre, τὸ γράμμα, ατος. *Missive*, ἐπιστολή, ῆς. Envoyer une lettre, ἐπι-στέλλω. Homme sans lettres, ἄμουσος ἀνήρ.

Lever, αἴρω, ἐγείρω. Lever les yeux, ἀνα-βλέπω. Se lever, ἀν-ίσταμαι. Se lever en présence de qn., ἐπ-αν-ίσταμαί τινι. Se lever, *en parlant d'un astre*, ἀνα-τέλλω. Lever la main sur q., ἐπι-φέρω, *f.* ἐπ-οίσω, τὴν χεῖρα ἐπί τινα.

Lèvre, τὸ χεῖλος, εος.

Liberté, ἡ ἐλευθερία, ας. *Franchise*, ἡ παῤῥησία, ας. Rendre la liberté à une ville, αὐτόνομόν τινα πόλιν ἀφ-ιέναι.

Libertin, ἀσελγής, ές; ἀκόλαστος ον.

Libre, ἐλεύθερος, α, ον. Rendre libre, ἐλευθερόω.

Libye, ἡ Λιβύη, ης.

Lice, τὸ στάδιον; ὁ ἀγών, ῶνος.

Licencieux, ἀσελγής, ές; ἀκόλαστος, ον.

Lien, ὁ δεσμός, οῦ. *Pl.* τὰ δεσμά, ῶν.

Lieu, ὁ τόπος, ου. Au lieu de, ἀντί τινος. Tenir lieu de qc., *équivaloir à qc.*, ἀντί τινος εἶναι, ἰσοδυναμέω τινί.

Lier, συν-δέω, συν-άγω.

Lièvre, ὁ λαγωός, οῦ.

Ligne, ἡ γραμμή, ῆς. *Direction, détour*, ἡ ἐκτροπή. Tracer des lignes sur le sable, τὴν ψάμμον χαράσσω. Ligne à pêcher, ἡ ὁρμιά, ᾶς. La première ligne de bataille, ἡ πρώτη ἀσπίς, ίδος.

Ligue, ἡ συμμαχία, ας.

Lime, ἡ ῥίνη, ης.

Limite, ὁ ὅρος, ου.

Lion, ὁ λέων, λέοντος. *Lionne*, ἡ λέαινα, ης.

Lionceau, ὁ λεοντιδεύς, έως.

Lire, ἀνα-γινώσκω, *f.* γνώσομαι, *aor.* 2 ἔγνων.

Lit, ἡ κλίνη, ης. Lit *d'un fleuve*, ἡ τάφρος, ου.

Livre, ἡ βίβλος, τὸ βιβλίον.

Livrer, δίδωμι, παρα-δίδωμι, ἐκ-δίδωμι, παρ-έχω. — par trahison, προ-δίδωμι. Se livrer au danger, κινδυνεύω κίνδυνον. Livré, ἔκδοτος, ον.

Loger, *habiter*, οἰκέω.

Logicien, ὁ διαλεκτικός, οῦ.

Logis, ἡ οἰκία, ας.

Loin, πόῤῥω. De loin, πόῤῥωθεν.

Loi, ὁ νόμος, ου. Contre les lois, παρὰ τοὺς νόμους.

Lointain (le), τὸ διάστημα, ατος.

Dans le lointain, πόῤῥω, πόῤῥωθεν.

Long, μακρός, ά, όν. Le long, παρά; acc.

Longtemps, ἐπὶ πολύ. Plus longtemps, ἐπὶ πλεῖον.

Longueur, τὸ μῆκος, εος.

Lorsque, ἐπειδή, ὅτε, ἡνίκα, indic.; ἐπειδάν, ὅταν, subj. Lors même que, καὶ ὅταν κἄν, ἄν, ἐάν.

Louable, ἐπαινετός, ή, όν.

Louange, ὁ ἔπαινος, ου.

Loüer, ἐπ-αινέω, f. έσω.

Loup, ὁ λύκος, ου.

Louve, ἡ λύκαινα, ης.

Lucien, ὁ Λουκιανός, οῦ.

Lucullus, ὁ Λούκουλλος, ου.

Luisant (être), στίλβω.

Lumière, τὸ φῶς, φωτός. Brillante lumière, ἡ λαμπρότης, ητος.

L'un l'autre, ἀλλήλων, οις, ους.

Lune, ἡ σελήνη, ης.

Luth, ἡ λύρα, ας; ἡ φόρμιγξ, φόρμιγγος.

Lutte, ἡ πάλη, ης. Combat, ὁ ἀγών, ῶνος.

Lutter, παλαίω, ἀγωνίζομαι. pour qn., περί τινος.

Lycurgue, ὁ Λυκοῦργος, ου.

Lydien, Λύδιος, α, ον.

Lyre, ἡ λύρα, ας.

Lys, τὸ κρίνον, ου.

M

Macédoine, ἡ Μακεδονία, ας.

Machabée, ὁ Μακκαβαῖος, ου.

Magnanime, μεγαλόψυχος, ον; γενναῖος, α, ον.

Magnifique, πολυτελής, ές; μεγαλοπρεπής, ές.

Maigre, ἰσχνός, ή, όν.

Main, ἡ χείρ, χειρός. Main droite, ἡ δεξιά, ᾶς. Main gauche, ἡ ἀριστερά, ᾶς. En venir aux mains, συμ-βάλλω, σύν-ειμι.

Maintenant, νῦν, ἄρτι.

Maintenir (se), δια-μένω.

Mais, ἀλλά, δέ.

Maison, ἡ οἰκία, ας; ὁ οἶκος, ου.

Maître, dominus, ὁ κύριος, ου; ὁ δεσπότης, ου. Magister, ὁ διδάσκαλος, ου. Être ou se rendre maître de qn., περι-γίνομαί τινος, κρατέω τινός. Qui a le même maître, ὁμόδουλος, ον.

Majestueux, σεμνός, ή, όν.

Mal, τὸ κακόν, ἡ μοχθηρία. Faire du mal à qn., κακῶς τινα ποιέω, ἐργάζομαι. Souffrir du mal de la part de qn., κακῶς πάσχω παρά τινος. Sans faire de mal, ἀσινῶς. En faisant le moins de mal possible, ἀσινέστατα. Avoir mal au doigt, τὸν δάκτυλον πονέω, ἀλγέω.

Malade, ἀσθενής, ές; νοσέων, έουσα, έον. Être malade, ἀσθενέω, νοσέω, ἀῤῥωστέω. Il est moins malade, πραότερον ἔχει.

Maladie, ἡ νόσος, ἡ ἀῤῥωστία.

Malaël, Μαλάηλος, ου.

Mâle, ἄρσην, ἄρσεν.

Malédiction, ἡ κατάρα, ας.

Malfaiteur, κακοῦργος, ον.

Malgré, εἰ καί, βίᾳ, ἄκων. Malgré sa jeunesse, εἰ καὶ νέος ὤν. Malgré Philippe, βίᾳ Φιλίππου, ou ἄκοντος Φιλίππου. Malgré la loi, παρὰ τὸν νόμον.

Malheur, ἡ συμφορά, ᾶς; ἡ ἀτυχία, ας. Accident, ἡ περί-στασις, εως. Malheur! οὐαί.

Malheureux, ἄθλιος, α, ον; δυστυχής, ές.

Maltraiter, ὑβρίζω, f. ίσω.

Mamelle, ὁ μαστός, οῦ; τὸ οὖθαρ, ατος; ἡ θηλή, ῆς.

Manche (le), ἡ λαβή, ῆς.

Mander, ἐπι-στέλλω.

Manger, ἐσθίω, f. ἔδομαι, aor. 2 ἔφαγον. Dévorer, θοινάομαι.

Manier, μετα-χειρίζομαι.

Manière, τὸ εἶδος, τὸ γένος, ὁ τρόπος. De manière à, ὥστε, inf.

Manifeste, εὔδηλος, ον; φανερός, ά, όν.

Manifestement, φανερῶς.

Manifester, δηλόω.

Manœuvre, s. f., artifice, ἡ τέχνη, ης. S. m., homme de journée, ὁ ἐργάτης, ου.

Manquer, ne pas atteindre, ἀποτυγχάνω, ἁμαρτάνω. Être en arrière de, arriver trop tard, ὑστερέω, ἀπο-λείπω. Faire une faute, ἁμαρτάνω, πλημμελέω. Deficio, προ-λείπω. Ne manquer pas de, σπουδάζω. Manquer de faire des bonnes œuvres, ἀγαθῶν ἔργων ἐκπίπτειν.

Manteau, ἡ χλαῖνα, ης; διπλοῖς, έδος,; τὸ τριβώνιον, ου; τὸ ἱμάτιον, ου.

Marais, τὸ ἕλος, εος.

Marathon, ὁ Μαραθών, ῶνος.

Marbre, ὁ μάρμαρος, ου.

Marchand, ὁ ἔμπορος, ου.

Marche, action de marcher, ἡ πορεία, ας, ἡ ὁδός, οῦ; τὸ ἀρύτειν ὁδόν. Se remettre en marche, αὖθις προ-έρχομαι, f. ἐλεύσομαι.

Marcher, βαδίζω, περι-πατέω, χωρέω, ὁδεύω. Marcher contre qn., ἐπέρχομαί τινι, aor. 2 ἦλθον.

Mari, ὁ ἀνήρ, ἀνδρός.

Marie, ἡ Μαρία, ας.

Mariée, ἡ νύμφη, ης.

Marier, se marier, γαμέω, fut. ήσω ou γαμέσω.

Marin, θαλάσσιος, α, ον.

Marmot, ὁ νήπιος, ου; τὸ βρέφος, εος.

Marque, τὸ τεκμήριον, ου.

Marteau, ἡ σφῦρα, ας.

Martyr, ὁ μάρτυς, υρος.

Massacre, ἡ μαιφονία, ας.

Massacrer, κατα-κτείνω, f. κτενῶ.

Masse, ὁ ὄγκος, ου. En masse, κανδημεί, παμπληθεί, ἀθρόως.

Matin, aurore, ἡ ἕως, ἕω. De bon matin, πρωΐ.

Matinal, ὄρθριος, α, ον. Être matinal, ὀρθρεύω.

Maudire, κατ-αράομαι, f. ἀράσομαι, pf. pass. ἤραμαι.

Mauvais, κακός, ἡ, όν; πονηρός, ά, όν.

Méchant, κακός, ἡ, όν. De peu de valeur, φαῦλος, η, ον.

Méchanceté, ἡ πονηρία, ας.

Méconnaître, ἀγνοέω.

Mède, ὁ Μῆδος, ου.

Médecin, ὁ ἰατρός, οῦ.

Médecine, l'art de guérir, ἡ ἰατρική. Potion, τὸ φάρμακον, ου.

Médie, ἡ Μηδεία, ας.

Médiocre, μέτριος, α, ον. Homme médiocre, εἷς τῶν τυχόντων.

Médiocrité, ἡ μετριότης, ητος; τὰ μέτρια, ων.

Méditer, βουλεύω, σκέπτομαι, ἐπι-νοέω.

Mégarien, ὁ Μεγαρεύς, έως.

Meilleur, βελτίων, ον. Le meilleur, ὁ βέλτιστος, η, ον.

Mêler, μίγνυμι f. μίξω.—à qc., ἐγ-κατα-μίγνυμί τιν'

Mélodie, τὸ μέλος, εος.

Membrane, ὁ ὑμήν, ένος.

Membraneux, ὑμενώδης, ες.

Membre, τὸ μέλος, εος; τὸ κῶλον, ου.

Même, ipse, αὐτός, ή, ό. Le même, ὁ αὐτός. Le même que, ὁ αὐτὸς τῷ.

Même, adv., καί. De même, οὕτω, ταύτῃ.

Mémoire, ἡ μνήμη. De mémoire d'homme, ἀφ' οὗ μέμνηνται ἄνθρωποι, ἐφ' ὅσον ἐστὶ μεμνῆσθαι.

Memphis, ἡ Μέμφις, εως.

Menace, ἡ ἀπειλή, ῆς.

Menacer, ἀπειλέω.

Ménager, épargner, φείδομαι τινος, f. φείσομαι. Régler, τάσσω. Bien ménagé, σύμμετρος, ον.

Mener, ἄγω, f. ἄξω, aor. 2 ἤγαγον.

Ménon, ὁ Μένων, ωνος.

Mensonge, τὸ ψεῦδος, εος.

Menteur, ὁ ψεύστης, ου.

Mentir, ψεύδομαι, f. ψεύσομαι.

Méprise, τὸ σφάλμα, ατος; τὸ ἀγνόημα, ατος.

Mépriser, κατα-γελάω, ἀτιμάζω.

Mer, ἡ θάλασσα, ης.

Mère, ἡ μήτηρ, τέρος ou τρός.

Mérite, ἡ ἀρετή, ῆς.

Mériter, ἄξιός εἰμι τινος.

Merveille, τὸ θαῦμα, ατος.

Messager, ὁ ἄγγελος, ου.

Messène, ἡ Μεσσήνη.

Mesure, τὸ μέτρον, ου. Avec mesure, μετρίως. Prendre ses mesures, παρα-σκευάζομαι.

Mesurer, μετρέω.

Métier, ἡ τέχνη, ης.

Mettre, τίθημι. Mettre dans, ἐν-τίθημι. Se mettre (à faire qc.), ἄρχομαι τινος.

Meuble, τὸ σκεῦος, εος; ἡ κατασκευή, ῆς.

Meurtre, ὁ φόνος, ου.

Meurtrier, ὁ φονεύς, έως.

Miel, τὸ μέλι, μέλιτος.

Mieux, κάλλιον. Le mieux, ἄριστα.

Migration, ἡ μετάβασις, εως.

Milieu, τὸ μέσον. Être au milieu de, μεσάζω ἐν, dat.

Mille, χίλιοι, αι, α.

Millier, ἡ χιλιάς, άδος. Des milliers d'hommes, μυρίαι ἄνθρωποι.

Milon, ὁ Μίλων, ωνος.

Minerve, ἡ Ἀθηνᾶ, ᾶς.

Ministère, service, ἡ διακονία, ας. Ministère sacré, ἡ λειτουργία, ας.

Minos, ὁ Μίνως, ω.

Minotaure, ὁ Μινώταυρος, ου.

Miracle, τὸ σημεῖον, ου; τὸ θαῦμα, ατος.

Miroir, τὸ κάτοπτρον, ου.

Mithridate, ὁ Μιθριδάτης, ου.

Moquer, ἐπι-γελάω τινί. Être moqué, γελάομαι. Se moquer, plaisanter, τωθάζω. Se moquer de q., κατα-γελάω τινός, σκώπτω τινά.

Modèle, τὸ παράδειγμα, ατος.

Modération, mesure, τὸ μέτρον. Douceur, ἡ ἐπιείκεια. Avec modération, avec épargne, πεφεισμένως.

Modéré, σώφρων, ον; μέτριος, α, ον.

Modeste, pudique, αἰδήμων, ον. Être modeste, σωφρονέω. Être mesuré dans sa conduite, μετριάζω.

Mœurs, τὸ ἦθος, εος. Genre de vie, τὸ ἐπιτήδευμα, ατος.

Moins, ἧσσον, gén. Le moins, ἥκιστα. Du moins, γοῦν, ἀλλ' οὖν.

Mois, ὁ μήν, μηνός.

Moisson, ὁ ἀμητός, οῦ; τὸ θέρος, εος; τὸ λήϊον, ου. Produire des moissons, καρπους φέρω.

Moitié, τὸ ἥμισυ.

Mollesse, ἡ τρυφή, ῆς. Vivre dans la mollesse, τρυφάω, f. ήσω.

Mollir, μαλακίζομαι, f. ίσομαι.

Moment, ὁ καιρός, οῦ; ἡ καιροῦ βραχεῖα ῥοπή. Pendant un moment, ὀλίγον χρόνον. Pour le moment, παραυτίκα.

Mon, ἐμός, ή, όν.

Monarchie, ἡ μοναρχία, ας.

Monde, ὁ κόσμος, ου.

Monnaie, τὸ νόμισμα, ατος.

Monstre, τὸ θηρίον, ου; τέρας, ατος.

Montagne, τὸ ὄρος, εος.

Monter, ἀνα-βαίνω, f. βήσομαι.

Montrer, δείκνυμι, f. δείξω, ἐπι-δείκνυμι, φαίνω. Montrer du zèle, σπουδὴν εἰς-φέρω.

Morceau, τὸ μέρος, εος.

Mordre, δάκνω, f. δήξομαι.

Mort, ὁ θάνατος, ου. Cadavre, ὁ νεκρός, οῦ. Mettre à mort, κτείνω, φονεύω, ἀπο-θνήσκω ὑπό τινος.

Mortel, θνητός, ή, όν.

Mou, ἁπαλός, ή, όν.

Mouche, ἡ μυῖα, ας.

Mourir, ἀπο-θνήσκω, f. θανοῦμαι, aor. 2 ἔθανον; τελευτάω. Je suis mort, τέθνηκα.

Mouton, τὸ πρόβατον, ου.

Mouvement, ἡ κίνησις, εως.

Moyen, ἡ μηχανή, ῆς. Par ce moyen, τῷδε τῷ τρόπῳ.

Moïse, ὁ Μωϋσῆς, έως.

Mugir, μυκάομαι. En parlant de la mer, ὠρύω.

Multitude, τὸ πλῆθος, εος.

Multiplier, πληθύνω ; se multiplier, περισσεύω.

Mur, muraille, τὸ τεῖχος, εος.

Murer, τειχίζω, f. ίσω. Murer le passage, δίοδον ἀπο-τειχίζω.

Musée, τὸ μουσεῖον, ου.

Mutiler, πηρόω, κολούω.

Mutuellement, les uns les autres, ἀλλήλων, οις, ους.

Myrte, ἡ μύρτος, ου.

Mystère, τὸ μυστήριον, ου. Initier aux mystères, μυσταγωγέω.

N

Nacelle, ἡ σχεδία, ας ; ἡ σκάφη, ης.

Nager, νήχομαι, κολυμβάω.

Naître, γίγνομαι, f. γενήσομαι, pf. γέγονα; φύομαι.

Narcisse, ὁ Νάρκισσος, οῦ.

Nation, τὸ ἔθνος, εος.

Nature, ἡ φύσις, εως.

Naturel, φυσικός, ή, όν.

Naufrage, τὸ ναυάγιον, ου.

Nautonnier, ὁ ναύτης, ου.

Naval, ναυτικός, ή, όν. Combat naval, ἡ ναυμαχία, ας.

Navigateur, ὁ ναύτης; ου; ὁ πλέων, πλέοντος.

Naviguer, πλέω, f. πλεύσομαι.

Navire, ἡ ναῦς, νηός ; τὸ πλοῖον, ου. S'éloigner sur un navire, ἐκ-πλέω, f. πλεύσω.

Naxos, ἡ Νάξος, ου.

Ne suivi de l'impératif, μὴ avec l'impératif ou le subjonctif.

Ne pas, οὐκ, μή.

Néanmoins, μέντοι, après un mot.

Néant, τὸ οὐδέν, οὐδενός.

Nécessaire, ἀναγκαῖος, α, ον.

Négliger, ἀμελέω, κατ-αμελέω, ὀλιγωρέω τινός.

Négociation, ἡ πραγματεία, ας.

Neige, ἡ χιών, χιόνος.

Nélée, ὁ Νηλεύς, έως.

Némée, ἡ Νεμέα, ας.

Ne... que, seul, μόνος, η, ον.

Néron, ὁ Νέρων, ωνος.

Nestor, ὁ Νέστωρ, ορος.

Neuf, novus, νέος, α, ον; καινός, ή, όν. Novem, ἐννέα.

Nez, ἡ ῥίς, ῥινός,

Ni, οὔτε. Ni même, οὐδέ. Quand on défend, μήτε, μηδέ.

Nicias, ὁ Νικίας, ου.

Nid, ἡ νεοσσία, ἡ καλιά, ᾶς. Faire son nid, νεοσσεύω.

Nil, ὁ Νεῖλος, ου.

Noble, de haute naissance, εὐγενής, ές. Honnête, καλός, ή, όν.

Noblesse, ἡ εὐγένεια, ας; τὸ ἀξίωμα, ατος. Noblesse d'âme, ἡ καλοκἀγαθία, γενναιότης, ητος.

Noé, ὁ Νῶε.

Nœud, τὸ σύναμμα, ατος. Nœud du blé, τὸ γόνυ, γόνατος, ὁ σύν-δεσμος, ου.

Noir, μέλας, μέλαινα, μέλαν.

Nom, τὸ ὄνομα, ατος.

Nombre, ὁ ἀριθμός, οῦ.

Nombreux, πολύς, πολλή, πολύ. Moins nombreux, ἐλάσσων, ον.

Nommer, ὀνομάζω, f. άσω.

Non, οὐκ, οὐχί.

Non-seulement, οὐ μόνον. Non plus, οὔτε, οὐδέ.

Nourrice, ἡ τιθήνη, ης.
Nourrir, τρέφω, ἐκ-τρέφω, f. θρέψω, pf. τέτροφα. Qui se nourrit de chair, σαρκοφάγος, ου.
Nourriture, ἡ τροφή, ῆς; ἡ βορά, ᾶς.
Nouveau, καινός, ή, όν. De nouveau, πάλιν, αὖθις.
Nouvelle, ἡ ἀγγελία, ας; τὸ ἄγγελμα, ατος.
Noyer, n. p., ἀπο-πνίγω. Se noyer, ἀπο-πνίγομαι, aor. 2 ἀπ-επνίγην.
Noyer, arbre, ἡ καρύα, ας.
Nu, γυμνός, ή, όν.
Nuage, nue, ἡ νεφέλη, ης.
Nuire à qn, βλάπτω τινά.
Nuit, ἡ νύξ, νυκτός. Passer la nuit, δια-νυκτερεύω, τὴν νύκτα παρα-πέμπω, f. πέμψω.

O

Obéir, πείθομαι, f. πείσομαι, pf. πέπεισμαι.
Obéissance, ἡ ὑπακοή, ῆς; ἡ εὐπείθεια, ας; ἡ ὑπηρεσία, ας. Obéissance aux lois, ἡ πειθαρχία, ας.
Objet, τὸ προκείμενον.
Oblation, ἡ προσφορά, ᾶς.
Obliger, aider, ὠφελέω. Forcer, ἀναγκάζω, f. άσω.
Obscur, σκοτεινός, ή, όν. Incertain, ἀσαφής, ές.
Observer, garder, φυλάσσω, f. Epier, τηρέω, σκοπέω.
Obstacle, τὸ ἐμπόδισμα, ατος.
Obtenir qc, τυγχάνω τινός.
Occupation, ἡ ἀσχολία; τὰ πράγματα; τὸ ἔργον.
Occuper, tenir, ἔχω; donner de l'occupation, ἀσχολέω. S'occuper, σπάω, σπουδάζω, ἀσχολέομαι. s'occuper des affaires publiques, ταῖς κοιναῖς πράξεσίν εἰμι.

Occasion, ὁ καιρός, οῦ.
Odeur, ἡ ὀσμή, ῆς. Bonne odeur, ἡ εὐπνοια, ας. Odeur fétide, ἡ δυσωδία, ας.
Odorat, ἡ ὄσφρησις, εως.
Œdipe, n. pr. ὁ Οἰδίπους, ποδος.
Œil, ὁ ὀφθαλμός, οῦ; τὸ ὄμμα, ατος. Jeter les yeux sur qn., βλέπω τινά.
Œuf, τὸ ᾠόν, ᾠοῦ.
Œuvre, τὸ ἔργον, ου. Bonne œuvre, τὸ κατόρθωμα, ατος.
Offenser q., ἁμαρτάνω εἴς τινα.
Officier, ὁ ἄρχων, οντος.— militaire, ὁ ἑκατόνταρχος, ου (centurion); ὁ χιλίαρχος, ου (qui commande mille hommes). Licteur, ὁ δήμιος, ίου.
Offrir, παρ-έχω; προς-φέρω, f. οἴσω; προ-τείνομαι.
Offusquer (l'esprit), ἀμαυρόω, δια-φθείρω (τὴν διάνοιαν).
Oie, ὁ χήν, χηνός. D'oie, anserinus, χήνειος, α, ον.
Oindre, χρίω, f. χρίσω.
Oint, χριστός, ή, όν.
Oiseau, ὁ, ἡ ὄρνις, ιθος.
Oiseleur, ὀρνιθοθήρας, ου.— qui chasse à la glu, ἰξευτής, οῦ.
Oisif, ἀργός, όν. Être oisif, ἀργέω.
Oligarchie, ἡ ὀλιγαρχία, ας.
Olivier, ἡ ἐλαία, ας. Olivier sauvage, ἡ κότινος, ου. Olivier consacré à Minerve, ἡ μορία, ας.
Olympe, ὁ Ὄλυμπος, ου.
Olympiade, ἡ ὀλυμπιάς, άδος.
Olympie, ἡ Ὀλυμπία, ας.
Olynthe, ville, ἡ Ὄλυνθος, ου.
Ombragé, κατάσκιος, ον.
Ombre, ἡ σκιά, ᾶς.
Ombreux, σκιερός, ά, όν.
On, τίς, τινός.
Oncle, ὁ θεῖος, ου.
Onde, τὸ κῦμα, ατος.
Ondoyer, κυμαίνω.

Opérer, κατ-εργάζομαι, f. άσομαι; τελέω, f. έσω.

Onze, ένδεκα.

Opinion, ή γνώμη, ης.

Opportun, εὔκαιρος, ον. Temps opportun, ή εὐκαιρία, ας.

Opposer, ἀντι-τίθημι. S'opposer, ἐν-αντιόομαι, imparf., ἠν-αντιοόμην, aor. pass. ἠν-αντιώθην.

Or, métal, ὁ χρυσός οῦ. — monnayé, τὸ χρυσίον. D'or, χρύσεος, έη, εον, contr. οῦς, ῆ, οῦν.

Or, conj., δέ.

Oracle, ὁ χρησμός, οῦ; τὸ μάντευμα, ατος.

Orateur, ὁ ῥήτωρ, ορος.

Ordinaire, εἰωθώς, υῖα, ός. L'ordinaire, la coutume, τὸ εἰωθός.

Ordonner, mettre en ordre, διατάσσω, f. ξω. Donner un ordre, προς-τάσσω, κελεύω.

Ordre, commandement, τὸ πρόςταγμα, ατος. Arrangement, ή τάξις, εως.

Oreille, τὸ οὖς, ὠτός.

Orgueil, ή ὑπερηφανία, ας; ή ἀπόνοια, ας.

Orgueilleux, ὑπερήφανος, ον; ἀλαζών, όνος.

Originel, πρόγονος, ον.

Originaire, γεγονώς, ότος.

Origine, ή ἀρχή, ῆς. Qui est de même origine, ὁμοφυής, ές.

Ornement, ὁ κόσμος, ου.

Orner, κοσμέω, f. ήσω.

Os, τὸ ὀστέον, έου.

Oser, τολμάω, θαρρέω.

Oter, ἀφ-αιρέω, f. ήσω, aor. 2 εἷλον. Dépouiller un vêtement, ἀποδύω.

Ou, vel, ἤ.

Où (ubi?), ποῦ; (quo?), ποῖ.

Oui, ναί.

Ouïr, ἀκούω, pf. ἀκήκοα. Incapable d'ouïr, ἀνήκοος, ον, gén.

Ouïs, ὁ, ή ἄρκτος, ου.

Outrage, ή ὕβρις, εως.

Outrager, ὑβρίζω, f. ὑβρίσω; ἐφυβρίζω, ἀδικέω.

Outre, s. f., peau de bouc, ἀσκός, οῦ.

Outre, prép. au-delà, πέραν, gén.

Ouvertement, φανερῶς.

Ouvrage, τὸ ἔργον, ου. Ouvrage artistement travaillé, τὸ φιλοτέχνημα, ατος.

Ouvrier, ὁ δημιουργός, οῦ; ὁ τεχνίτης, ου.

Ouvrir, ἀν-οίγω, f. ἀν-οίξω, aor. ἀν-έῳξα ou ἠν-έῳξα.

P

Pacifique, εἰρηνικός, ή, όν.

Paille, τὸ ἄχυρον, ου.

Pain, ὁ ἄρτος, ου.

Paisible, ήσυχος, ον; εἰρηνικός, ή, όν.

Paître, brouter, νέμω, νέμομαι.

Paix, ή εἰρήνη, ης.

Palais, τὰ βασίλεια, ων.

Paon, ὁ ταώς, ώ.

Papier, ὁ χάρτης, ου.

Par, à travers, διά, gén. — Par, marquant la cause, ὑπό, διά, gén.

Paradis, ὁ παράδεισος, ου.

Paraître, se montrer, φαίνομαι. Sembler, δοκέω, f. δόξω. Faire paraître, ἐπι-δείκνυμι, f. δείξω.

Parce que, ὅτι.

Parcourir, ἐπ-έρχομαι, f. ἐλεύσομαι; δια-τρέχω, f. δραμοῦμαι.

Pardon, ή συγγνώμη, ης; ή ἄφεσις, εως.

Parent, συγγενής, ές. Le père et la mère, οἱ γονεῖς.

Parer, κοσμέω. Paré d'arbres, εὐθαλής, ές.

Paresse, ή ῥαθυμία, ας.

Paresseux, νωθής, ές; ἀργός, όν; ῥάθυμος, ον; ὀκνηρός, ά, όν.

Parfait, τέλειος, α, ον. Intéger, ἄρτιος, α, ον.

Parfaitement, omnino, πάντως. Je sais parfaitement, εὖ οἶδα σαφῶς.

Parfum, τὸ ἄρωμα, ατος. Exhaler un doux parfum, ἡδὺ πνέω, f. πνεύσω.

Paris, n. d'homme, ὁ Πάρις, ιδος.

Parjure, s. m., ἡ ἐπιορκία, ας; τὸ ἐπι-ορκεῖν.

Parjure, adj. ἐπίορκος, ον.

Parler, λαλέω; φθέγγομαι, f. φθέγξομαι. Prononcer un discours, λέγω. Converser, δια-λέγομαι.

Parmi, sans mouv., ἐν, παρά, dat. Avec mouv., εἰς, acc.

Parménion, ὁ Παρμενίων, ωνος.

Parole, ἡ ῥῆσις κως; τὸ ῥῆμα, ατος. Discours, ὁ λόγος, ου; ὁ μῦθος ου. Vaine parole, ὁ λῆρος.

Parque, ἡ Μοῖρα, ας.

Part, τὸ μέρος, εος. Faire part, communiquer, κοινόομαι. De part et d'autre, ἀμφοτέρωθεν. De toutes parts, πανταχόθεν.

Partager, δι-αιρέω. — entre quelques-uns, εἴς τινας.

Participer, μετ-έχω, κοινωνέω, κοινωνός εἰμι.

Particulier, ἴδιος, α, ον. Un simple particulier, ὁ ἰδιώτης, ου. En son particulier, ἰδίᾳ.

Partie, τὸ μέρος, εος; ἡ μερίς, ίδος.

Partir, ἀπ-έρχομαι, ἀπο-χωρέω. Partir avec une flotte, ἀπο-πλέω, πλεύσομαι.

Partout, πανταχοῦ.

Pas, négat., οὐκ. N'est-ce pas? πῶς οὐχί;

Pas, passus, τὸ βῆμα, ατος. Faire un pas, βῆμα βάλλω, ἴχνος νέμω.

Passablement, ἐπιεικῶς.

Passage, ἡ δίοδος, ου; ὁ πόρος; . Fermer le passage, τῆς ὁδοῦ ἀπο-κωλύω. Dont rien ne ferme le passage, ἀκώλυτος, ον. Passage d'un fleuve, ποταμοῦ διάβασις.

Passer à travers, δι-έρχομαι. Passer d'ici là, μετα-βαίνω. Passer devant ou auprès, παρ-έρχομαι, παρα-τρέχω. Être transporté, μετ-άγομαι. Passer comme transfuge, αὐτομολέω. Passer le temps, τὸν χρόνον δια-τρίβω. Les choses passées, τὰ παρ-εληλυθότα.

Passereau, τὸ στρουθίον, ου.

Passion, τὸ πάθος, εος; τὸ πάθημα, ατος; ἡ ἐπιθυμία, ας.

Passionné pour le plaisir, φιλήδονος, ον. Passionné pour la gloire, φιλότιμος, ον.

Patience, ἡ μακροθυμία, ας.

Patient, μακρόθυμος, ον.

Patienter, καρτερέω, ἀνα-μένω.

Patriarche, ὁ πατριάρχης, ου.

Patrie, ἡ πατρίς, ίδος. Sans patrie, ἄπολις, ιδος.

Patrocle, n. pr. ὁ Πάτροκλος, ου.

Pâture, ἡ τροφή, ῆς.

Paul, ὁ Παῦλος, ου.

Pauvre, πένης, ητος; πενιχρός, ά, όν.

Pauvreté, ἡ πενία, ας.

Pavé, sol, τὸ δάπεδον, ου.

Payen, ἐθνικός, ή, όν; Ἑλληνικός, ή, όν. Religion payenne, Ἑλλήνων θρησκεία.

Payer, ἀπο-δίδωμι, ἀπο-τίνω. Payer un tribut, τελέω φόρον.

Pays, ἡ χώρα, ας.

Paysan, ὁ ἄγροικος, ου.

Peau, τὸ δέρμα, ατος. Peau apprêtée, διφθέρα, ας.

Péché, ἡ ἁμαρτία, τὸ ἁμάρτημα, ἡ ἀνομία, ἡ παρανομία, τὸ πλημμέλημα.

Pécher, ἁμαρτάνω, f. ἁμαρτήσομαι, aor. 2 ἥμαρτον; ἀνομέω, πλημμελέω.

Pécher, τοὺς ἰχθῦς θηρεύω, ἀγρεύω.

Pêcheur, ἁμαρτωλός, όν; παρά-νομος, ον.

Pêcheur, ὁ ἁλιεύς, έως.

Peigner, κτενίζω.

Peine, *affliction*, ἡ λύπη, ἡ ἀνία, ἡ θλῖψις. *Châtiment*, ἡ ζημία. A peine, avec peine, μόλις. Il défendit de sortir sous peine de mort, ἀπ-εῖπε μὴ ἐξ-ελθεῖν, ἢ θανά-τῳ ζημιοῦσθαι.

Peintre, ὁ ζωγράφος, ου.

Peinture, *art de peindre*, ἡ ζω-γραφία, ἡ γραφική.

Pêle-mêle, οὐδενὶ κόσμῳ.

Péloponèse, ἡ Πελοπόννησος, ου.

Péloponésien, Πελοποννήσιος, α, ον.

Penchant, *inclination*, ἡ ὁρμή, τὸ ἐπιρρεπές.

Pencher, κλίνομαι, νεύω.

Pendant, ἐν. Pendant que, ὅτε *ind.*, *ou rendez par le gén.absolu.*

Pénétrer, εἰς-δύομαι.

Pénible, ἀργαλέος, α, ον; χαλε-πός, ή, όν; ἐπίπονος, ον.

Pénitence, *repentir*, ἡ μετάνοια, ας. *Vie austère*, σκληρὰ δίαιτα.

Pensée, *cogitatio*, τὸ ἐνθύμημα, ἡ διάνοια, ἡ ἔννοια.

Penser, νοέω, φρονέω. *Croire*, νο-μίζω; ἡγέομαι, *f.* ἡγήσομαι.

Perçant (cri, βοή), ὀξύς, εῖα, ύ.

Perception (de l'intelligence), ἡ κατάληψις, εως.

Percer, πείρω, δια-πείρω. *Per-cer en minant*, δι-ορύσσω, *aor.* δι-ώρυξα. Percé d'un dard, κατα-τοξευθείς.

Percevoir, *recueillir*, λαμβάνω, *f.* λήψομαι; συλ-λέγω.

Percher (se), καθ-ίζω.

Perdre, *faire périr*, ἀπ-όλλυμι, *f.* ὀλέσω. *Dépenser*, κατ-αν-αλί-σκω, *f.* αν-αλώσω. *Amitto*, ἀπο-βάλλω.

Perdrix, ὁ πέρδιξ, ικος.

⁕ Père, ὁ πατήρ, τρός.

Perfection, ἡ τελειότης, ητος; τὸ τέλειον, ου.

Perfidie, ἡ ἀπιστία, ας.

Périclès, *n.pr.* ὁ Περικλῆς, έεος.

Péril, ὁ κίνδυνος, ου. A vide de pé-rils, φιλοκίνδυνος, ον.

Périr, ἀπ-όλλυμαι, *pf.* ἀπ-όλωλα; ἀνα-λύομαι; θνήσκω, *f.* θανοῦμαι; δια-φθείρομαι. Que je périsse, ἀπ-ολοίμην! *Disparaître*, ἀφανίζο-μαι. Faire périr, ἀπ-όλλυμι, *f.* ὀλέσω; ἀν-αλίσκω, *f.* ἁλώσω, δια-φθείρω.

Périssable, φθαρτός, ή, όν; διαρρ-ρέων, ουσα, ον.

Perle, ὁ μαργαρίτης, ου.

Permettre, ἐάω, ἀφ-ίημι, συγ-χω-ρέω. Il est permis (*licet*), ἔστι θέ-μις, ou ἔστι seul, ou θέμις seul.

Pernicieux, ὀλέθριος, ία, ον.

Perplexité, ἡ ἀπορία, ας.

Perse (la), ἡ Περσίς, ίδος. *Nom de peuple*, ὁ Πέρσης, ου.

Persévérance, ἡ καρτερία, ας.

Persévérer, καρτερέω, ἐμ-μένω.

Personnage, ὁ ἀνήρ, ἀνδρός.

Personne (une), τὸ πρόσωπον, τὸ σῶμα, ἡ κεφαλή.

Personne, *nemo*, οὐδείς, οὐδεμία, οὐδέν.

Personnel, *propre*, ἴδιος, ία, ον.

Persuader, πείθω. Se persuader, πείθομαι, *pf.* πέπεισμαι; πιστεύω; κατα-μανθάνω.

Persuasion, ἡ πειθώ, όος.

Perte, *pernicies*, ὁ ὄλεθρος, ου; ἡ ἀπώλεια, ας. *Privation*, ἡ στέ-ρησις, εως; τὸ στερίσκεσθαι. Perte de la raison, ἡ παράνοια, ας.

Pervers, φαῦλος, η, ον.

Pesant, βαρύς, εῖα, ύ.

Pétéphrès, *n.pr.* ὁ Πετεφρῆς, έος.

Petit, μικρός, ά, όν.

Petit d'un lion, ὁ σκύμνος, ου. Petit d'un oiseau, ὁ νεοσσός, οῦ. Qui fait beaucoup de petits, πολύτοκος, ον.

Peu, ὀλίγος, η, ον. Peu de temps, ὀλίγον χρόνον. Peu à peu, κατὰ μικρόν. Un peu de qc., ὀλίγον τινός.

Peuple, ὁ δῆμος, ου; ὁ λαός, οῦ.

Peupler, συν–οικίζω. Ville bien peuplée, πόλις πολυάνθρωπος.

Peur, ὁ φόβος, ου; τὸ δέος, δέεος. De peur que, μή. Avoir peur, φοβέομαι, δείδω, ὀῤῥωδέω.

Peut-être, τάχα, ἴσως.

Phalange, ἡ φάλαγξ, αγγος. Être à la tête d'une phalange, φάλαγγος προ-ηγέομαι.

Phénicien, ὁ Φοῖνιξ, ικος.

Phéraulas, n.pr. ὁ Φεραύλας, ου.

Philippe, ὁ Φίλιππος, ου.

Philosophe, ὁ φιλόσοφος, ου.

Phocion, n. pr. ὁ Φωκίων, ωνος.

Phrénésie, V. Frénésie.

Pie, ἡ κίσσα, ης.

Pièce, τὸ μέρος, εος. Pièce de monnaie, τὸ νόμισμα, ατος.

Pied, ὁ πούς, ποδός. Pied, sabot du cheval, ἡ ὁπλή, ῆς.— Qui descend jusqu'aux pieds, ποδήρης, ες.

Piége, ἡ πάγη, ης; ἡ παγίς, ίδος. Tendre des piéges à qn., ἐπι-βουλεύω τινί.

Pierre, ὁ λίθος, ου. De pierre, lapideus, λίθινος, η, ον.

Pierre, n. d'homme, ὁ Πέτρος, ου.

Piété, ἡ εὐσέβεια, ας.

Pieux, εὐσεβής, ές. Rendre pieux, εὐσεβῆ τινα καθ-ίστημι.

Pigeon, ἡ περιστερά, ᾶς.

Pin, ἡ πίτυς, υος.

Piquer, νύσσω, f. νύξω.

Pire, χείρων, ον.

Pirouetter, γυρεύω. Faire pirouetter, σφενδονάω.

Pitié, ὁ οἶκτος, ου; ὁ ἔλεος, ου. Avoir pitié de qn., ἐλεέω τινά.

Place, ὁ τόπος, ου. Place publique, ἀγορά, ᾶς. Rang, τάξις. Occuper une place, un rang, τάσσεσθαι.

Placer, τίθημι. Placer sur, ἐπι-τίθημι. Placé auprès, ἐγγύθεν παρα-κείμενος.

Plaie, τὸ ἕλκος, εος.

Plaine, τὸ πεδίον, ου. Plaine unie, χωρίον ἄπεδον.

Plaindre, ἐλεέω, οἰκτείρω τινά. Qui est à plaindre, ἐλεεινός, ή, όν; ἄθλιος, α, ον.

Plainte, ὁ ὀδυρμός, οῦ.

Plaisanterie, τὸ γελοῖον, ου; ἡ παιδιά, ᾶς.

Plaire, ἀνδάνω, ἀρέσκω. Plaise à Dieu! εἴθε, avec l'imparf. de l'ind. ou l'opt. présent ou aor.

Plaisir, ἡ ἡδονή, ῆς. Avec plaisir, ἡδέως. Se livrer au plaisir de boire, ἀσμένως πίνω, f. πίομαι.

Planche, ὁ πίναξ, ακος.

Plante, τὸ φυτόν, οῦ. Herbe, ἡ βοτάνη, ης. Plante du pied, ἡ βάσις, εως.

Planter, φυτεύω.

Platon, n. pr. ὁ Πλάτων, ωνος.

Plein, πλήρης ες; μεστός, ή, όν. Être plein, γέμω.

Pleurer, δακρύω, f. ύσω. Pleurer qn., ἀπ-οδύρομαί τινα.

Plier, céder, ἐκ-κλίνω.

Plonger, act. κατα-δύω, κατ-άγω, καθ-ίημι. Plonger, n. κολυμβάω.

Pluie, ὁ ὑετός, οῦ. La pluie tombe, ὕει.

Plumage, τὰ πτερά, ῶν. Perdre son plumage, πτερορρυέω.

Plume, τὸ πτερόν, οῦ.

Plumer, τίλλω, σπαράσσω.

Plupart (la), οἱ πολλοί, οἱ πλεῖστοι.

Plus, πλείων, ον, avec gén. Plus de deux cents, ὑπὲρ τοὺς διακοσίους. Combien plus? πόσῳ μᾶλλον; Beaucoup plus grand, πολὺ ou πολλῷ μείζων. De plus, ἔτι, καί.

Plusieurs, πολλοί, αί, ά.

Plutarque, *n. pr.* ὁ Πλούταρχος, ου.

Pluton, *n.pr.* ὁ Ἀΐδης, ὁ Ἅιδης, ου.

Plutôt que, μᾶλλον ἤ.

Poëme, ἡ ποίησις, εως; τὸ ποίημα, ατος.

Poésie, ἡ ποίησις, εως. Art poétique, ἡ ποιητική, ῆς.

Poëte, ὁ ποιητής, οῦ.

Poids, τὸ βάρος, εος. Fardeau, τὸ ἄχθος, εος.

Poil, ἡ θρίξ, τριχός.

Point, ἡ στιγμή, ῆς. Être sur le point de, μέλλω. Au point de ou que; ὡς ou ὥστε, avec *l'inf.*

Point, *négation,* οὐκ.

Poison, τὸ φάρμακον, ου; ὁ ἰός, ιοῦ.

Poisson, ὁ ἰχθύς, ύος.

Poitrine, τὸ στέρνον, ου; τὸ στῆθος, εος.

Poix, ἡ πίσσα, ης.

Poli, *lisse,* λεῖος, α, ον. Honnête, ἀστεῖος, α, ον.

Poliorcète, ὁ Πολιορκητής, οῦ.

Polir, λειόω, λεαίνω.

Pondre, ὠοτοκέω.

Population, τὸ πλῆθος, εος; ὁ δῆμος, ου.

Pontife, ὁ ἱερεύς, έως.

Porsenna, *n. pr.* ὁ Πορσέννας, α.

Port, ὁ λιμήν, ένος.

Porte, ἡ θύρα, ας. Porte d'une *ville,* ἡ πύλη, ης.

Porter, φέρω, *f.* οἴσω; φορέω. Être porté pour qn., εὔνους εἰμί τινι.

Portier, portière, ὁ, ἡ θυρωρός, οῦ.

Poser, τίθημι, *f.* θήσω.

Position, *état.,* ἡ κατά-στασις, εως.

Posséder, κέκτημαι, ἔχω.

Possession, τὸ κτῆμα, ατος.

Possible, δυνατός, ή, όν. Il est possible, ἔστι, ἔξεστι.

Poste, *s. m.* τὸ φρούριον, ου. Poste avancé, ἡ προφυλακή, ῆς.

Postérieur, ὕστερος, α, ον.

Potelé (être), σφριγάω.

Potion, τὸ φάρμακον, ου.

Potier, ὁ κεραμεύς, έως.

Poule, ἡ ὄρνις, ιθος.

Pour, *à cause de;* ἕνεκα, *gên.* — Ut, ἵνα, avec subj. ou opt. *Voy.* Synt. 343-347.

Pourpre, ἡ πορφύρα, ας; ἡ ἁλουργίς, ίδος. Purpureus; πορφύρεος, α, ον; πορφύρων, ουσα, ον. Se colorer en pourpre; πορφύρω.

Pourquoi? τί; διὰ τί; Pourquoi donc? τί δή; τί δήποτε; C'est pourquoi, ὅθεν, διό, διὰ τοῦτο.

Poursuivre, διώκω, *f.* ξω.

Pourtant, μέντοι *après un mot,* ἀλλὰ μήν, οὐ μὴν ἀλλά.

Pousser, ὠθέω, ἐξ-ωθέω, *f.* ὥσω. Pousser son cheval, τὸν ἵππον ἐλαύνω, *f.* ἐλάσω. Être poussé, entraîné, ἄγομαι. Pousser, *naître;* φύομαι.

Poussière, ἡ κόνις, εως; ὁ χοῦς, χοῦ. Retomber dans la poussière, ἀνα-λύομαι.

Poutre, ἡ δοκός, οῦ.

Pouvoir, *s. m.* ἡ δύναμις, εως. Selon mon pouvoir, ὡς δύναμαι.

Pouvoir, *v.* δύναμαι, *f.* δυνήσομαι, aor. 2 ἐδυνήθην.

Prairie, ὁ λειμών, ῶνος.

Pratique, ἡ ἄσκησις, εως. Mettre en pratique, ἀσκέω, *f.* ήσω.

Préalable, ἡγησάμενος, η, ον.

Précéder, *marcher devant;* προ-βαίνω. Être devant; προ-έχω.

Précieux, τίμιος, ία, ον.

Précipice, ὁ κρημνός, οῦ. Tombé dans un précipice, κατα-κεκρημνισμένος.

Précipiter, ῥίπτω, *f.* ῥίψω; *f. pass.* ῥιφθήσομαι. Se précipiter dans ou sur, εἰς-πίπτω.

Précisément, κομιδῇ.

Prédiction, ἡ πρόρρησις, εως; τὸ λόγιον, ου.

Préférable, αἱρετώτερος, α, ον.

Préférer , προ-αιρέομαι , . προ-κρίνω.

Premier, πρῶτος, η, ον.

Prendre, αἱρέω, λαμβάνω. Prendre à la chasse, ἀγρεύω, ἐκ-θηρεύω. Prendre entre ses bras, lever, χεροῖν αἴρομαι. Prendre, presser la main, χεῖρα πιέζω ou πιάζω, f. πιέσω.

Préparatif, ἡ παρασκευή, ῆς.

Préparer, ἑτοιμάζω, f. σω; παρα-σκευάζω, f. σω.

Près de, ἐγγύς, gén. Près d'ici, ἐγγύς.

Présage, τὸ σημεῖον, ου ; τὸ τεκμήριον, ου.

Présence, ἡ παρουσία, ας En présence de qn., ἐνώπιον, ἔμπροσθεν τινός.

Présent, cadeau, τὸ δῶρον, ἡ δωρεά. Faire un présent, δωρέομαι.

Présent, adj. παρ-ών, οῦσα, όν. Le temps présent, ὁ ἐν-εστηκὼς καιρός.

Présenter, παρ-ίστημι, παρ-έχω, προ-τείνω. Se présenter devant qn., ἵσταμαι πρός τινα. — devant un tribunal, παρ-έρχομαι εἰς δικαστήριον. Se présenter par hasard, παρα-τυγχάνω, aor. 2 ἔτυχον.

Présider, ἐπι-στατέω, f. ήσω.

Presque, μικροῦ δεῖν, παρὰ μικρόν, μικρόν.

Presser serrer, πιέζω, θλίβω. Pressé par la cavalerie, ὑπὸ τῶν ἱππέων βιαζόμενος. Presser qn., ἐπί-κειμαι, πρός-κειμαί τινι.

Pressoir, ὁ ληνός, οῦ.

Prêt, ἕτοιμος, η, ον.

Prétendre, dire, φημί. Aspirer à, φιλονεικέω. Avoir l'intention de, βούλομαι, f. ήσομαι, ἀξιόω.

Prêter, κίχρημι, f. χρήσω.

Prêtre, ὁ ἱερεύς, έως.

Preuve, ἡ ἀπόδειξις, εως.

Prier, εὔχομαι , προς-εύχομαι τινι. Demander, δέομαί τινος, αἰτέω τινά. Exhorter, παρα-καλέω τινά.

Prière, ἡ εὐχή, ῆς; ἡ δέησις, εως; ἡ ἀντιβολία, ας.

Prince, ὁ βασιλεύς, έως.

Principal, κυριώτατος, ἐπικαιριώτατος.

Principalement, μάλιστα.

Principe, ἡ ἀρχή. Dès le principe, ἐξ ἀρχῆς.

Printemps, τὸ ἔαρ, ἔαρος.

Prise (d'une ville), ἡ ἅλωσις, εως.

Prison, ἡ τήρησις, εως; τὸ δεσμωτήριον, ου. Jeter en prison, εἰς τὸ δεσμωτήριον εἰς-βάλλω.

Prisonnier, ὁ αἰχμάλωτος, ου, ἑαλωκώς, υῖα, ός. Faire prisonnier, αἱρέω, αἰχμάλωτον λαμβάνω.

Priver, στερέω. Être privé de, στέρομαί τινος ou τι; στερίσκομαί τινος ou τι; ἄμοιρός εἰμί τινος.

Prix, pretium, ἡ τιμή, τὸ τίμημα, ατος. Prix d'un combat, præmium, τὸ βραβεῖον. Remporter le prix d'un combat, ἀγῶνα νικάω. Qui est d'un prix égal à, ἀντάξιός τινος.

Probable, πιθανός, ή, όν. Ce qui est probable, τὸ εἰκός, ότος.

Prochain (le), ὁ, ἡ, τὸ πλησίον.

Proche, qui est de la famille, οἰκεῖος, α, ον.

Proclamer , ἀνα-κηρύσσω , f. κηρύξω.

Procurer, πορίζω, f. ίσω, συμ-πορίζω, παρ-έχω, προ-ξενέω. Se procurer, ἐκ-πορίζομαι.

Prodige, τὸ τέρας, ατος ; τὸ σημεῖον, ου.

Produire, γεννάω, φύω, ἀνα-τέλλω, ἀπο-δίδωμι. Qui produit peu, ὀλιγοτόκος, ον.

Profane, βέβηλος, ον. L'enseignement profane, ἡ ἔξωθεν παίδευσις.

Professeur, ὁ διδάσκαλος, ου.

Profitable, *lucratif*, κερδαλέος, α, ον.

Profond, βαθύς, εῖα, ύ; κοῖλος, η, ον.

Projet, τὸ βούλευμα, ατος; ἡ βουλή, ῆς; ἡ προαίρεσις, εως.

Progrès, ἡ προκοπή, ῆς. Faire des progrès, προ-κόπτω.

Promenade, lieu de promenade, ὁ περίπατος, ου.

Promener (se), βαδίζω, *f.* ίσω.

Promesse, ἡ ἐπ-αγγελία, ας.

Promettre, ἐπ-αγγέλλω, ὑπ-ισχνέομαι, *f.* ὑπο-σχήσομαι.

Prompt, ταχύς, εῖα, ύ. Promptement, ταχέως.

Prononcer, φθέγγομαι, *f.* φθέγξομαι.

Prophète, ὁ προφήτης, ου.

Prophétie, ἡ προφητεία, ας.

Prophétiser, μαντεύω, μαντεύομαι, προ-φητεύω. Être prophétisé, μαντεύομαι.

Propice, ἵλεως, ων.

Proposer, προ-τίθημι. Se proposer de, προ-τίθεμαι.

Proposition, ἡ πρότασις, εως; ἡ συνθήκη, ης.

Propre, *purus*, καθαρός, ά, όν; *proprius*, ἴδιος, α, ον.

Propriétaire, ὁ κύριος, ου; ὁ δεσπότης, ου.

Prosaïque, λογοειδής, ές; πεζός, ή, όν.

Prose, ἡ ψιλὴ λέξις, ὁ πεζὸς λόγος.

Prospère, εὐτυχής, ές; εὐδαίμων, ον.

Prospérité, ἡ εὐτυχία, ας; ἡ εὐημερία, ας; ἡ εὐπραγία, ας.

Protection, ἡ προστασία, ας.

Prouver, ἐλέγχω, *f.* ἐλέγξω; ἐπι-δείκνυμι, *f.* δείξω.

Provision, ἡ παρασκευή, ῆς. Provision dont il aura besoin, ὅτι πρὸς χρείαν αὐτῷ ἐπι-κουρήσει. Provision de voyage, τὸ ἐφόδιον.

Prudence, ἡ φρόνησις, εως. Aver prudence, σωφρόνως, φρονίμως.

Prytane, ὁ πρυτανεύς, έως.

Psalmiste, ὁ ψαλμιστής, οῦ.

Psaume, ὁ ψαλμός, οῦ.

Public, *qui appartient à l'État*, δημόσιος, ία, ον. Le public, ὁ δῆμος, ου. En public, φανερῶς.

Publicain, ὁ τελώνης, ου.

Publier, κηρύσσω, περι-αγγέλλω.

Pudeur, ἡ αἰδώς, όος,

Puis, ἔπειτα, καί.

Puiser, ἀρύω.

Puisque, ἐπεί, ἐπειδή.

Puissance, ἡ δύναμις, εως; τὸ κράτος, εος. *Empire*, ἡ δυναστεία, ας. Avoir de la puissance, δύναμαι.

Puissant, δυνατός, ή, όν; ἰσχυρός, ά, όν; κρείττων, ον; μέγα δυνάμενος. Tout-puissant, παντο-δύναμος, ον.

Puisse-t-il! *utinam!* εἴθε, *avec l'optatif.*

Puits, τὸ φρέαρ, φρέατος.

Punir, κολάζω, *f.* κολάσω. Punir de mort, θανάτῳ ζημιόω. Être puni, τιμωρέομαι, δίδωμι δίκην, τιμωρίαν τιννύω.

Pur, καθαρός, ά, όν; ἁγνός, ή, όν.

Pureté, ἡ καθαρότης, ητος; ἡ ἁγνεία, ας.

Pyramide, ἡ πυραμίς, ίδος.

Pythodore, **n. pr.** ὁ Πυθόδωρος, ου.

Q

Quand, ὅτε, *indic.*; ὅταν, *subj.* Quand même, κάν.

Quant à, δέ, γε, τοι.

Quantité, τὸ πλῆθος, εος.

Quarante, τεσσαράκοντα. Quarante mille, τέσσαρες μυριάδες.

Quatorzième, τέταρτος καὶ δέκατος.

Quatre, τέσσαρες, α.

Que, *conj.* ὅτι. Quid? τί; Quantum, ὡς, ὅσον.

Quel! οἷος, α, ον. Qualis? ποῖος, ποία, ποῖον; Quel beau spectacle! ὡς καλὸν θέαμα, οἷον θέαμα. Lequel des deux? πότερος, α, ον;

Quelconque, ὁποιοσοῦν. D'une manière quelconque, ὁπωσοῦν.

Quelque, quelqu'un, τίς.

Querelle, ἡ ἔρις, ιδος.

Querelleur, μάχιμος, ον; ἐριστικός, ή, όν.

Queue, ἡ οὐρά, ᾶς.

Qui, qui, ὅς, ἥ, ὅ. Quis? τίς;

Quiconque, ὅστις, ἥτις, ὅ τι.

Quinze, πέντε καὶ δέκα.

Quitter, ἀπο-λείπω, *f.* λείψω, *pf.* λέλοιπα.

Quoique, εἰ καί, καίπερ.

Quotidien, ἐφήμερος, ον; ἐφημερινός, ή, όν.

R

Rabattre, κατα-στέλλω.

Race, τὸ γένος, εος.

Racine, ἡ ῥίζα, ης.

Raconter, δι-ηγέομαι, μνημονεύω, λέγω.

Raffermir, βεβαιόω; — un mur, τεῖχος ὑπο-στηρίζω.

Rafraîchissement, ἡ ἀναψυχή, ῆς.

Raidi par le froid, τῷ ῥίγει πηγνύμενος.

Railler, σκώπτω, *f.* ψω.

Raisin, ἡ σταφυλή, ῆς.

Raison, ὁ νόος, ου; ὁ λόγος, ου; ὁ λογισμός, οῦ; ἡ γνώμη, ης. Cause, ἡ αἰτία, ας.

Raisonnement, ὁ λογισμός, οῦ.

Ramasser, συλ-λέγω, *f.* λέξω.

Rame, ἡ κώπη, ης.

Rameau, ὁ κλάδος, ου; ὁ ὄρπηξ, ηκος; τὸ ἔρνος, εος.

Ramper, ἔρπω. S'efforcer de ramper en haut, ἀν-ερπύζω, *f.* ύσω.

Rançon, τὰ λύτρα, ων.

Rang, ordre, ἡ τάξις, εως. Le premier rang, τὸ πρωτεῖον.

Ranger, τάσσω, *f.* τάξω. Ranger contre, ἀντι-τάσσω. — en face, παρα-τάσσω.

Rapide, ὠκύς, εῖα, ύ.

Rapidement, ταχέως.

Rappeler, ἀνα-καλέω. Remettre en mémoire, ἀνα-μιμνήσκω, ὑπο-μιμνήσκω, *f.* μνήσω. Se rappeler, ἀνα-μιμνήσκομαι, *f.* μνήσομαι.

Rapport, analogie, convenance, ἡ ἀναλογία, ἡ συμφωνία. Qui est en rapport avec qc., σύμμετρός τινι.

Rapporter, ἀνα-φέρω. Raconter, διηγέομαι, λέγω.

Rare, σπάνιος, α, ον.

Raser, κείρω.

Rassasier, κορέννυμι, *f.* κορέσω.

Rassembler, συν-άγω, συλ-λέγω.

Ravager, πορθέω, λυμαίνομαι. Qui n'est pas ravagé, ἀδήωτος, ον.

Ravin, ἡ φάραγξ, φάραγγος.

Ravir, ἀφ-αιρέω; ἁρπάζω, *f.* άσω.

Rayon, ἡ ἀκτίς, ῖνος.

Réalité, τὸ ἀληθές. En réalité, τῇ ἀληθείᾳ.

Rebâtir, ἀν-οικίζω, *f.* σω.

Rebecca, *n. pr.* ἡ Ῥεβέκκα, ης.

Recéleur, ὁ συγ-κρύπτων.

Recevoir, λαμβάνω, παρα-λαμβάνω, δέχομαι. Recevoir l'un après l'autre, μετα-λαμβάνω, *f.* λήψομαι.

Réchauffer, θάλπω, δια-θάλπω.

Rechercher, ἀνα-ζητέω. Rechercher (une faute), *l'examiner*, ἐξετάζω, *f.* άσω.

8

Récit, τὸ διήγημα, ατος.

Récolter, τρυγάω.

Récompense, ὁ μισθός, οῦ; τὸ γέρας, αος ; ἡ ἀντίδοσις, εως. Prix d'un combat, τὸ ἄθλον, ου. Qui est sans récompense, ἀγέραστος, ον.

Reconnaissance, ἡ χάρις, ιτος ; τὸ μνημονικόν, οῦ; ἡ ἀντίδοσις, εως.

Reconnaissant, εὐγνώμων, ον.

Reconnaître, ἀνα-γνωρίζω, ἐπι-γιγνώσκω, f. γνώσομαι, aor. 2 ἔγνων.

Recouvrir, καλύπτω, στορέννυμι, f. στορέσω.

Récréation, ἡ ἄνεσις, εως; ἡ ἀνά-παυλα, ης.

Récrire, ἀντι-γράφω, f. ψω.

Recueillir, συλ-λέγω, f. λέξω.

Recueillir des fruits. καρπόομαι.

Redouter, ὑπο-πτήσσω, f. πτήξω.

Réfléchir, νοέω, ἐν-θυμέομαι.

Reflet, ἡ χρόα, ας.

Refuge, ἡ καταφυγή, ῆς.

Réfugier (se), κατα-φεύγω.

Refuser, ἀρνέομαι.

Réfuter, δι-ελέγχω, f. ελέγξω.

Regard, ἡ ὄψις, εως.

Regarder, βλέπω, ὁράω. Regarder à travers, δι-οράω, f. ὄψομαι. Regarder avec indifférence, περι-οράω. Regarder comme, juger, κρίνω, νομίζω. Être regardé comme, paraître, δοκέω.

Région, τὸ χωρίον, ου.

Régler, ὀρθόω, εὐθύνω, νομίζω, ρυθμίζω. Il est réglé par le destin, εἵμαρται.

Régner, βασιλεύω, ἄρχω. Le silence règne partout, ἡ σιγὴ περι-έχει τὰ πάντα.

Regretter, ποθέω.

Rejeter une faute sur q., ἀνα-φέρειν αἰτίαν εἴς τινα.

Rejeton, τὸ βλάστημα, ατος.

Réjouir, εὐφραίνω, τέρπω. Se réjouir de, ἐπι-χαίρω τινί; ἥδομαί τινος.

Réjouissance, fête, ἡ ἑορτή, ῆς.

Relâche, ἡ ἀναπνοή, ῆς.

Relâchement, ἡ ἄνεσις, εως.

Relâcher (se), μαλακίζομαι, κατα-ρ-ραθυμέω.

Relever, ἀν-ίστημι, ἐπαν-ορθόω. Relever le courage, θαρσύνω. Se relever, ἀν-ίσταμαι, ἄν-ειμι.

Religieux, εὐσεβής, ές; ὅσιος, α, ον.

Religion, ἡ θρησκεία, ας.

Relique, τὸ λείψανον, ου.

Remarquer, κατα-μανθάνω, f. μαθήσομαι, aor. 2 ἔμαθον.

Remède, τὸ φάρμακον, ου.

Remettre, transmettre, παρα-δίδωμι. Remettre une dette, ἀφ-ιέναι ὀφείλημα, ατος.

Rempart, ἡ προβολή, τὸ τεῖχος. Rempart de boucliers, ὁ συνασπισμός, οῦ.

Remplir, πλήθω, ἀνα-πληρόω, ἐμπί-πλημι, f. ἐμ-πλήσω. Être rempli, μεστός εἰμι. Remplir un ministère, δια-κονέω.

Remporter le prix, ἀν-αιρέω, κατα-λαμβάνω τὸ βραβεῖον.

Remuer, κινέω, f. ήσω.

Renard, ἡ ἀλώπηξ, εκος.

Rencontrer, ἀπ-αντάω, dat. Se rencontrer avec q., συν-τυγχάνω τινί, aor. 2 ἔτυχον.

Renfermer, ἐγ-κλείω. Contenir, ἔχω, χωρέω, χανδάνω, περι-λαμβάνω.

Rendre, restituer, ἀπο-δίδωμι. Faire, devenir, ποιέω, τίθημι, ἀπ-εργάζομαι. Rendre q. hostile, ἐκ-πολεμόω τινά. Se rendre, aller, ἔρχομαι. Se rendre à q., εἴς τινα προς-φεύγω. Se rendre, céder, εἴκω.

Renommée, ἡ φήμη, ης.

Renverser, κατα-στρέφω. —une muraille, κατα-σκάπτω τεῖχος. Faire tomber par des secousses, κατα-σείω, f. σείσω.

Renvoyer, ἀπο-πέμπω, pf. πί-πομφα. Ils se renvoient les affaires l'un à l'autre, εἰς ἀλλήλους ἀπο-βλέπουσι.

Répandre, χέω, f. χεύσω. Se répandre (en parlant d'une nouvelle), δια-τρέχω, δια-σπείρομαι, θρυλλέομαι.

Réparer, ἐπι-σκευάζω. — une muraille, τεῖχος ὑπ-οικοδομέω.

Repartir, dire, φημί,

Repentir (se), μετα-νοέω.

Répéter, πάλιν λέγω.

Répondre, ἀπο-κρίνομαι, aor. ἀπ-εκρίθην,

Repos, relâche, ἄνεσις, εως; ἀνά-παυσις, εως; ἀναπνοή, ῆς.

Reposer, κλίνω, κατα-κλίνω. Se reposer, ἀνα-παύομαι.

Repousser, ἀπο-κρούομαι, ἀπ-ωθέομαι, ἀμύνομαι, ἀφ-ίστημι.

Reprendre, réprimander; ἐπι-τιμάω, νουθετέω, ἐλέγχω τινά.

Représenter, peindre, γράφω, ἀπ-εικάζω.

Réprimande, ἡ ἐπιτίμησις, εως; ὁ ἔλεγχος, ου.

Réprimer, ἐπ-έχω, κατα-στέλλω.

Reproche, μέμψις, κατάμεμψις. Qui vit sans reproche, ἄμεμπτος, ἀνεπίληπτος, ζῶν μετὰ παρρησίας.

Reprocher, ὀνειδίζω, μέμφομαι, ἐπι-τιμάω τινί τι.

Reproduire, ἀνα-φύω. Reproduire par la peinture, δια-σημαίνω.

Reptile, τὸ ἑρπετόν, οῦ.

Réputation, ἡ δόξα, ης. Acquérir une bonne réputation, εὐδοκιμέω.

Réserver, ἀπο-τίθεμαι, ταμιεύ-ομαι, φυλάσσω.

Réservoir, τὸ δοχεῖον, ου,

Résister, ἀντ-έχω, ἀντιόομαι.

Résolution, dessein, γνώμη, βουλή; πρᾶξις; εως. Arrêter une résolution, γνώμην αἱρέομαι, δοκεῖ μοι.

Résoudre, prendre une résolution, δοκέω, f. δόξω.

Respect, ἡ αἰδώς, όος.

Respecter, αἰδέομαι, f. αἰδέσομαι et αἰδέσομαι, aor. ᾐδέσθην. Montre que tu respectes (parais respectant), φαίνου αἰδοῖ.

Respirer, ἐμ-πνέω, ἀνα-πνέω, f. πνεύσω. Tout ce qui respire, πᾶν τὸ ἔμψυχον.

Ressaisir, πάλιν ἁρπάζω.

Ressembler, ἔοικα, ας, ε.

Ressentir, αἰσθάνομαι, f. αἰσθή-σομαι.

Resserrer, σφίγγω, f. σφίγξω; στενοχωρέω.

Ressusciter, v. a., ἐκ νεκρῶν ἐγείρω; v. n., ἐγείρομαι, ἀνα-ζάω.

Restaurer, ἐπι-σκευάζω, f. ασω.

Reste, τὸ λείψανον, ου. Au reste, πλήν, δέ.

Rester, μένω, pf. μεμένηκα.

Résurrection, ἡ ἀνάστασις, εως.

Retentir, faire retentir, ἠχέω.

Retirer (se) de, ἀπο-χωρέω, πο-ρεύομαι ἀπό.

Retour, ἡ ἐπάνοδος, ου.

Retourner (s'en), ἐπαν-έρχομαι, ἀνα-χωρέω, ἀπο-νοστέω, ἀπορ-ρέω.

Retracer, ἐγ-χαράσσω, f. ξω.

Retrancher, ἀφ-αιρέω, ἀν-αιρέω, περι-αιρέω.

Retrousser, δια-ζώννυμι, f. ζώ-σω; ἀνα-στέλλω, ἀνα-σύρω.

Réunir, συν-άπτω, συμ-βάλλω, συν-τάσσω. Se réunir, συν-έρχο-μαι, f. ἐλεύσομαι.

Réussir, καλῶς πράσσω, f. ξω.

Revêche, τραχύς, εῖα, ύ.

Réveiller, ἐγείρω, f. ἐγερῶ, pf. ἐγήγερκα.

Revenir, ἐπαν-έρχομαι, f. ἐλεύ-σομαι, aor. 2 ἦλθον.

Revenu, s. m., ἡ πρόσοδος, ου.

Revers de fortune, ἡ τύχης μετα-βολή; ἡ συμφορά. Éprouver des revers, κακῶς πράσσω, f. ξω.

Revoir, πάλιν ὁράω; αὖθις ἐφ-οράω, f. ὄψομαι, aor. 2 εἶδον.

Riche, πλούσιος, ία, ον; εὐδαί-μων, ον. Être riche, πλουτέω. De-venir riche, πλουτίζομαι.

Richesse, ὁ πλοῦτος, ου; τὰ χρή-ματα, ων.

Rider, ῥυτιδόω, τραχύνω.

Rien, οὐδέν, μηδέν.

Rigoureux, σκληρός, χαλεπός, ἀφόρητος; δριμύς, εῖα, ύ. Exact, ἀκριβής, ές.

Rigueur du froid, τὸ ῥῖγος, εος. Secourir q. contre les rigueurs de l'hiver, χειμῶνά τινι ἐπι-κουρέω.

Rire, γελάω, f. άσομαι.

Risible, γελοῖος, α, ον.

Rivage, ἡ ἀκτή, ῆς.

Rival, ἀντίπαλος, ον.

Robe, ἡ στολή, ῆς.

Robuste, ἰσχυρός, ά, όν.

Rocher, ἡ πέτρα, ας.

Roi, ὁ βασιλεύς, έως; ὁ τύραννος, ου.

Romain, Ῥωμαῖος, α, ον.

Rome, ἡ Ῥώμη, ης.

Rompre, κατ-άγνυμι, f. άξω; δια-κόπτω. Qu'on ne peut rompre, ἀρραγής. ές. Rompu, κατεαγώς.

Ronce, ἡ βάτος, ου.

Ronger, τρώγω, f. τρώξομαι; τείρω, δια-φθείρω, τρύχω, ἔδω.

Rose, τὸ ῥόδον, ου.

Rosée, ἡ δρόσος, ου. Eau qui, en jaillissant, se divise en fines par-celles, ἄχνη, ης.

Rossignol, ἡ ἀηδών, όνος.

Rôtir, ὀπτάω.

Rouer, τροχίζω. Rouer de coups, συν-τρίβω, f. τρίψω.

Rouge, ἐρυθρός, ά, όν.

Rouille, ὁ ἰός, ιοῦ. Se couvrir de rouille, κατ-ιόομαι.

Rouler, κυλίω, f. ίσω.

Route, ἡ ὁδός, οῦ. Route facile, ὁδὸς εὔπορος, εὐπορία.

Royal, βασιλικός, ή, όν.

Royaume, ἡ βασιλεία, ας.

Royauté, ἡ βασιλεία, ας.

Ruban, ἡ ταινία, ας.

Rue, ἡ ἀγυιά, ᾶς.

Ruiner, κατα-βάλλω, κατα-φθεί-ρω. Ruiné de fond en comble, ἄρ-δην ἀπ-ολλύμενος, πανωλεθρίᾳ κατ-εφθαρμένος.

Ruisseau, ὁ ῥύαξ, ακος.

Ruse, ὁ δόλος, ου; ἡ τέχνη, ης.

Rusé, δολερός, ά, όν.

S

Sable, ἡ ψάμμος, ου; ἡ ἄμμος, ου.

Sace, n. pr. Σάκας, ου.

Sacré, ἱερός, ά, όν.

Sacrifice, ἡ θυσία, ας.

Sacrifier, θύω. Abandonner, προ-ίεμαι.

Sage, σοφός, ή, όν; φρόνιμος, ον. Être ou devenir sage, σωφρονέω.

Sagesse, ἡ σοφία, ας; ἡ φρόνησις, εως.

Sain, ὑγιής, ές.

Saint, ἅγιος, ία, ον.

Saisir, κατα-λαμβάνω, ἀρπάζω, f. σω; κρατέω. Surprendre, ἀλίσκω. Entreprendre, ἀντι-λαμβάνομαί τινος.

Saison, ἡ ὥρα, ας.

Salaire, ὁ μισθός, οῦ.

Sale, ῥυπαρός, ά, όν.

Salomon, n. pr. Σαλομών, ῶντος.

Saluer, ἀσπάζομαι, f. άσομαι.

Salut, ἡ σωτηρία, ας. Santé, ἡ ὑγίεια, ας.

Sanctifier, ἁγιάζω, f. άσω.

Sanctuaire, τὸ τέμενος, εος; τὸ ἱερόν, οῦ.

Sang, τὸ αἷμα, ατος.

Sanglant, αἱματώδης, ες; ἡμα-τωμένος, η, ον.

Sanglier, ὁ κάπρος, ου.

Sangloter, λύζω.

Sans, ἄνευ, gén. Sans, devant un verbe peut se tourner par et ne pas, καὶ οὐκ.

Santé, ἡ ὑγίεια, ας.

Sardanapale, n. pr. ὁ Σαρδανάπαλος, ου.

Satiété, ὁ κόρος, ου.

Satrape, ὁ σατράπης, ου.

Saturne, n. pr. ὁ Κρόνος, ου.

Saül, n. pr. ὁ Σαούλ.

Sauter, ἄλλομαι.

Sauvage, ἄγριος, α, ον.

Sauver, σώζω, δια-σώζω, f. σώσω.

Savoir, ἐπ-ίσταμαι, f. ἐπι-στήσομαι; οἶδα. Pouvoir, δύναμαι.

Scélérat, πονηρός, ά, όν.

Sceptre, τὸ σκῆπτρον, ου; ἡ ῥάβδος, ου.

Science, τὸ μάθημα, ατος; ἡ ἐπιστήμη, ἡ σοφία.

Sculpter, γλύφω, f. ψω, aor. 2 pass. ἐγλύφην.

Sculpteur, ὁ γλυφεύς, έως.

Scythe, ὁ Σκύθης, ου.

Sébaste, ἡ Σεβαστή, ῆς.

Second, δεύτερος, α, ον.

Seconder, συλ-λαμβάνω, συν-επι-λαμβάνω, συν-εργέω τινί.

Secouer, σείω. Secouer le joug, τῆς ἀρχῆς ἀπο-λύομαι, τὸν ζυγὸν ἀπο-σείω, f. σείσω.

Secourir, βοηθέω τινί, ἐπι-κουρέω τινί, ὠφελέω τινά. Secourir q. contre q. c., ἐπι-κουρέω τινί τι.

Secours, ἡ ἐπικουρια, ἡ ὠφέλεια, ἡ βοήθεια, ἡ ῥοπή.

Secret, adj., ἀπόκρυφος, ον. Secret, s. m., τὸ ἀπόρρητον. En secret, λάθρα.

Secrètement, λανθανόντως, λάθρα, κρύφα.

Sécurité, ἡ ἀσφάλεια, ας; ἡ ἄδεια, ας.

Sédition, ἡ στάσις, εως.

Séduire, ὑπ-άγω, ὑπ-έρχομαι, κηλέω, δελεάζω, ἀπο-βουκολέω.

Séjour, ἡ διατριβή, ῆς.

Seigneur, ὁ Κύριος, ου.

Sein, ὁ κόλπος, ου. Sein maternel, ἡ μήτρα, ας; ἡ κοιλία, ας.

Sel, ὁ ἅλς, ἁλός.

Selon, κατά, acc.

Semblable, ὅμοιος, α, ον.

Sembler, δοκέω, f. δόξω.

Semer, σπείρω, f. σπερῶ. Semé de fleurs, πολυανθής, ές.

Semence, τὸ σπέρμα, ατος.

Sens, ἡ αἴσθησις, εως. Organe des sens, τὸ αἰσθητήριον.

Sentiment, opinion, ἡ γνώμη, ης. Affection, τὸ πάθος, εος.

Sentir, s'apercevoir, αἰσθάνομαι, f. αἰσθήσομαι. Qui se fait sentir, qui est saisi par les sens, αἰσθητός, ή, όν.

Séparation, διάστασις, εως.

Séparer, χωρίζω. Se séparer de, ἀπ-αλλάσσομαι, ἀφ-ίσταμαι.

Sept, ἑπτά. Septième, ἕβδομος, η, ον. Sept mille, ἑπτὰ χιλιάδες.

Sépulture, ἡ ταφή, ῆς. Privé de sépulture, ἄταφος, ον.

Serment, ὁ ὅρκος, ου. Faire serment, ὄμνυμι, f. ὀμοῦμαι.

Serpent, ὁ ὄφις, εως.

Serrer, tasser, πυκνόω. Etreindre, σφίγγω. Ceindre, ζώννυμι.

Service, action d'un serviteur, ἡ ὑπηρεσία. Bon office, ἡ χάρις, ἡ εὐεργεσία, ἡ ὠφέλεια. Rendre service à qn., ὠφελέω τινά.

Servir, être serviteur, δουλεύω τινί; ὑπηρετέω τινί; θεραπεύω τινά. Servir Dieu, τῷ Θεῷ λατρεύω. Etre utile à, ὠφελέω τινά, συμ-φέρω, λυσιτελέω τινί. Se servir de, χράομαί τινι. Servir de, devenir, γίγνομαι.

Serviteur, ὑπηρέτης, ου; οἰκέτης, ου. Qui est serviteur avec, ὁμόδουλος, ον.

Seth, ὁ Σήθ, ὁ Σῆθος, ου.

Seul, μόνος, η, ον.

8.

Seulement, μόνον. Non-seulement, οὐ μόνον.

Si *dubitatif*, εἰ; ἐάν. Si, *tellement*, οὕτω.

Sicile, ἡ Σικελία, ας.

Siècle, ὁ αἰών, ῶνος.

Siége, *sella*, ἡ ἕδρα, ας. *Obsessio*, ἡ πολιορκία, ας.

Signal, τὸ σημεῖον, ου. Donner le signal, σημαίνω, f. ανῶ.

Signe, τὸ σημεῖον, τὸ τεκμήριον.

Silence, ἡ σιγή, ἡ σιωπή.

Silencieux, σιγηλός, ή, όν; σιωπῶν, ῶσα, ῶν.

Sillon, ἡ αὖλαξ, ακος.

Simonide, n. pr. ὁ Σιμωνίδης, ου.

Simple, *sans détour*, ἁπλοῦς, ῆ, οῦν. Tout seul, μόνος, η, ον

Simplement, ἁπλῶς.

Singe, ὁ πίθηξ, ηκος.

Simus, n. pr. ὁ Σῖμος, ου.

Si non, εἰ δὲ μή.

Sirène, ἡ Σειρήνη, ης.

Situé, κείμενος, η, ον. Être situé, κεῖμαι. Être situé dans un pays, lui appartenir, τελέω εἴς τινα χώραν.

Sixième, ἕκτος, η, ου.

Sobriété, ἡ ἐγκράτεια, ας. Être sobre, νήφω.

Société, *association*, ἡ κοινωνία. *Liaison*, ἡ ὁμιλία, ἡ συνήθεια. Être d'une société peu agréable, χαλεπός εἰμι συγ-γενέσθαι.

Socrate, n. pr. ὁ Σωκράτης, εος.

Sœur, ἡ κασιγνήτη, ης.

Soi-même, ἑαυτοῦ, ῆς, οῦ.

Soif, ἡ δίψα, ης. Avoir soif, διψάω. Souffrir beaucoup de la soif, ὑπὸ δίψης ταλαιπωρέομαι.

Soin, ἡ ἐπιμέλεια, ας. Prendre soin de, ἐπι-μελέομαί τινος, φροντίζω τινός, ἐπι-νοέω τι.

Soir, ἡ δείλη, ης.

Soixante, ἑξήκοντα.

Sol, τὸ πέδον, ου. Sol rocailleux, χώρα πετρώδης.

Soldat, ὁ στρατιώτης, ου.

Soleil, ὁ ἥλιος, ου.

Solitude, ἡ ἐρημία, ας.

Sombre, *obscur*, σκοτεινός, ή, όν. Triste, σκυθρωπός, ή, όν.

Somme d'argent, τὸ ἀργύριον, τὰ χρήματα.

Sommeil, ὁ ὕπνος, ου.

Sommet, ἡ κορυφή, ῆς.

Son, sa, ses, αὐτοῦ, ῆς, ῶν.

Songe, τὸ ὄναρ, *gén.* ὀνείρατος.

Songer, *réfléchir*, λογίζομαι, ἐν-νοέω, δια-νοέω. *Vouloir*, βούλομαι, f. βουλήσομαι.

Sophiste, ὁ σοφιστής, οῦ.

Sophocle, n. pr. Σοφοκλῆς, έος.

Sort, ἡ τύχη, ης.

en Sorte que, ὥστε, *indicat*.

Sortir, ἐξ-έρχομαι, f. ἐλεύσομαι, aor. 2 ἦλθον. Sortir en bondissant, ἐξ-άλλομαι.

Sot, ἠλίθιος, ον; σχολαστικός, ή, όν.

Sottement, εὐήθως.

Sottise, ἡ μωρία, τὸ μωρόν, τὸ ἠλίθιον. J'ai laissé échapper une sottise sans y penser, μωρόν τι λέγων λέληθα.

Souci, ἡ μέριμνα, ης.

Soudain, αἰφνιδίως, ἐξαπιναίως.

Souffle, τὸ πνεῦμα, ατος; ἡ πνοή, ἡ αὔρα.

Souffler, πνέω, f. πνεύσω.

Souffrance, ἡ κακοπάθεια, ας; τὸ πάθος, εος. Exposé aux mêmes souffrances, ὁμοιοπαθής, ές.

Souffrir, πάσχω, f. πείσομαι; aor. ἔπαθον. Souffrir une douleur, ἀλγέω, ταλαιπωρέω.

Souhaiter, εὔχομαι, ἀξιόω, *suivis d'un verbe*, ἐράω, ἐπιθυμέω, gén.

Souiller, μιαίνω, μολύνω. *Corrompre*, δια-φθείρω.

Souillure, ἡ κηλίς, ίδος.

Soulagement, τὸ κούφισμα, ατος.

Soulager, ὠφελέω τινά.

Soulever, *exciter*, κινέω. *Lever*, αἴρω, κουρίζω. Se soulever, se lever, ἐγείρομαι, ἀν-ίσταμαι.

Soulier, τὸ ὑπόδημα, ατος.

Soumettre une ville, πόλιν ὑπ' ἐμαυτῷ ποιέομαι, προσ-άγομαι, πόλιν.

Soumis, ὑπο-κείμενος, ὑπο-χείριος, ὑπήκοος.

Souper, *s. m.* τὸ δεῖπνον, ου.

Souper, *v.* δειπνέω, *f.* ήσω.

Souple, εὔτροφος, ον; ὑγρός, ά, όν.

Source, ἡ πηγή, ῆς. *Cause*, αἰτία, ας.

Sourd, κωφός, ή, όν.

Sourire, *n.* ἡ μειδίασις, εως.

Sourire, *v.* μειδιάω, ὑπο-μειδιάω.

Sous, *sans mouv.*, ὑπό, *dat; Avec mouv.*, ὑπό, *acc.*

Soutenir, φέρω, ὑπο-φέρω, δια-βαστάζω.—une lutte, δι-αθλέω.—une attaque, ἐμβολὴν ὑφ-ίσταμαι, ἀπο-κρούω.—le combat, δια-μάχομαι, μαχόμενος δια-μένω ou καρτερέω.

Souvenir, ἡ μνήμη, ης.

Souvenir (se), μέμνημαι, *f.* μνήσομαι.

Souvent, πολλάκις; plus souvent, πλεονάκις.

Sparte, ἡ Σπάρτη, ης.

Spectacle, τὸ θέαμα, ατος.

Spirituel, πνευματικός, ή, όν.

Spontanément, φέρων, ουσα, ον; ἑκών, οῦσα, όν.

Stade, τὸ στάδιον, ου.

Statue, ἡ στήλη, ης; ἡ εἰκών, όνος; τὸ ἄγαλμα, ατος; ὁ ἀνδριάς, *gén.* άντος. Élever une statue, εἰκόνα ἵστημι. Faire une statue, εἰκόνα κατα-σκευάζομαι.

Structure, ἡ κατασκευή, ῆς.

Suave, *qui répand une bonne odeur*, εὐώδης, ες.

Subir, ὑπο-μένω, ὑφ-ίσταμαι.

Submerger, βαπτίζω, *f.* ίσω.

Subsistance, ἡ τροφή, ὁ βίοτος.

Subsister, *durer*, δια-μένω, δι-αρκέω.

Substituer, ἀντι-καθ-ίστημι.

Succès, ἡ εὐτυχία, ας; τὸ κατόρθωμα, ατος.

Succomber, ὑπο-πίπτω, *f.* πεσοῦμαι. Se décourager, ἀπ-αγορεύω. S'affaisser, ὀκλάζω.

Sueur, ὁ ἱδρώς, ῶτος.

Suffire, ἐξ-αρκέω. Il suffit, ἀρκεῖ.

Suffisamment, ἀποχρώντως.

Suffrage, ἡ ψῆφος, ου.

Suivre, ἕπομαι, *dat.*

Sujet, *matière*, ἡ ὑπόθεσις, εως.

Superbe, *orgueilleux*, ὑπερφίαλος, ον.

Supériorité, τὸ πλεονέκτημα. Avoir la supériorité, πλεονεκτέω, κρατιστεύω.

Supplication, ἡ ἱκεσία, ας.

Supplice, ἡ αἰκία, ας; ἡ βάσανος, ου.

Supplier, ἱκετεύω, *f.* εύσω.

Supporter, φέρω, *f.* οἴσω, aor. 2, ἤνεγκον; ὑπο-μένω.

Supprimer, *retrancher*, ἀφ-αιρέω. *Laisser*, παρα-λείπω.

Sur, *prép.*, ἐπί, *gén. Dans, sans mouvement*, ἐν; — *avec mouvement*, εἰς.

Sûr, *fidèle*, πιστός, ή, όν. Être sûr, σαφῶς οἶδα. On est sûr qu'il ment, ἔνδηλός ἐστι ψευδόμενος.

Sûreté, ἡ ἀσφάλεια, ας.

Surface, τὸ ἐπιπολῆς. Surface de la mer, τὰ νῶτα θαλάσσης.

Surnom, ἡ ἐπωνυμία, ας; ἡ προσηγορία, ας.

Surpasser, ὑπερ-βαίνω, *f.* βήσομαι; ὑπερ-βάλλω.

Surtout, μάλιστα, ἄλλοις τε καί.

Survenir, ἐπ-έρχομαι. Avoir lieu, συμ-βαίνω, γίγνομαι.

Susciter, ἐγείρω, ἀν-ίστημι, *f.* ἀνα-στήσω. Faire naître dans, ἐμ-ποιέω.

Suse, τὰ Σοῦσα, Σούσων.

Suspendre, κρεμάννυμι, f. άσω : ἐξ-κρτάω.—qc. à qc., τί τινος. Être suspendu, κρέμαμαι. Suspens (qui est en); μετέωρος, ον.

Syllogisme, ὁ συλλογισμός, οῦ.

Symbole, τὸ σύμβολον, ου.

Syracusain, Συρακούσιος, α, ον.

Syracuse, αἱ Συρακοῦσαι.

T

Table, ἡ τράπεζα, ης.

Tablette, ἡ πλάξ, ακός.

Tableau, *image*, ἡ εἰκών, όνος.

Tâcher, πειράομαι, σπουδάζω, βούλομαι.

Taille, *stature*, ἡ ἡλικία, τὸ μέγεθος τοῦ σώματος.

Taire, σιωπάω, f ήσω. Se taire, σιωπάω ; σιγάω, f. σιγήσομαι ; ἡσυχάζω, f. άσω.

Talent, *qualité naturelle*, ἡ εὐφυΐα, ας. Avoir des talents inférieurs, τὴν φύσιν εἰμὶ καταδεέστερος.

Talent, *poids*, τὸ τάλαντον, ου.

Talon, ἡ πτέρνα, ης ; τὸ σφυρόν, οῦ.

Tandis que, ὅτε *indic.; ou rendez par le gén. absolu.*

Tanière, ὁ φωλεός οῦ ; ἡ φωλεά, ᾶς.

Tant, *tantum*, τοσοῦτον, τοσαῦτα, *tam multi*, τοσοῦτοι, τοσαῦται, τοσαῦτα. Tant que, ὅσον, ἕως ἄν, *subj.* ὅταν, *subj.*

Tantale, ὁ Τάνταλος, ου.

Tantôt... tantôt, τοτὲ μὲν... τοτὲ δέ.

Tapis, ὁ τάπης, ητος ; ἡ στρωμνή, ῆς.

Tard, ὀψέ. Plus tard, ὕστερον.

Taureau, ὁ ταῦρος, ου. Jeune taureau, ὁ μόσχος, ου.

Tel, τοιοῦτος, τοιαύτη, τοιοῦτο, Tel que, τοιοῦτος οἷος, τοιοῦτος ὅς, ou τοιοῦτος ὥστε. Un tel, ὁ δεῖνα, τοῦ δεῖνος, τῷ δεῖνι.

Tellement que, οὕτως ὥστε.

Témoin, ὁ μάρτυς, υρος.

Tempe, ὁ κρόταφος, ου.

Tempérance, ἡ σωφροσύνη, ης ; ἡ ἐγκράτεια, ας. Garder la tempérance, ἐγ-κρατεύομαι.

Tempérant, ἐγρατής, ές.

Tempête, ἡ ἄελλα, ης ; ὁ χειμών, ῶνος.

Temple, ὁ ναός, οῦ, ou ὁ νεώς, ώ.

Temporaire, πρόσκαιρος, ον.

Temps, ὁ χρόνος, ου. Pendant quelque temps, ὀλίγον χρόνον. Plus longtemps, ἐπὶ πλεῖον. Dans peu de temps, μικρὸν ὕστερον.

Tendre, *mou*, ἁπαλός, ή, όν.

Tendre, *tendo*, τείνω.

Ténèbres, τὸ σκότος, εος, ou ὁ σκότος, ου.

Tenir, ἔχω, κατ-έχω. Se tenir contre, ἕστηκα πρός τινα. Se tenir autour, περι-έστηκά τινα ou τινι.

Tentation, ὁ πειρασμός, οῦ.

Tente, ἡ σκηνή. Partager la tente de quelqu'un, εἰμί τινι σύσκηνος.

Tenter, πειράζω, f. άσω.

Terme, τὸ πέρας, ατος. *Limite*, ὁ ὅρος, ου.

Terminer, τελέω, f. έσω ; ἀνύτω, f. ύσω. Terminer sa vie, τὸν βίον κατα-λύω.

Ternir, ἀμαυρόω.

Terre, ἡ γῆ, γῆς.

Terrestre, *opposé à céleste*, ἐπίγειος, ον. *Opposé à marin*, χερσαῖος, α, ον.

Terrible, φοβερός, ά, όν.

Territoire, ἡ χώρα, ας.

Testament, ἡ διαθήκη, ης.

Tête, ἡ κεφαλή, ῆς.

Thalès, *n. pr.* ὁ Θάλης, εω.

Théâtre, τὸ θέατρον, ου.

Thébain, Θηβαῖος, α, ον.

Thèbes, αἱ Θῆβαι ῶν.

Thémistocle, n. pr. ὁ Θεμιστοκλῆς, έος.

Théodore, n. pr. ὁ Θεόδωρος, ου.

Théodose, n. pr. ὁ Θεοδόσιος, ου.

Théocrite, n. pr. ὁ Θεόκριτος, ου.

Thermopyles, αἱ Πύλαι, ῶν.

Thersite, n. pr. ὁ Θερσίτης, ου.

Thésée, n. pr. ὁ Θησεύς, έως.

Thessalie, ἡ Θεσσαλία, ας.

Thessalien, Θεσσαλός, ή, όν.

Thessalonique, ἡ Θεσσαλονίκη, ης.

Tiède, χλιαρός, ά, όν.

Tige, ὁ καυλός, οῦ.

Tigre, animal, ἡ τίγρις, ιδος. Fleuve, ὁ Τίγρης, ητος.

Timolaüs, n. pr. ὁ Τιμόλαος, ου.

Timothée, n. pr. ὁ Τιμόθεος, ου.

Tirer, σπάω, f. σπάσω; ἕλκω. Tirer en haut, ἀν-έλκω. Lancer. βάλλω. Tirer du fruit, καρπὸν δέχομαι, κερδαίνω. — un glaive, γυμνόω ξίφος.

Tissapherne, n. pr. ὁ Τισσαφέρνης, ου.

Titre, qualité honorifique, τὸ ἀξίωμα, τὸ ὄνομα.

Toile, τὸ ὕφασμα, ατος.

Toison, ὁ μαλλός, οῦ. Qui a une toison d'or, χρυσόμαλλος, ου.

Toit, ἡ στέγη, ης.

Tombeau, ὁ τάφος, ου. Monument funèbre, ἡ στήλη, ης.

Tomber, πίπτω, f. πεσοῦμαι, aor. 2, ἔπεσον; κατα - πίπτω. Tomber dans, ἐμ-πίπτω. Faire tomber, κατα-βάλλω.

Tomyris, n. pr. ἡ Τόμυρις, εως.

Tondre, κείρω. Paître, νέμομαι.

Tonneau, ὁ πίθος, ου.

Tonner, βροντάω, f. ήσω.

Tonnerre, ἡ βροντή, ῆς.

Torture, ἡ αἰκία, ας.

Torturer, στρεβλόω, f. ώσω.

Tôt, ταχέως. Plus tôt, θᾶσσον

Touchant, prép., περί, gén.

Toucher, ἅπτομαι, f. ἅψομαι.

Touffu, δασύς, εῖα, ύ.

Toujours, ἀεί.

Tour, turris, ὁ πύργος, ου.

Tour, ordo, ἡ τάξις, εως. A mon tour, ἐν τῷ ἐμῷ μέρει. Il me nourrit à son tour, ἐμὲ ἀντ–έθρεψεν.

Tourment, ἡ βάσανος, ου.

Tourmenter, βασανίζω, αἰκίζω.

Tourner, στρέφω, f. στρέψω. Se tourner vers, ἐπί-στρέφομαι.

Tourterelle, ἡ τρυγών, όνος.

Tout, πᾶς, πᾶσα, πᾶν. Tout à la fois, ἅμα.

Trace, τὸ ἴχνος, εος; ὁ στίβος, ου.

Tracer, graver, χαράσσω, f. ξω.

Tragique, τραγικός, ή, όν. Auteur tragique, τραγῳδοποιός, οῦ.

Trahir, προ–δίδωμι. Larme qui trahit le courage, δάκρυον ἀγεννές.

Traîner, ἕλκω, f. ἕλξω, imparf. εἷλκον.

Trait, linéament, ὁ χαρακτήρ, ῆρος; τὸ σημεῖον. Trait, dard, τὸ βέλος εος. Gens de trait, ὁ ἀκοντιστής, οῦ.

Traité, ἡ σπονδή, ἡ συνθήκη. Garder un traité, ἐμ-μένω σπονδῇ.

Traitement (d'une maladie), ἡ θεραπεία, ας.

Traiter q. , en user bien ou mal avec lui, εὖ ou κακῶς τινι χράομαι. Traiter q. avec bonté, φιλοφρονέομαί τινι.

Traître, ὁ προδότης, ου.

Trancher, τέμνω, ἀπο-τέμνω, f. τεμῶ, pf. τέτμηκα, f. passif, τμηθήσομαι.

Transfigurer, μετα-μορφόω.

Transfuge, ὁ αὐτόμολος, ου.

Transgresser, παρα-βαίνω, f. βήσομαι.

Transparent, διαυγής, ές.

Transport, ἡ ὁρμή, ῆς.

Transporter, μετα-τίθημι.

Travail, ὁ πόνος, ου. Qui vit du

travail de ses mains, ἀποχειρο-
βίωτος, ου.

Travailler, πονέω, ἐργάζομαι.

Travers (à), διά, gén.

Traverser, δια-περάω, δια-
πορεύομαι, δι-έρχομαι, δι-ελαύνω.
Percer, δια-πείρω, pf. πέπαρκα.

Trembler, τρέμω, φοβέομαι.

Trente, τριάκοντα.

Trépas, ἡ τελευτή, ῆς.

Trésor, ὁ θησαυρος, οῦ.

Tresser, δια-πλέκω, f. ξω.

Trève, αἱ ἀνοχαί, ῶν. Consentir
à une trève, σπένδομαι, f. σπείσο-
μαι. Observer une trève avec fidé-
lité, ἄγω σπονδὰς ἀδόλως.

Tribulation, ἡ θλίψις, εως.

Tribunal, τὸ βῆμα, ατος ; τὸ
δικαστήριον, ου.

Tribune, τὸ βῆμα, ατος.

Tribut, ὁ δασμος, οῦ.

Triste, λυγρός, ά, όν.

Trois, τρεῖς, τρία. — Troisième,
τρίτος, η, ον. — Trois cents, τρια-
κόσιοι, αι, α.

Tromper, ἀπατάω, κατα-γοητεύω.

Trompette, ἡ σάλπιγξ, ιγγος.

Trône, ὁ θρόνος, ου.

Trop, ἄγαν.

Trophée, τὸ τρόπαιον, ου.

Trouble, ἡ ταραχή, ῆς. Être
dans le trouble, ταράσσομαι.

Troubler, vexer, ὀχλέω, δι-
οχλέω.

Troupe, armée, ἡ στρατιά, ᾶς.
Groupe de personnes, ἡ ἴλη, ης.
Réunion d'animaux, ἀγέλη, ης.

Troupeau, τὸ βόσκημα, ατος ;
τὰ κτήνεα, ων. Troupeau de brebis,
ἡ ποίμνη, ης.

Trouver, εὑρίσκω, f. εὑρήσω.
Trouver q., ἐν-τυγχάνω τινί. Aller
trouver q., βαδίζω εἴς τινα. Se
trouver, τυγχάνω, εἰμί.

Tuer, κτείνω, f. κτενῶ, aor. 2
ἔκτανον; ἀπο-κτείνω, φονεύω.

Tumeur, ὁ μώλωψ, ωπος.

Tunique, ὁ χιτών, ῶνος. Tunique qui descend jusqu'aux pieds,
χιτὼν ποδήρης.

Tyran, ὁ τύραννος, ου.

Tyrannie, ἡ τυραννίς, ίδος.

U

Ulysse, n. pr. ὁ Ὀδυσσεύς, έως.

Un, εἷς, μία, ἕν. Un seul, εἷς μόνος.
L'un des deux, ὁ ἕτερος, α, ον.
L'un et l'autre, ἑκάτερος, α, ον.
Ni l'un ni l'autre, οὐδέτερος, α, ον.
Les uns les autres, ἀλλήλων, οις,
ους.

Uni, poli, λεῖος, α, ον. Plaine
unie, χωρίον ἄπεδον.

Union, ἡ συνάρεια, ας ; ἡ ἕνω-
σις, εως ; ἡ οἰκείωσις, εως.

Unique, μόνος, η, ον.

Unir, συν-άπτω, ζεύγνυμι, παρα-
ξεύγνυμι, f. ζεύξω.

Univers, ὁ κόσμος, ου ; la terre
habitée, ἡ οἰκουμένη, ης (s. e. γῆ).

Usage, τὸ ἔθος, εος ; ὁ νόμος, ου.

User, utor, χράομαι, dat. User,
tero, τείρω, τρύχω.

Utile, χρήσιμος, ον ; ὠφελέων,
έουσα, έον. Être utile à, ὀνίνημί
τινα, ὠφελέω τινά.

Utilité, τὸ ὄφελος, εος.

V

Vague, flot, τὸ κῦμα, ατος.

Vague, incertain, ἀόριστος, ον.
Bruit vague, ἀδέσποτος φήμη.

Vaillamment, ἀνδρείως.

Vaillant, ἀνδρεῖος, α, ον.

Vain, μάταιος, α, ον. En vain,
μάτην.

Vaincre, νικάω, κατ-αγωνίζο-

... en déroute, χλίναι.

Vers, *versus*, δστίχος, ου. Qui n'a qu'un seul vers, μονόστιχος, ου. Poëme en vers hexamètres, χόίησις ἑξάμετρος.

Verser, χέω, χεύω, ἐκ-χέω.

... en vers hexamètres ...

... , ου, ἀγαθός, ... , ου, χρηστός.

Vestibule, τὸ χρόθυρον, ου, τὸ προαύλιον, ου.

Vêtement, ἱμάτιον, ου, τὸ ... ἱμάτιον.

... Devenir vieux, γηράσκω ...

Violent, βίαιος, α, ον.

Violer, παρα-νομέω, νόμον παραβαίνω, ἀθετέω. Violer un serment, ὅρκον ψεύδομαι.—une loi, παρανομέω.

Violette, τὸ ἴον, ίου.

Virile, ἀνδρεῖος, α, ον.

Visage, ἡ ὄψις, εως ; τὸ πρόσωπον, ου.

Vivant, ζῶν, ζῶσα, ζῶν ; ἔμψυχος, ον. Agissant, ἔμπρακτος, ον.

Vivre, ζάω, f. ζήσομαι ; βιόω, f. βιώσομαι, aor. 2, ἐβίων. Séjourner dans un endroit, διατρίβω, δι-άγω. Vivre de qc., ἀπο-ζάω τινός.

Vivres, τὰ σιτία, ων ; τὰ ἐπιτήδεια, ων.

Voguer, πλέω, f. πλεύσομαι.

Voici, voilà, ἰδού.

Voie, ἡ ὁδός, οῦ. Genre de vie, βίος ου.

Voile (de vaisseau), τὸ ἱστίον, ου.

Voir, ὁράω, f. ὄψομαι, aor. 2 εἶδον, f. passif ὀφθήσομαι, aor. ὤφθην, pf. ἑώρακα ; θεάομαι, βλέπω. Incapable de voir, ἀθέατος, ον, génitif.

Voisin, γείτων, ονος ; συν-οικέων τινί.

Voix, ἡ φωνή, ῆς. Faire entendre une voix, φωνὴν ἵημι.

Vol, volatus, ἡ πτῆσις, εως. Furtum, ἡ κλοπή, ῆς.

Voler, volare, ἵπταμαι, f. πτήσομαι, aor. 2 ἐπτην-.

Voler, furari, κλέπτω, f. ψω.

Voleur, ὁ κλέπτης, ου.

Volonté, τὸ θέλημα, ατος.

Volontiers, ἑκουσίως.

Voltiger, περί-ίπταμαι. Voltiger à cheval, παρ-ιππεύω.

Volupté ἡ ἡδονή, ῆς ; ἡ τρυφή, ῆς.

Vomir, ἐμέω. Rejeter, ἀπο-πτύω.

Voter, ψηφίζομαι, f. ίσομαι. Qui vote avec qn. σύμψηφός τινι.

Vouloir, θέλω, βούλομαι, f. λήσομαι, aor. ἐβουλήθην.

Voyage, ἡ πορεία, ας ; ἡ ἐμπορία, ας. Être en voyage, ἀπο-δημέω.

Voyager, ὁδεύω.

Voyageur, ὁδοιπόρος, ου.

Vrai, ἀληθής, ές. Qui n'est pas altéré, γνήσιος, α, ον ; ἀκίβδηλος, ον.

Vraiment, ὄντως, ἀληθῶς.

Vraisemblable, πιθανός, ή, όν.

Vue, ἡ ὄψις, εως. Action de considérer, ἡ θεωρία, ας.

Vulcain, n. pr. ὁ Ἥφαιστος, ου.

X

Xénophon, n. pr. ὁ Ξενοφῶν, ῶντος.

Xerxès, n. pr. ὁ Ξέρξης, ου.

Y

Y, là, ἐκεῖ.

Yeuse, ἡ πρῖνος, ου.

Z

Zèle, ἡ σπουδή, ῆς ; ἡ προθυμία, ας.

Zélé, πρόθυμος, ον.

Zénon, n. pr. ὁ Ζήνων, ωνος.

Zéphir, ὁ ζέφυρος, ου.

Zeuxis, n. pr. ὁ Ζεῦξις, ιδος.

FIN DU LEXIQUE.

Paris.—Imprimé chez BONAVENTURE et DUCESSOIS, 55, quai des Augustins.